Digital-Life-Balance

FRANZ EIDENBENZ

Digital-Life-Balance

Bewusst und selbstbestimmt dem Online-Sog begegnen

Dank

Herzlich danken möchte ich meiner Tochter Kaja, Beatrix und Carl Rosenast, Daniela Geosits, Christine Klingler, Rainer Frei, Christian Jordi und all meinen weiteren Freunden und Bekannten, die mich bei der Entstehung des Buches unterstützt haben. Zudem danke ich all meinen Klientinnen und Klienten, von denen ich das Wesentliche für diesen Ratgeber lernen konnte.

Dieses Buch widme ich meiner Lebenspartnerin Franziska Marty.

Der Verlag dankt der Klinik Selhofen für den finanziellen Beitrag zur Publikation dieses Ratgebers

Download
Die meisten Selbstchecks in diesem Buch finden Sie auch unter www.beobachter.ch/download (Code 3278). Sie können sie herunterladen und bearbeiten bzw. ausfüllen.

Herausgeber: Der Schweizerische Beobachter, Zürich
Lektorat: Christine Klingler Lüthi, Wädenswil
Umschlaggestaltung: fraufederer.ch
Umschlagfotos: iStock.com
Fotos: iStock.com
Reihenkonzept: buchundgrafik.ch
Layout und Satz: Bruno Bolliger, Gudo
Herstellung: Bruno Bächtold
Druck: Grafisches Centrum Cuno GmbH & Co. KG. Calbe

ISBN 978-3-03875-327-8

★ ★ ★ ★ ⯨

Zufrieden mit den Beobachter-Ratgebern?
Bewerten Sie unsere Ratgeber-Bücher im Shop:
www.beobachter.ch/shop

Mit dem Beobachter online in Kontakt:

 www.facebook.com/beobachtermagazin
 www.twitter.com/BeobachterRat
www.instagram.com/beobachteredition

Inhalt

Anhang 211

Grusswort

Chatten, Daten, Surfen, Gamen, Streamen ... – jederzeit und überall. Das Internet machts möglich! Es hilft uns, den Alltag zu meistern, und sorgt für Entspannung und Unterhaltung. Ein genialer «Begleiter»! Eigentlich ...

Einige Menschen nutzen das Internet jedoch, um der Realität zu entfliehen. In der virtuellen Welt finden sie, wonach sie im richtigen Leben vergeblich suchen – Anerkennung, Bestätigung, Geborgenheit ... Sie feiern mit ihrem Avatar Erfolge, sind in der Online-Community angesehen, haben unzählige Follower und «Freunde». Das Smartphone, die Tastatur oder den Controller haben sie fest im Griff. Das Leben offline gleitet ihnen aber nach und nach aus den Händen. Es drohen sozialer Rückzug, depressive Stimmungszustände, Entwicklungen von Angststörungen bis hin zur totalen Isolation und Verwahrlosung.

In der Schweiz weist etwa ein Prozent der Bevölkerung ab 15 Jahren eine problematische Internetnutzung auf, bei den Jugendlichen sind es wesentlich mehr – Tendenz steigend. Seit 2017 behandelt die Klinik Selhofen daher nebst substanzgebundenen Süchten auch Onlinesucht. Im Behandlungsprogramm «log-in» lernen Betroffene einen kontrollierten Umgang mit dem Internet. Hilfestellung bei dieser Thematik bietet auch der vorliegende Ratgeber «Digital-Life-Balance». Er zeigt auf, woran eine problematische Internetnutzung erkennbar ist, was Sie tun können, damit das Internet ein «Begleiter» bleibt, oder was mögliche Wege sind zurück ins reale Leben.

Wir gratulieren Franz Eidenbenz zu seinem gelungenen Werk, und Ihnen, liebe Leserinnen und Leser, wünschen wir eine erkenntnisreiche Lektüre.

Regine Gysin, Direktorin Klinik Selhofen

Vorwort

Sie kennen das: Internet und Handy lenken ab, sind Zeitfresser – und trotzdem unentbehrlich. Das Smartphone ist ein nützlicher, faszinierender und zunehmend unverzichtbarer Begleiter geworden, ohne den der Alltag umständlich, beschwerlich oder gar nicht mehr zu bewältigen wäre. Doch Hand aufs Herz: Wie oft haben Sie sich schon dabei ertappt, dass Sie unnötigerweise, zu oft oder in unpassenden Situationen auf den Screen geschaut haben?

Auch wenn die Nutzungsdauer zunimmt: Die meisten Menschen nutzen das Internet über das Smartphone oder den Computer konstruktiv. Trotzdem ist es eine Gratwanderung zwischen einer sinnvollen, bereichernden Nutzung und einer masslosen, unkontrollierten Anwendung, die Beziehungen belastet, isoliert und vom Wesentlichen im wirklichen Leben ablenkt.

Wann ist die Mediennutzung hilfreich oder gar unumgänglich, und wann wird der Konsum zum Problem oder gar zur Sucht? Woran merkt man, was noch gesund ist und welches Anzeichen für ernsthafte Schwierigkeiten sind? Mit diesen Fragen befasst sich das erste Kapitel des vorliegenden Ratgebers.

Besser ist es natürlich, wenn das Problem gar nicht erst entsteht. Wie eine gesunde Nutzung erreicht, erlernt und möglichst früh gefördert werden kann, steht im zweiten Kapitel.

Wenn Sie – oder jemand, der Ihnen am Herzen liegt – bereits in ernsthaften Schwierigkeiten stecken und direkt wissen möchten, was Sie selber tun können oder wie die Situation professionell angegangen werden kann, finden Sie im dritten Kapitel Informationen und Orientierung.

Sie können natürlich auch gezielt diejenigen Kapitel lesen, die Sie am meisten interessieren. Nehmen Sie das mit, was für Sie Sinn ergibt. Ähnlich wie bei den digitalen Medien können letztlich nur Sie entscheiden, was für Sie sinnvoll und hilfreich ist.

Franz Eidenbenz
im Januar 2021

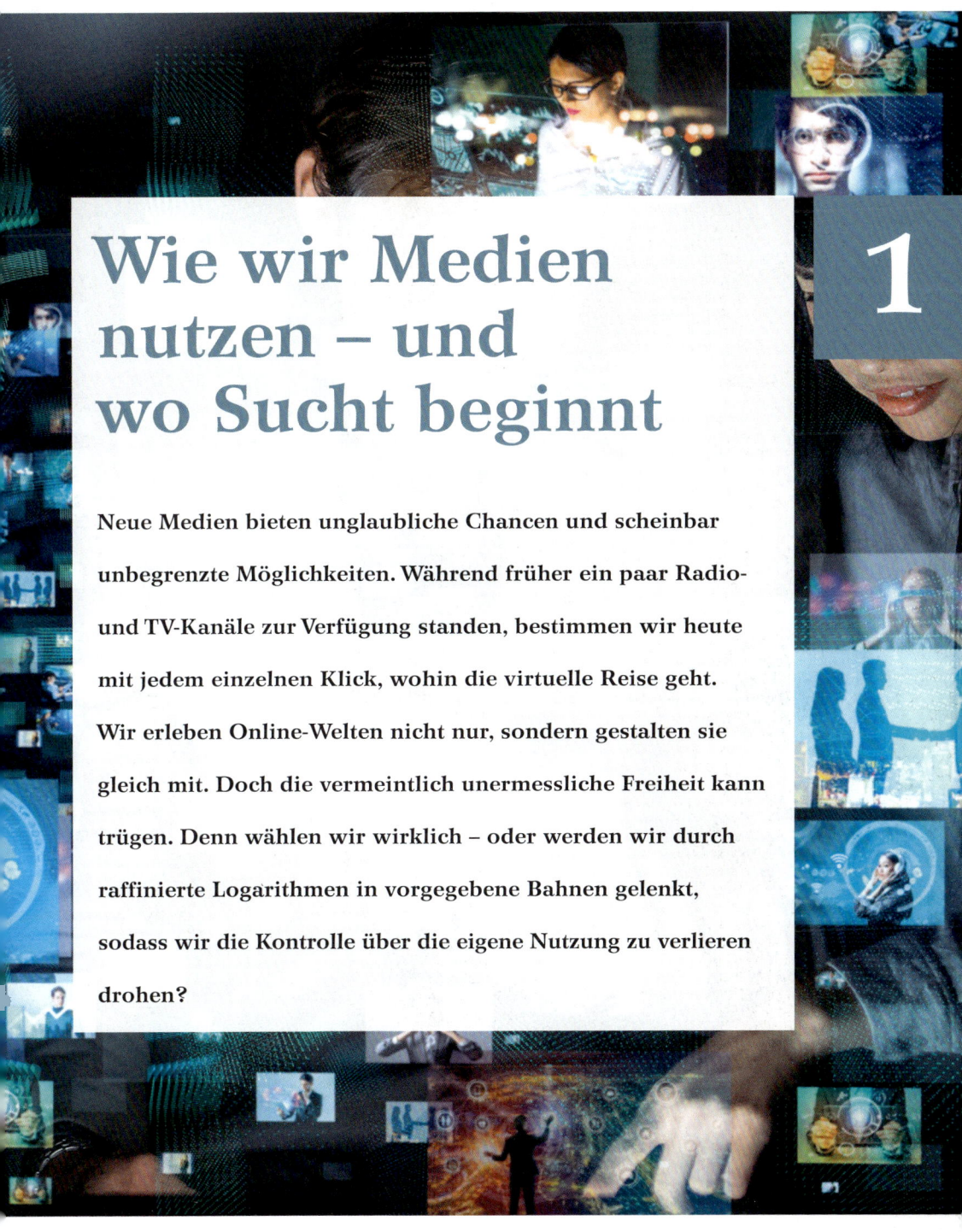

Wie wir Medien nutzen – und wo Sucht beginnt

Neue Medien bieten unglaubliche Chancen und scheinbar unbegrenzte Möglichkeiten. Während früher ein paar Radio- und TV-Kanäle zur Verfügung standen, bestimmen wir heute mit jedem einzelnen Klick, wohin die virtuelle Reise geht. Wir erleben Online-Welten nicht nur, sondern gestalten sie gleich mit. Doch die vermeintlich unermessliche Freiheit kann trügen. Denn wählen wir wirklich – oder werden wir durch raffinierte Logarithmen in vorgegebene Bahnen gelenkt, sodass wir die Kontrolle über die eigene Nutzung zu verlieren drohen?

Mediennutzung: ein Überblick mit Selbstcheck

Online zu sein ist heute das Selbstverständlichste der Welt. Dank omnipräsenter Mobilfunknetze gelangen wir fast überall und jederzeit ins Internet. Selbst die altbekannten Medien wie Zeitungen, Radio, Fernsehen und die Festnetztelefonie fügen sich in das virtuelle Netzwerk ein – und ein Ende der Entwicklung ist noch längst nicht in Sicht. Und wie nutzen wir die neuen Medien? Sind wir für die Bewältigung des Alltags davon abhängig, nach einzelnen Anwendungen gar süchtig? Um solche Fragen geht es in diesem Kapitel.

Klassische Medien wie Zeitungen, Radio und Fernsehen wurden und werden immer noch über verschiedene Kanäle verbreitet. Festnetztelefonie und Briefe waren lange Zeit im Wesentlichen die einzigen interaktiven Kommunikationsmittel; inzwischen sind digitale Möglichkeiten wie E-Mail, SMS usw. dazugekommen, die wir heute immer häufiger über mobile Geräte nutzen. Das Internet ist für alle Medien der zentrale Kanal und zunehmend unentbehrlich. Aufgrund von Flatrates – der unbeschränkten Datenübertragung zu einem Festpreis – sowie der sehr schnellen Verbindungen spielen Datenmenge und Dauer kaum mehr eine Rolle, ebenso wenig wie die Kosten für einzelne Datenpakete oder Anrufe.

Internet ist überall

Die jungen Generationen wachsen ganz selbstverständlich mit dem Internet und Handynetz auf und können sich ein Leben ohne die entsprechenden Kommunikationsmittel kaum vorstellen. Neben dem Zugriff auf Social Media und Games wird das Anschauen von Serien über Netflix, YouTube usw. für Junge immer wichtiger und ist mit ein Grund, weshalb schnelles Internet sehr gefragt ist. Die Erwachsenengenerationen haben hier vielfach schon nachgezogen, auch wenn TV- und Radioprogramme bei ihnen ihren festen Platz behalten.

INFO *Alle Medien – inklusive Zeitungen, Radio und Fernsehen – sind heute über das Internet zugänglich und werden auch zunehmend über diesen Kanal konsumiert.*

Grundsätzlich treffen die Aussagen in diesem Buch auf die Nutzung aller Medien zu, auch der klassischen. Die modernen digitalen Bildschirmmedien stehen jedoch im Fokus, da sie am meisten genutzt werden. Hier besteht tendenziell auch die grössere Gefahr, dass die Nutzungszeiten ausser Kontrolle geraten, vor allem wenn diese Medien interaktiv, das heisst im Austausch mit anderen, genutzt werden.

Medienverhalten: ein paar Basics

Erfahrungsgemäss gibt es ganz unterschiedliche Gründe, warum Menschen mehr über ihr Medienverhalten wissen möchten. Welche treffen auf Sie zu? Kreuzen Sie an.

- ☐ Sie möchten mehr über Ihren Medienkonsum erfahren, um Ihre Nutzung zu verändern oder zu optimieren.
- ☐ Sie haben bemerkt, dass die Medien zu viel von Ihrer Zeit in Anspruch nehmen und Sie anderes vernachlässigen.
- ☐ Ihnen nahestehende Personen meinen, dass Sie etwas verändern oder verbessern sollten.
- ☐ Sie leiden darunter, dass Ihre Kinder, Ihr Partner, Ihre Partnerin oder sonst jemand in Ihrem Umfeld zu viel Zeit am Bildschirm verbringen.
- ☐ Sie sind Lehrerin, Sozialarbeiter, Ärztin usw. und haben von Berufs wegen mit Menschen zu tun, die Schwierigkeiten mit dem Medienkonsum haben.

Alle genannten Punkte sind gute Gründe, mehr über Mediennutzung in Erfahrung zu bringen, da sie die Lebensqualität nachhaltig beeinflusst – sowohl im positiven wie im negativen Sinn.

 INFO *Wie fast alles hat auch die Mediennutzung zwei Seiten. Medien sind hilfreich und bringen Vorteile, aber auch Risiken mit sich. Der Grat zwischen Nutzen und Schaden ist oft schmal.*

Medien können das Leben bereichern, ergänzen, vereinfachen, neue Kommunikations- und Kontaktmöglichkeiten schaffen. Auf der anderen Seite kann der Medienkonsum auch das Gegenteil bewirken, indem er einengt, einschränkt, die schulische oder berufliche Zukunft beeinträchtigt und letztlich vielleicht sogar fast unmerklich zur Vereinsamung führt. Bezüglich negativer Auswirkungen gehören neben Menschen in Krisen und mit Vorbelastungen insbesondere Kinder und Jugendliche zur Risikogruppe. Weshalb das so ist und wie man vorbeugen kann, erfahren Sie im Kapitel «Konsum und Sucht» (Seite 87).

Funktioniert die Selbstbestimmung?
Da Medien sehr verführerisch sind und um jeden Nutzer und dessen möglichst lange Aufmerksamkeit werben, ist die selbstbestimmte Nutzung eine Herausforderung. Vor allem Kinder und Jugendliche schaffen einen kontrollierten Konsum bei den genau auf sie zugeschnittenen Angeboten in aller Regel nicht alleine. Sie brauchen die Unterstützung der Erwachsenen.

ACHTUNG *Was die Medien anbelangt, ist es wie mit Süssigkeiten oder dem Zubettgehen: Wenn die Eltern keine Grenzen setzen, können Kinder und Jugendliche nicht rechtzeitig aufhören.*

Erwachsene hingegen sind den Medien nicht hilflos ausgeliefert. Für sie ist mit dem nötigen medienbezogenen Wissen eine selbstbestimmte, gesunde Nutzung möglich und stellt ein realistisches und erstrebenswertes Ziel dar.

INFO *Menschen sind lernfähig und können auch mit gefährlichen Situationen umgehen. Medienbezogenes Wissen, entsprechende Regeln und Selbstdisziplin erlauben durchaus eine kontrollierte, gesunde Nutzung.*

Die Situation bei der Mediennutzung lässt sich mit derjenigen im Strassenverkehr vergleichen. Während es im übertragenen Sinn auch im Internet Einbahn-, Stoppstrassen und Fahrverbote (illegale Angebote) gibt, fehlen allerdings die entsprechenden Warnschilder weitestgehend. Auch das Risiko, bei einer Übertretung erwischt zu werden, ist bisher wesentlich geringer. Gleichzeitig kann der Schaden, der angerichtet wird, erheblich sein, so zum Beispiel bei Cybermobbing, dem Opfer vielfach ohnmächtig ausgeliefert sind (siehe Seite 73).

Schutzmassnahmen fehlen weitestgehend

Erkenntnisse, Forschung und erst recht staatliche Regulierungen können mit den Veränderungen und den neuen Entwicklungen in Sachen Medien kaum Schritt halten. Das ist gefährlich, weil angemessene Reaktionen auf Risiken aus diesem Grund meist erst spät erfolgen.

Seit der Anerkennung der Computerspielsucht als Krankheit (*Gaming Disorder*) durch die WHO (World Health Organisation, Weltgesundheitsorganisation) beginnen Behörden nun zunehmend, sich um die Problematik zu kümmern, wobei sie sich meist auf Alters- und Inhaltshinweise beschränken. Die Vision von Suchtfachleuten wären jedoch sozusagen virtuelle «Beipackzettel» mit Hinweisen zu Suchtgefahren und Nebenwirkungen. Zudem könnten bei zu langer Nutzung Pop-ups auf das Suchtrisiko hinweisen, oder es könnten sogar regelmässige Pausen als Bedingung fürs Weiterspielen einprogrammiert werden. Die Erfahrungen mit der Tabakindustrie zeigen allerdings, dass es auch bei einer offensichtlichen Schädigung Jahrzehnte dauern kann, bis präventive Warnhinweise Pflicht werden. Zudem ist es beim globalen Internet schwierig, länderübergreifende, verbindliche Regeln durchzusetzen.

Umso entscheidender ist, dass jeder und jede Einzelne sich der Risiken bewusst wird und lernt, kontrolliert mit den neuen Möglichkeiten umzugehen. Ziel dabei muss sein, uns selber sowie die Kinder und Jugendlichen vor Risiken zu schützen, die die gesunde Entwicklung beeinträchtigen. Das ist nicht einfach, da das Internet für alle Altersgruppen immer einfacher und kostengünstiger zugänglich geworden ist und Nutzende mit Inhalten jeder Art überflutet werden. Schnell kann das Surfen zum Zeitfresser werden, ohne dass man dies rechtzeitig realisiert. Sie kennen das sicher: Einmal kurz online – und man stellt plötzlich fest, dass Zeit, die für anderes vorgesehen war, weg ist.

ACHTUNG *Medienkonsum hat einen wesentlichen Einfluss auf das Leben. Schüler und Schülerinnen verbringen ähnlich viel Zeit mit Medien wie in der Schule! Auf der einen Seite bringen digitale Medien Bereicherung, erweiterte Sichtweisen, Unterhaltung und Genuss. Gleichzeitig besteht die Gefahr von negativen Auswir-*

kungen auf reale Kontakte, die bis hin zur Vereinsamung führen können. Dazu kommen körperliche Auswirkungen auf Ernährung, Körperhaltung, Augen und die Entwicklung des Gehirns (siehe Kapitel «Konsum und Sucht», Seite 87).

Die Suche nach etwas Bestimmtem oder qualitativ Hochstehendem im Internet kann mit der berühmten Suche nach der Nadel im Heuhaufen verglichen werden. Um diese Herausforderungen zu meistern, braucht es die Fähigkeit, zielstrebig auf das Gesuchte zuzugehen, dessen Richtigkeit zu prüfen und das Falsche zu meiden oder sich davor zu schützen.

INFO *Medienkompetenz heisst: das Gesuchte gezielt suchen und prüfen – und das Falsche meiden. Fehlt diese Kompetenz, besteht die Gefahr, sich in virtuellen Welten zu verlieren, Wichtiges zu vernachlässigen, das reale Leben mit den entsprechenden Entwicklungsmöglichkeiten zu verpassen. Die Balance geht verloren, eine unkontrollierte, ungesunde Nutzung ist die Folge.*

Virtuelles und reales Gleichgewicht erhalten
Die Mehrheit der Menschen nutzt Medien konstruktiv und ohne grössere Probleme.

Wenn aufgrund der Faszination von etwas Neuem wie zum Beispiel einem Computergame über einige Monate der Alltag leidet, ist das immer noch normal. Ein wenig Kontrolle kann dann helfen, der verführerischen Fremdbestimmung entgegenzuwirken. Gerät die Mediennutzung aber über längere Zeit aus dem Gleichgewicht, ist das Grund zur Sorge. Doch selbst dann wissen wir heute, was zu tun ist, um wieder auf Kurs zu kommen. Hier sind eine Neuorientierung und in einigen Fällen Hilfe von aussen notwendig.

Mein persönliches Medienverhalten

Sich Gedanken über den eigenen Medienkonsum zu machen ist sehr aufschlussreich. Welches sind Ihre liebsten und häufigsten Anwendungen? Was machen Sie gerne und oft? Geht es um News, YouTube, Games, Social Media (SMS, WhatsApp, Instagram, Facebook usw.), Unterhaltung via Netflix oder andere Streamingdienste, weitere Apps oder die ständige Erreichbarkeit über Mail oder Telefon? Wie schätzen Sie den Nutzen oder den Veränderungsbedarf bei sich selber ein?

Um Aufschluss zu gewinnen, benutzen Sie die untenstehende Liste. Sie können diese auch für eine andere Person ausfüllen, deren Medienverhalten Sie beschäftigt.

SELBSTCHECK: Bedeutung von Internet und Smartphone für meinen Alltag

Meine wichtigsten Anwendungen	Bedeutung im Beruf		Bedeutung privat	
	(eher) klein	(eher) gross	(eher) klein	(eher) gross
1	☐	☐	☐	☐
2	☐	☐	☐	☐
3	☐	☐	☐	☐
4	☐	☐	☐	☐
5	☐	☐	☐	☐
6	☐	☐	☐	☐
7	☐	☐	☐	☐
8	☐	☐	☐	☐
9	☐	☐	☐	☐
10	☐	☐	☐	☐

	Ja	Nein
Internet und Smartphone sind …		
gefährliche Zeitfresser	☐	☐
nützliche Werkzeuge	☐	☐
Bin ich zufrieden mit meiner Mediennutzung?	☐	☐
Beschweren sich Menschen in meinem Umfeld über meine Nutzung?	☐	☐
Möchte ich an meiner Nutzung etwas ändern?	☐	☐

Das Ampelmodell

In einem nächsten Schritt geht es darum, einzuschätzen, welches die grössten Zeitfresser sind und für wie gefährlich Sie einzelne Anwendungen in Bezug auf negative Auswirkungen halten. Dazu eignet sich das Ampelmodell: Grün bedeutet «nützlich und unproblematisch», Gelb «gefährlich und schwierig zu kontrollieren», Rot heisst «sehr schwer bis gar nicht kontrollierbar, nimmt regelmässig mehr Zeit in Anspruch als vorgesehen».

 SELBSTCHECK: Meine Anwendungen zwischen «unproblematisch» und «ausser Kontrolle»

Betrachten Sie die Anwendungen, die Sie in der Tabelle oben aufgeführt haben.
Ordnen Sie nun jeder Ampelfarbe die entsprechenden Anwendungen zu.

1

2

3

4

5

6

7

8

9

10

Vermutlich ist es Ihnen gelungen, jeder Ampelfarbe eine Anwendung oder mehrere zuzuordnen. Sie wissen also bereits, welche Anwendungen für Sie schwieriger beziehungsweise welche leichter zu kontrollieren sind.

Nachdem nun Ihre Selbsteinschätzung vorliegt, wäre es natürlich interessant zu wissen, ob diese der Realität entspricht und wie viel Zeit Sie für die verschiedenen Anwendungen investieren. Denn unsere Wahrnehmung ist oft verzerrt, wenn es um ein problematisches Verhalten geht. So erinnern wir uns gerne an anregende, berauschende Momente und verdrängen sie oder verzeihen uns, wenn wir Grenzen nicht einhalten. Dies trifft erst recht zu, wenn es um Sucht geht. Eine Alkoholikerin hat immer nur ein Glas oder ein kleines Bier getrunken, ein Glücksspieler erzählt lieber von Gewinnen und nicht von Verlusten. Übrigens: Unter engagierten Computerspielern ist die Zeit, die sie für ein Game aufwenden, oft bekannt, weil die Anbieter die Online-Zeit angeben. Bei exzessiven Spielerinnen und Spielern geht es um Hunderte oder gar über tausend Stunden pro Jahr.

Tools, die die persönliche Handynutzung erfassen
Da nicht nur Computeranwendungen ein Suchtrisiko mit sich bringen, sondern die Handynutzung ebenfalls zunehmend ausser Kontrolle gerät, kommen auch die Anbieter mehr und mehr unter Druck, etwas für eine weniger schädliche oder «gesunde» Mediennutzung zu tun. Letztlich dürfte in den USA die Angst vor juristischen Klagen betreffend Gesundheitsgefährdung ihrer Produkte dazu beigetragen haben, dass neue Möglichkeiten zur Selbstkontrolle geschaffen wurden. Mindestens zwei grosse Anbieter – Apple und Google – stellen inzwischen Monitoring- und Kontrollmöglichkeiten über den Handykonsum zur Verfügung. Bei Apple machten auch Anleger Druck und verlangten, dass etwas gegen die negativen Auswirkungen des Smartphonekonsums unternommen werde. Dies vermutlich, weil sie negative Auswirkungen aufs Image und einen Wertverlust der Aktien befürchteten. So ist ein durchaus nützliches Tool entstanden, das sich «Bildschirmzeit» nennt, während eine ähnliche Funktion bei Google «Digital Wellbeing» heisst:

- ■ **«Bildschirmzeit» von Apple (Apple Screen Time).** Seit Mitte 2018 steht mit dem Betriebssystem iOS 12 eine Anwendung zur Verfügung, mit der Nutzungszeiten eingesehen und festgelegt werden können. Eltern können also die Nutzung des iPhones, iPads oder iPods ihrer Kinder zeitlich und inhaltlich begrenzen sowie iTunes-Käufe verhindern. «Bildschirmzeit» wurde im März 2019 vom «Kassensturz» als beste Kinderschutz- und Überwachungs-App für das iPhone bewertet. Bei den Anwendungen für Android-Handys wurde *Google Family Link* am besten bewertet.

- **Digital Wellbeing** von Google. Mit *Digital Wellbeing* – der Begriff kann mit «digitales Wohlbefinden» übersetzen werden – für Android-Handys hat Google ebenfalls eine Möglichkeit geschaffen, Nutzungszeiten aufzuzeichnen und für Kinder zu beschränken.

«Great technology should improve life, not distract from it»: Technologie sollte das Leben verbessern und nicht davon ablenken, meint Sundar Pichai, CEO von Google. *«We are working hard to give users time back»*, oder auf Deutsch: Wir arbeiten intensiv daran, den Nutzern Zeit zurückzugeben. Die Anbieter geben damit zu, dass sie mit Anwendungen wie YouTube oder Computerspielen vor allem Jugendliche länger an die Medien binden, als es gesund wäre. Die negativen Auswirkungen sind so augenfällig, dass es für die Anbieter schwierig wird, sich vor der Verantwortung zu drücken. So oder so sind die oben erwähnten Anwendungen nützlich für die Kontrolle und Begrenzung des Medienkonsums, insbesondere für Kinder. Und die Aufzeichnung, wann und wie viel Zeit für welche Anwendung eingesetzt wird, ist für jeden Nutzer und jede Nutzerin hilfreich, um mehr über das eigene Medienverhalten zu erfahren.

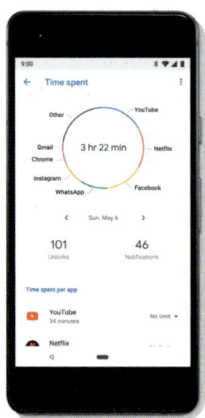 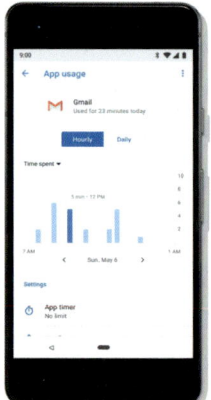

Digital Wellbeing

TIPP *Konkrete Daten sind immer eine gute Basis, um das eigene Verhalten zu überprüfen und sich realistische Ziele zu setzen. Nutzen Sie also diese Möglichkeiten, um ein genaueres Bild Ihres persönlichen Medienkonsums zu erhalten. Anleitungen, wie Sie* *die Anwendungen einrichten, finden Sie unter den entsprechenden Begriffen im Internet.*

Weitere Apps zur Aufzeichnung des Verhaltens

Oft sind bei Kontroll-Apps die Basisfunktionen kostenlos, während bei den erweiterten Möglichkeiten eine Gebühr anfällt. Apps wie *Moment – Screen Time Control, Qustodio Parental Control* oder *Checky – Phone Habit Tracker* bieten Funktionen wie das Aufzeichnen und Anzeigen von Nutzungsgewohnheiten an.

Einmal installiert, zählt zum Beispiel *Moment-Screen Time Control* im Hintergrund die Minuten, die man am Handy verbringt, und merkt sich jedes Mal, wenn man es in die Hand nimmt. Wird eine bestimmte Marke erreicht, blinkt das Display und erinnert daran, dass weniger besser wäre. Letztlich müssen Sie das Handy dann aber doch selber weglegen – das kann Ihnen keine Technik abnehmen. Überdies ist unklar, ob und inwieweit die entsprechenden Daten weiter ausgewertet oder verkauft werden.

Überrascht?

Normalerweise sind Nutzerinnen und Nutzer von der Häufigkeit und Zeitintensität der eigenen Smartphone-Nutzung überrascht. Selbst Internetabhängige, die wissen, dass sie zu den intensiven Usern gehören, werden sich anhand der Nutzungsdauer zum Beispiel bei Computerspielen des Stellenwerts der Geräte in ihrem Leben besser bewusst.

Wenn Sie aufgrund der so gewonnenen Erkenntnis einen Veränderungsbedarf feststellen, sind Sie nicht alleine. In einer Studie von Deloitte (2018) waren 45 % der Handynutzer und gar zwei Drittel der 18- bis 24-Jährigen besorgt über die Zeit, die sie für einzelne Anwendungen einsetzen. Das Erkennen der Notwendigkeit einer Veränderung ist wichtig und hilfreich, um die eigene Lebensqualität und die Beziehungen mit nahestehenden Menschen zu verbessern.

❗ INFO *45 % der Nutzer und Nutzerinnen befürchten, zu viel Zeit am Handy zu verbringen, und möchten ihre Nutzung einschränken.*

Falls auch Sie zum Schluss kommen, dass Sie etwas verändern müssen, finden Sie auf den folgenden Seiten Anregungen und konkrete Tipps. Bereits kleine Schritte sind wichtig! Sie erlauben Ihnen, Medien selbstbestimmter zu nutzen und sich ihnen weniger ausgeliefert zu fühlen.

Falls Sie keinen Handlungsbedarf ausmachen, heisst das leider noch nicht zwingend, dass keine Schwierigkeit vorliegt. Online-Süchtige selber erkennen selten oder erst sehr spät die Notwendigkeit einer Verhaltensänderung. Wir alle neigen dazu, uns unsere Schwächen eher zu verzeihen als anderen die Ihren. Bei Menschen mit einem Abhängigkeitsproblem oder gar einer Sucht trifft dies noch in grösserem Mass zu. Es braucht viel Ehrlichkeit sich selber gegenüber, um die eigenen Schwierigkeiten ernst zu nehmen. Das gilt übrigens auch für den Test im Kapitel «Selbstcheck: Meine Mediennutzung» (Seite 26).

Zahlen und Fakten

Zur Einordnung des eigenen und des Medienverhaltens Dritter ist es nützlich, aktuelle Zahlen zu kennen. Hier eine Zusammenstellung der wichtigsten Nutzerdaten.

- **Erwachsene:** Gemäss einem von der Universität Bonn entwickelten Handyprogramm wurden in einer Studie mit 60 000 Nutzerinnen und Nutzern folgende Vergleichswerte erhoben: 88-mal pro Tag wurde das Handy aktiviert – 35-mal, um auf die Uhr zu schauen oder zu überprüfen, ob eine Nachricht eingegangen war; 53-mal, um zu surfen, zu chatten oder sonst eine App zu nutzen. Geht man von acht Stunden Schlaf aus, blickten die Studienteilnehmenden also durchschnittlich alle 11 Minuten auf ihr Smartphone.
- **Kinder und Jugendliche:** Zur Nutzung der Kinder und Jugendlichen in der Schweiz gibt es dank verschiedener Studien repräsentative Zahlen. Zwischen 2010 und 2017 hat die Dauer, in der Jugendliche im Alter von 12 bis 19 Jahren in der Freizeit online sind, pro Wochentag um eine halbe Stunde von 2 auf 2,5 Stunden und am Wochenende auf über 3,5 Stunden zugenommen. 2019 waren es bereits 4 Stunden pro Tag an Wochenenden. Eine beeindruckende Zahl, die zeigt, dass bei Jugendlichen das Handy in der Freizeit fast dauernd an ist, mindestens im Hintergrund. Ein weiterer wichtiger Befund ist, dass bei den 6- bis 13-Jährigen zwischen 11 % und 42 % das Handy nutzen, wenn sie eigentlich schlafen sollten.

EINDRÜCKLICHE ZAHLEN ZUR MEDIENNUTZUNG: EIN ÜBERBLICK

Erwachsene

■ Erwachsene schauen 88-mal pro Tag aufs Handy, d. h. alle 11 Minuten. [1]

■ Internetnutzung pro Woche: 8 % konsumieren 40 Stunden und mehr; 9 % 20 bis 29 Stunden; 18 % 10 bis 19 Stunden; 26 % 5 bis 9 Stunden; 35 % unter 5 Stunden. [2]

Kinder, Jugendliche

■ Handynutzung: 6- bis 9-Jährige: Ein Viertel der 6- bis 9-Jährigen besitzt ein eigenes Handy. Bei den 10- bis 11-Jährigen sind es fast zwei Drittel, bei den 12- bis 13-Jährigen vier Fünftel. 99 % der 12- bis 19-Jährigen nutzen ihr Handy täglich.

■ Internetnutzung: 29 % der 6- bis 7-Jährigen surfen regelmässig. [3]

■ Computer-, Handyspiele: Fast die Hälfte der 12- bis 15-Jährigen spielen am Computer oder übers Handy. Bei den 16- bis 17-Jährigen sind es 42 %, bei der Gruppe der 18- bis 19-Jährigen 40 %.

■ Spielkonsole: In zwei Dritteln der Haushalte mit Kindern im Primarschulalter steht eine Spielkonsole.

Kleinkinder

■ 70 % der Kinder im Kita-Alter benutzen das Smartphone der Eltern täglich mehr als 30 Minuten lang. [4]

---

1 Digitaler Burnout, Markowetz 2015
2 Bundesamt für Statistik, 2017
3 MIKE-Studie 2017, JAMES-Studie 2017
4 Blikk-Studie 2017

Ist meine Mediennutzung im grünen Bereich?

Eine erste Bestandesaufnahme hilft Ihnen abzuschätzen, ob und was an Ihrem Verhalten geändert werden soll. Falls Sie einen Veränderungsbedarf erkennen, ist es empfehlenswert, sich realistische und erreichbare Ziele zu setzen. Die Chancen einer erfolgreichen Umsetzung erhöhen sich dadurch erheblich.

Check: konstruktive oder problematische Nutzung?

Welche Medien wie und wie oft genutzt werden, ist abhängig vom Alter, von der Lebens- und Berufssituation, individuellen Interessen und weiteren Faktoren, zum Beispiel vom kulturellen Hintergrund. Inwieweit die Nutzung problematisch ist, hängt im Wesentlichen davon ab, ob negative Auswirkungen auf das reale Leben zu beobachten sind.

Der folgende Test basiert auf wissenschaftlichen Kriterien und wurde neueren Entwicklungen angepasst. Er wird von verschiedenen Fachstellen eingesetzt, zum Beispiel von den Stellen für Suchtprävention des Kantons Zürich. Die Beantwortung der Fragen und deren Auswertung können Hinweise auf eine Gefährdung oder problematische Internetnutzung geben, sind jedoch keine fachliche Diagnose.

 INFO *Die eigene Mediennutzung unter die Lupe zu nehmen braucht etwas Mut – vor allem, wenn sie zum Problem geworden ist. Der Test unten kann ohne Weiteres manipuliert werden. Am meisten Sinn ergibt er aber, wenn Sie ihn möglichst ehrlich ausfüllen.*

Selbst wenn Sie den Test nach bestem Wissen und Gewissen ausfüllen, kann es sein, dass Ihr Umfeld alles ein bisschen anders sieht – das ist sogar wahrscheinlich. Daher ist es interessant, wenn zusätzlich eine vertraute Person den Test für Sie ausfüllt. Diese Aussensicht (Fremdbild) und Ihre Selbsteinschätzung (Selbstbild) können so verglichen und Unterschiede diskutiert werden. Wenn Ihnen das zu aufwendig ist, können Sie sich auch einfach vorstellen, wie andere Ihr Medienverhalten einschätzen würden.

Eine weitere Möglichkeit, diesen Test zu nutzen: Füllen Sie ihn für eine andere Person aus, deren Mediennutzung Ihnen Sorge bereitet.

SELBSTCHECK: Meine Mediennutzung

	Trifft nicht zu	Trifft kaum zu	Trifft eher zu	Trifft genau zu
1. Wichtige Menschen wie meine Freunde und nahe Angehörige sagen, dass ich zu viel online bin.	☐	☐	☐	☐

	Trifft nicht zu	Trifft kaum zu	Trifft eher zu	Trifft genau zu
2. Wenn ich offline bin, beschäftigt mich, was online läuft und was andere online machen.	☐	☐	☐	☐
3. Meine Freizeit verbringe ich lieber online als mit Freunden und Angehörigen.	☐	☐	☐	☐
4. Es fällt mir schwer, weniger Zeit online zu verbringen, wenn ich frei habe.	☐	☐	☐	☐
5. Meine Leistungen würden sich verbessern, wenn ich weniger online wäre.	☐	☐	☐	☐
6. Wenn es mir schlecht geht, fühle ich mich besser, wenn ich online bin.	☐	☐	☐	☐
7. Oft vernachlässige ich Dinge, die ich erledigen sollte, damit ich mehr Zeit mit Online-Aktivitäten verbringen kann.	☐	☐	☐	☐
8. Wenn ich weniger Zeit online sein kann, werde ich unruhig und nervös.	☐	☐	☐	☐
9. Häufiger und länger online zu sein hilft, dass es mir besser geht.	☐	☐	☐	☐
10. Ich bin oft müde, da ich nachts – anstatt zu schlafen – Zeit vor dem Bildschirm verbringe.	☐	☐	☐	☐
11. Es fällt mir schwer, Angehörigen zu sagen, wie viel Zeit ich online verbringe.	☐	☐	☐	☐
12. In meiner Freizeit verbringe ich pro Woche online:	bis ¼ meiner Freizeit ☐	bis ½ meiner Freizeit ☐	bis ¾ meiner Freizeit ☐	(fast) meine ganze Freizeit ☐
Total Kreuze	..... × 1	..... × 2	..... × 3	..... × 4
Total Punkte				

Gesamttotal
Multiplizieren Sie die Punkte bei «Trifft kaum zu» mit 2, bei «Trifft eher zu» mit 3 und bei «Trifft genau zu» mit 4. Zählen Sie alle Punkte zusammen.

Bis zu 29 Punkte: Konstruktive Nutzung (grün)

Aufgrund Ihrer Antworten haben Sie Ihre Aktivitäten im Internet im Griff. Das weltweite Netz bietet unzählige Möglichkeiten, sich mit anderen Menschen auszutauschen, zu spielen, sich zu informieren, Musik zu hören, Videos zu schauen und mehr... Diese Ressourcen nutzen Sie, ohne dass die Fülle der Online-Angebote Sie dazu verführt, mehr Zeit im Internet zu verbringen, als gut für Sie ist. Wichtig dabei ist, dass Sie Ihre Offline-Aktivitäten wie Freunde treffen, Hobbys, sportliche Aktivitäten und Pflichten weiterhin pflegen. Ihr Umfeld wird das schätzen. Also weiter so, und bleiben Sie dran.

Zwischen 30 und 35 Punkte: Gefährdung (gelb)

Aufgrund Ihrer Antworten verbringen Sie so viel Zeit vor dem Bildschirm, dass Ihre Pflichten darunter leiden oder die Offline-Welt mit Freunden, Sport usw. zu kurz kommt. Versuchen Sie während einiger Tage, internetfähige Geräte in Ihrer Freizeit weniger zu nutzen und Kontakten mit anderen Menschen den Vorrang zu geben. Wenn Ihnen das gelingt, ist das sehr gut, da Sie damit zeigen, dass Sie und nicht das Internet Ihr Leben steuern. Wenn Sie jedoch angespannt, unruhig und nervös werden oder wesentlich mehr TV schauen, wäre es gut, etwas zu unternehmen.

Mehr als 36 Punkte: Suchtrisiko (rot)

Aufgrund Ihrer Antworten ist anzunehmen, dass Sie gefährdet oder von den Online-Welten abhängig sind. Sie verlieren sich in den unzähligen Möglichkeiten des Internets. Das ist ein Problem, da vermutlich Ihre Leistungen leiden, Sie oft müde anstatt erholt sind und Ärger mit Angehörigen und in der Beziehung haben. Wahrscheinlich wissen Sie bereits, dass mit Ihrem Online-Konsum etwas nicht in Ordnung ist. Die Antworten, die Sie gegeben haben, deuten klar darauf hin. Es wäre also gut, etwas zu unternehmen. Dabei sind die ersten Schritte die wichtigsten. Die Entscheidung liegt bei Ihnen. Lassen Sie sich nicht entmutigen, wenn es mehrere Anläufe braucht – das ist normal. Und noch etwas: Es wäre gut, wenn Sie sich für Ihre Ehrlichkeit wertschätzen könnten. Wenn Sie von Angehörigen kritisiert werden, denken Sie daran, dass die gut gemeinte Absicht dabei meist ist, Sie für eine Veränderung zu motivieren.

Aufgrund der vorgängigen Informationen und des Tests können Sie nun Ihren Konsum besser einschätzen. Die Mediennutzung ist von vielen Faktoren abhängig, ändert sich über die Zeit und kann in einer Krisensituation wesentlich zunehmen. Im Vordergrund steht hier die persönliche gegenwärtige Situations- oder Risikoabschätzung.

Gibt es Handlungsbedarf?

Sehen Sie einen Handlungsbedarf bei sich selbst oder bei einer Person, um die Sie sich Sorgen machen? Nehmen Sie auf untenstehender Skala Ihre persönliche Einschätzung vor, indem Sie an entsprechender Stelle ein Kreuz setzen:

Es gibt Veränderungs- oder Handlungsbedarf

Nein, alles unter Kontrolle   Ja, sehr und dringend

$\longleftrightarrow$

Social Media, Serien, Surfen

Vernetzung, Informationsvermittlung und Unterhaltung in sozialen Medien haben in den letzten Jahren stetig an Bedeutung gewonnen und tragen immer mehr zur Meinungsbildung bei. Social Media erlauben es, Informationen aus verschiedenen Quellen zu beziehen oder selber Informationen an viele Nutzende weiterzugeben. Sie stehen damit in Konkurrenz zu den herkömmlichen Medien wie Zeitungen, Radio und TV und bergen Risiken, etwa den Missbrauch von Daten.

Von den knapp acht Milliarden Menschen auf dem Planeten nutzen nahezu die Hälfte soziale Medien. Die Kontakt- und Informationsmöglichkeiten, die sich dadurch ergeben, sind faszinierend. Gleichzeitig ist ein Teil der Nutzenden überfordert: Sie schützen persönliche Informationen zu wenig, lassen sich zu stark beeinflussen und wenden zu viel Zeit für die Nutzung auf. Dies auch deshalb, weil der Zugriff immer häufiger übers Handy erfolgt.

Die Bedeutung sozialer Medien

Social Media ermöglichen es den Nutzenden, sich digital zu vernetzen, sich auszutauschen, mediale Inhalte zu erstellen und weiterzugeben. Dies entweder in einer beschränkten Gruppe, auch Community genannt, oder offen und für alle sichtbar.

Ein Netzwerk ist dann attraktiv, wenn es so gross wird, dass es für viele interessant ist. Den Punkt, ab dem die kritische Masse erreicht ist, nennt man *tipping point*, Kipppunkt. Von diesem Moment an kann das Netz schnell wachsen und hat dann einen entscheidenden Marktvorteil. Dieser ist kaum mehr aufholbar, wie sich das bei Facebook oder Google zeigt.

Durch grosse Netzwerke entstehen riesige Datenmengen, auch «Big Data» genannt. Aus der Kombination von Daten kann man Gruppen von Nutzenden mit gleichen Eigenschaften bilden und recht genaue Aussagen über diese und auch über Einzelpersonen machen. Entsprechend können Nutzende gezielt beworben werden. Damit sind riesige Werbeeinnahmen möglich, weshalb diese Daten für Anbieter sehr wertvoll sind.

 INFO *Daten sind der Betriebsstoff oder das Schmieröl sozialer Medien. Nutzerinnen und Nutzer zahlen sozusagen mit ihren Daten für die Leistungen der Netzwerke.*

Globale Firmen wie Google und Facebook machen mit den Daten massive Gewinne. Durch die Analyse der riesigen Datenmengen lassen sich Informationen generieren, mit denen ganze Bevölkerungsgruppen beeinflusst werden können, zum Beispiel bei Wahlen. Daten von sozialen Medien können so missbraucht werden. Ein bekanntes Beispiel ist die Weitergabe von rund 80 Millionen Nutzerdaten von Facebook an Cambridge Analytica.

Leider sind Daten von sozialen Medien meist Firmengeheimnisse und werden nicht für Forschungszwecke zur Verfügung gestellt. Die Daten der Anbieter könnten weitere Erkenntnisse über gesunde beziehungsweise gefährliche Mediennutzung liefern.

ACHTUNG *Grosse Datenmengen ermöglichen erhebliche Gewinne und stellen ein Macht- und Manipulationspotenzial dar. Für einen sicheren und ethisch vertretbaren Umgang mit den Daten* *wären Datenschutzrichtlinien notwendig, die von unabhängiger Seite kontrolliert werden könnten. Doch dafür gibt es bis anhin keine wirkungsvolle globale Lösung.*

Auch in der Schweiz haben digitale Medien einen zunehmenden Einfluss auf die Meinungsbildung. Gemäss Schweizer Medienmonitor des Bundes (2018) liegen Facebook und YouTube auf Platz 4 und 5 bei der Meinungsbildung – hinter *20 Minuten*, TV und Radio SRF1.

Was macht Social Media so spannend und verführerisch?

Gerade für junge Menschen ist es zentral, einer Gruppe anzugehören. Freunde und Bekannte sind in sozialen Netzwerken zu finden. Es werden wichtige Informationen ausgetauscht, man berichtet, was man gerade macht, wo man ist und was man gut findet. Das Dazugehören spielt eine grosse Rolle.

INFO *Social Media geben Nutzerinnen und Nutzern ein Gefühl des Dazugehörens, des Wichtigseins. Mitglieder sind stets auf dem Laufenden, was in der Gruppe, der Community vor sich geht.*

Wichtig sein, Einfluss und Freunde haben, die sich dafür interessieren, was man zu sagen hat – das ist nicht nur im Jugendalter erstrebenswert. Viele Menschen möchten das eigene soziale Netzwerk virtuell und real vergrössern. Es liegt im Trend, den eigenen Stil, das persönliche Outfit und «Styling» zu zeigen. Oder gar ein Trendsetter und Influencer zu werden, bezahlt reisen zu können, schöne Orte zu entdecken und Fotos und Selfies in cooler Pose zu posten. Welcher junge Mensch träumt nicht davon? Doch es sind noch ein paar weitere Faktoren, die psychologisch bedeutsam sind, um die Verführungskraft von Social Media zu verstehen.

Soziale Kontakte: psychologisches ABC

Der Mensch als soziales Wesen kann ohne Kontakt und Zuwendung von anderen Menschen nicht gesund überleben. Selbst wenn Grundbedürfnisse wie Essen, Trinken oder Kleidung befriedigt sind, überleben wir ohne menschliche Nähe nur schwer oder mit erheblichen psychischen Schäden. Fehlender menschlicher Kontakt macht einsam und führt zu Bindungsstörungen.

INFO *Menschen brauchen soziale Kontakte mit anderen Menschen, um zu überleben und um gesund zu bleiben.*

Sie kennen das sicher: Sie fühlen sich alleine und treffen gute Bekannte oder Freunde – und sofort geht es Ihnen besser. Oft braucht es nur wenig, und die Stimmung hellt sich auf: das Lächeln des Kellners, die guten Wünsche der Frau an der Kasse im Laden.

Sozialer Austausch – in der Psychologie spricht man von Interaktion und Kommunikation – ist von der Geburt bis zum Tod von zentraler Bedeutung für die Entwicklung und das Wohlbefinden des Menschen. Die psychologische Forschung belegt, dass es nicht nur darum geht, überhaupt Kontakte zu haben, sondern dass auch die Qualität der Beziehung für eine seelisch gesunde Entwicklung entscheidend ist.

 INFO *Für eine gesunde Entwicklung braucht der Mensch nicht nur Kontakte, sondern auch Qualität im Sinne von Ehrlichkeit und Echtheit in Beziehungen.*

Anerkennende, wertschätzende Äusserungen wie zum Beispiel «Das hast du gut gemacht! Wir trauen dir zu, dass du deine Ziele erreichst!» oder «Wir sind stolz auf dich!» sind ausschlaggebend für eine gesunde Entwicklung und den Aufbau eines guten Selbstwerts.

Und was hat das mit Social Media zu tun?
Wertschätzende und anerkennende Kontakte und Beziehungen sind im Alltag oft Mangelware. Es gibt überdies Lebensphasen und Krisenzeiten, in denen die notwendige Zuwendung fehlt oder schwerer zu haben ist. Menschen leiden oder sind emotional am Verhungern, wenn sie die Kontakte und Wertschätzung, die sie brauchen, nicht erhalten. Insbesondere Jugendliche suchen Anerkennung – und beziehen sie da, wo sie am einfachsten und unkompliziert zu haben ist, zum Beispiel auf Social Media.

INFO *Menschen holen sich Aufmerksamkeit und Zuwendung da, wo sie am einfachsten zu finden sind. Vielen Menschen fällt es leichter, Kontakt über das Internet herzustellen, als in der realen Welt jemanden kennenzulernen. Genau hier setzen soziale Medien an.*

Für das menschliche Bedürfnis nach Kontakt und Anerkennung bieten soziale Medien einfache und vielversprechende Lösungen an. *«Make the world more connected»* oder auf Deutsch: «Wir bringen Menschen miteinander in Kontakt!», meint Facebook-Gründer Mark Zuckerberg. Das Credo verspricht Verbundenheit und Aufgehobensein in der Welt, während in Tat und Wahrheit viele Menschen mit sozialen Medien vereinsamen oder fast alles machen, um oberflächlich Zuwendung zu erhalten.

Insbesondere für gehemmte, schüchterne oder ängstliche Menschen ist dieses Angebot verlockend, da das Herstellen von Kontakten via soziale Medien plötzlich einfach wird. Auch Jugendliche schreiben häufig lieber eine Nachricht, als zu telefonieren oder gar jemanden direkt anzusprechen.

Freunde oder Partner finden

Es fällt nirgends leichter, schnell viele Freunde zu finden, als auf sozialen Netzwerken. Natürlich können via Social Media auch bestehende Kontakte gepflegt oder erhalten werden, zum Beispiel wenn jemand wegzieht. Datingplattformen wie Parship oder Tinder sind zudem eine gute Möglichkeit, einen Partner, eine Partnerin zu finden. Dies gilt bei Weitem nicht nur für scheue oder ängstliche Menschen. Tatsache ist, dass sich immer mehr Paare über Partnerbörsen kennenlernen. In einer Zeit, in der aufgrund der häufigen Trennungen und Scheidungen mehrmals im Leben ein neuer Partner gesucht wird, ist eine zeitsparende und passende Auswahl von Beziehungsmöglichkeiten gefragt. Insgesamt also eine gute Sache – und trotzdem zweischneidig. Die Kontakte über das Netz können hilfreich und nützlich sein. Sie können aber auch unbemerkt zu Isolation und Vereinsamung führen, indem reale Freundschaften weniger oder gar nicht mehr gepflegt werden, während intensive Nutzerinnen und Nutzer sich durch die zig virtuellen Kontakte mit der ganzen Welt verbunden wähnen. Das Gefährliche daran ist gerade bei Jugendlichen, dass sie dies nicht oder erst spät merken – und die verlässlichen realen Freundschaften weg sind, wenn es darauf ankommt. Oder wie ein Vater es seinem Sohn gegenüber formulierte: «Und wer von deinen Facebook-Freunden ist da, wenn du jemanden brauchst, der dir beim Zügeln hilft?»

INFO *Virtuelle Kontakte unterscheiden sich meist wesentlich von real gepflegten Beziehungen. Über Jahre aufgebaute Freundschaften sind in der Regel ehrlicher und verlässlicher.*

33

Facts zu Jugendlichen und sozialen Netzwerken

Für erwachsene Personen, die in keinem sozialen Netzwerk aktiv sind, ist die zunehmende Bedeutung und der Einfluss sozialer Medien schwer nachvollziehbar. Im Gegensatz dazu ist die digitale Vernetzung für Jugendliche selbstverständlich und eine Welt ohne diese Möglichkeit kaum mehr denkbar.

Mit 94 % (JAMES-Studie 2018) haben fast alle Jugendlichen (12- bis 19-Jährige) ein Profil auf einem sozialen Netzwerk. 90 % der Jugendlichen nutzen diese Netzwerke täglich oder wöchentlich. Die beruhigende Nachricht ist, dass drei Viertel dieser Jugendlichen zudem täglich oder wöchentlich Freunde ganz real treffen.

Nutzungsintensität, Suchtgefahren und Auswirkungen

Wie ist das Verhältnis zwischen realen und virtuellen Kontakten? Wie intensiv nutzen Sie soziale Medien, und spielt die Häufigkeit der Nutzung überhaupt eine Rolle? Welche Anwendungen können süchtig machen, und was erhöht das Risiko, zu viel Zeit auf den Plattformen zu verbringen?

Die Nutzung von Social Media ist sehr unterschiedlich. Jugendliche und medienaffine Menschen sind virtuell stärker vernetzt und intensiver dabei. Mit folgendem Selbstcheck können Sie eine Einschätzung vornehmen, wie das bei Ihnen aussieht.

 SELBSTCHECK: Nutzung sozialer Medien

Sind Ihre Kontakte mehrheitlich real oder virtuell? Setzen Sie ein Kreuz an dem Punkt, der am besten passt. Sie können dies auch für die Person tun, an die Sie denken, wenn Sie diese Zeilen lesen: Kinder, Freunde usw.

mehrheitlich real   real und virtuell   mehrheitlich virtuell

⟵————————————————————————⟶

Und wie erleben Sie die Nutzung? Als bereichernd oder ablenkend? Als manchmal etwas stressig? Oder macht die Nutzung Sie zufrieden oder gar glücklich?

Überschneidung realer und virtueller Kontakte

Ein weiterer Punkt betrifft die Frage, wie viele der virtuellen Kontakte Sie auch real treffen. Grundsätzlich ist es gut, wenn der Anteil rein virtueller Kontakte ohne direkte Begegnungen nicht allzu gross ist.

Überlegen Sie sich, wie viele Ihrer Freundschaften mehrheitlich real oder virtuell sind. Zeichnen Sie dazu zwei Kreise, die sich überlappen können. Sie können auch Namen in die entsprechenden Kreise eintragen. Wie präsentieren sich Ihre Kreise? Sind sie ungefähr gleich gross (oben), oder ist derjenige mit den virtuellen Kontakten viel grösser (unten)? Wenn es im Vergleich zu den virtuellen Kontakten nur ganz wenige reale gibt, ist das meist ein Problem.

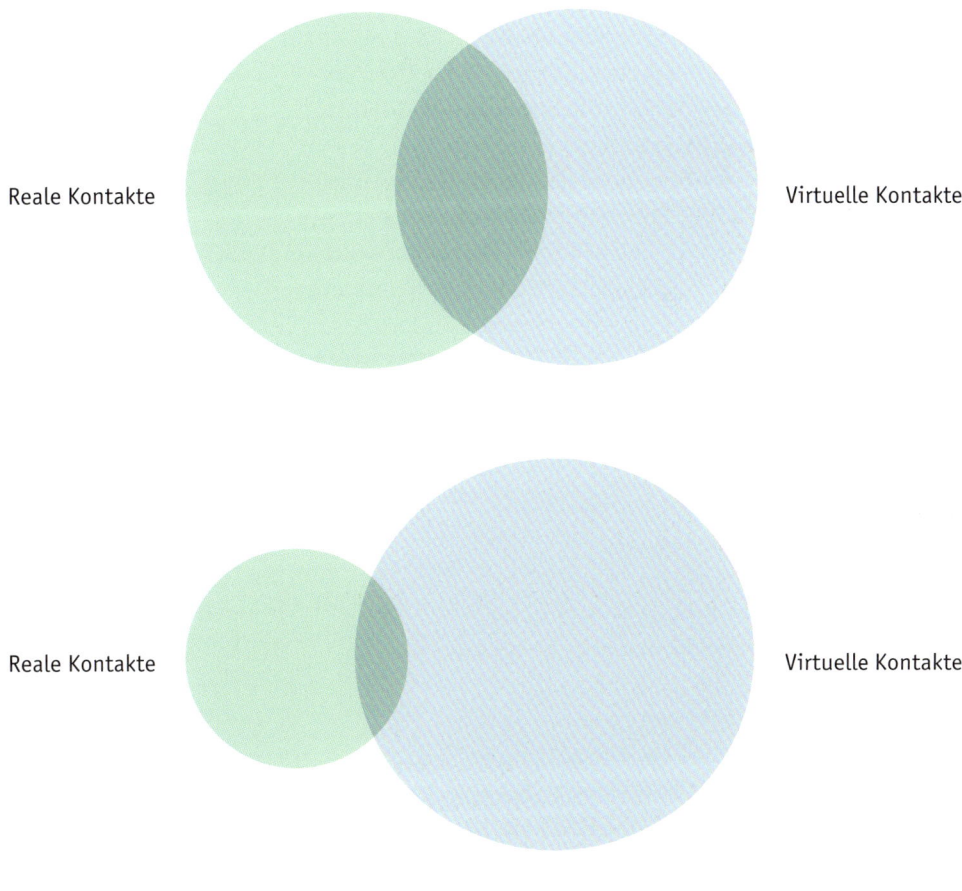

Reale Kontakte · Virtuelle Kontakte

Reale Kontakte · Virtuelle Kontakte

Vielfach bestehen trotz der zahlreichen virtuellen Kontakte Gefühle der Einsamkeit und des Nicht-dazu-Gehörens. Unglaublich tolle Bilder auf anderen Profilen zeigen ein Leben, bei dem man kaum mithalten kann. Das kann ein Gefühl des Nicht-Genügens hinterlassen, mit dem Effekt, dass die Passivität im realen Leben zunimmt und gar eine Depression entstehen kann.

Mit Kindern und Jugendlichen ins Gespräch kommen

Wissen Sie, wie Ihre Kinder Kommunikationssysteme nutzen? Viele Jugendliche sprechen nicht von sich aus darüber, weil es für sie selbstverständlich ist, auf Social Media aktiv zu sein, oder weil sie denken, dass Erwachsene das sowieso nicht verstehen.

Wenn Sie gerne mehr über die Mediennutzung Ihrer Kinder wissen möchten, hier ein paar Fragen, die helfen, ins Gespräch zu kommen:

- In welchen *social communities* bist du aktiv?
- Wie viele Freunde hast du online? Ist das viel oder wenig im Vergleich mit deinen Kollegen, Kolleginnen?
- Hast du ein, zwei beste Freunde?
- Wie viele von ihnen kennst du real? Aus der Schule?
- Hast du erwachsene Freunde oder Kontakte mit Erwachsenen?
- Hast du Freunde aus anderen Ländern?
- Ist dein Profil nur Freunden zugänglich?
- Kontrollierst du deine Benutzereinstellungen regelmässig?
- Welche weiteren Kommunikationsmöglichkeiten nutzt du?
- Welche Kanäle nutzt ihr, um abzumachen oder euch für den Ausgang abzusprechen?
- Was findest du gut oder gefällt dir am besten an den Plattformen?

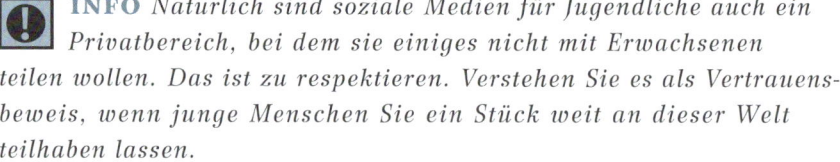 **INFO** *Natürlich sind soziale Medien für Jugendliche auch ein Privatbereich, bei dem sie einiges nicht mit Erwachsenen teilen wollen. Das ist zu respektieren. Verstehen Sie es als Vertrauensbeweis, wenn junge Menschen Sie ein Stück weit an dieser Welt teilhaben lassen.*

Glücklich oder unglücklich

In einer Studie des amerikanischen Center for Humane Technology konnte gezeigt werden, dass ab einer gewissen Dauer der täglichen Nutzung einer bestimmten Anwendung das Befinden der Nutzerinnen und Nutzer von «mehrheitlich glücklich» zu «vorwiegend unglücklich» kippt. Bei mässiger Nutzung wirken die Netzwerke positiv, indem sie den Erfahrungsaustausch fördern. Der Austausch kann auch in persönlichen Krisen helfen, indem andere Nutzerinnen und Nutzer mitfühlende und unterstützende Statements abgeben.

Ab einem gewissen Mass werden negative Auswirkungen aber stärker. Die Studie zeigte, dass Userinnen und User, die rund 2,5-mal länger als der Durchschnitt der zufriedenen Nutzenden online sind, unzufrieden werden. Das anfänglich gute Gefühl kippt, die positive Wirkung lässt nach, und negative Gefühle und Folgen drängen langsam in den Vordergrund. Dies konnte übrigens nicht nur für soziale Netzwerke wie beispielsweise WhatsApp oder Facebook usw. aufgezeigt werden, sondern auch für Filmportale wie Netflix und YouTube.

Konkret belegt die Studie, dass diese Veränderung zum Beispiel bei Facebook bei einer Steigerung der täglichen Nutzung von rund 20 Minuten auf knapp eine Stunde eintrifft.

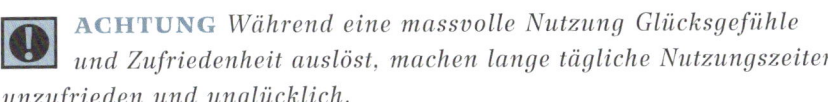

ACHTUNG *Während eine massvolle Nutzung Glücksgefühle und Zufriedenheit auslöst, machen lange tägliche Nutzungszeiten unzufrieden und unglücklich.*

Da Menschen täglich mehrere Apps nutzen, kommen hohe Nutzungszeiten zusammen. In der Schweiz verbringen sogenannte Heavy User – also intensive Nutzerinnen und Nutzer – über vier Stunden pro Tag auf diesen Netzwerken. Die Zeit spielt also eine Rolle, obwohl sie nicht direkt ein Online-Suchtfaktor ist (siehe auch Seite 91).

Endlos-Anwendungen bergen Suchtpotenzial

Online-Sucht entsteht immer dann, wenn die Realität schwierig oder nicht so toll ist und virtuelle Welten eine angenehmere Erfahrung und Abstand von den realen Problemen anbieten. Grundsätzlich können alle Anwendungen zum Problem werden, die endlos sind, das heisst, sie kommen nie zu einem natürlichen Ende.

ACHTUNG *Alle Anwendungen, die endlos sind, bergen ein erhöhtes Suchtpotenzial.*

Das Internet an sich gehört mit der nahezu unendlichen Anzahl Seiten zu den Endlos-Anwendungen. Viele Anwendungen erlauben zudem endloses bzw. unendliches Scrollen. Das bedeutet, dass beliebig nach unten gefahren werden kann und immer neue Informationen auftauchen.

Allein bei Google sind 130 Trillionen – eine Zahl mit zwölf Nullen – Seiten zu finden, und es werden 100 Milliarden Suchanfragen monatlich bearbeitet. Das endlose Surfen kann ein Faktor einer Sucht sein.

Auch YouTube hat Suchtpotenzial: Am Ende eines Filmchens startet sofort das nächste, sofern man diese Funktion nicht deaktiviert. Auf diese Plattform werden jede Minute 300 Stunden an Videomaterial hochgeladen, täglich werden eine Milliarde Stunden lang YouTube-Videos angesehen.

 INFO *Jugendliche können stundenlang YouTube-Videos anschauen, obwohl sie anderes zu tun hätten oder schlafen sollten. Sie wissen im Nachhinein kaum mehr, was sie gesehen haben.*

Bei mir in der Praxis berichten Jugendliche, dass sie so einen halben Tag vor dem Handy auf dem Sofa verbringen. Dies, obwohl sie anderes zu erledigen hätten. Dieses Surfen ist meist völlig ungezielt. Gleichzeitig muss erwähnt werden, dass es viele fantastische und lehrreiche YouTube-Videos gibt. Dies ist zum Beispiel in Entwicklungsländern von Bedeutung, wenn keine Schule oder kein Geld für Bildung da ist.

Das endlose Schauen von Serien auf Netflix und anderen Streamingdiensten kann ebenfalls zur Sucht führen. Man spricht dann von Seriensucht oder Binge-Watching. Die Sucht kann sich schleichend entwickeln. Ein 16-jähriger Gymnasiast berichtete mir, dass er eine Serie mit acht Staffeln und jeweils 16 Folgen à 45 Minuten innerhalb von rund drei Monaten schaute. Das sind immerhin 96 Stunden oder zwei gut gefüllte Arbeitswochen. Er meinte, er sei schon ein bisschen süchtig gewesen. Eine gute Selbsterkenntnis, die davor schützen kann, tatsächlich in eine Sucht abzugleiten.

 INFO *Binge-Watching oder Seriensucht meint das praktisch ununterbrochene Schauen von Serien unter Vernachlässigung anderer Aufgaben oder realer Kontakte.*

Belohnungen oder: Was macht es aus, dass man dranbleibt?
Netzwerke sind systematisch so aufgebaut, dass möglichst viele Nutzerinnen und Nutzer sich möglichst häufig und lang einloggen. Dabei sind Kinder und Jugendliche wichtige, zukunftsträchtige Zielgruppen.

ACHTUNG *Die Social-Media- und damit die Online-Sucht ist die einzige Sucht, die in einem grossen Ausmass Kinder und Jugendliche betrifft. Mit Belohnungsmechanismen, die anhand der grossen Datenmengen laufend optimiert werden, entsteht ein erhebliches Suchtpotenzial, das mit demjenigen von Drogen verglichen werden kann.*

Aufmerksamkeit und Anerkennung sind die moderne virtuelle Währung. Um Nutzende möglichst lange auf der Plattform zu halten, werden intensive Bindungen zu möglichst vielen Teilnehmenden gefördert. Dabei spielen die Aufmerksamkeit von möglichst vielen anderen und positive Bewertungen – sprich Anerkennung – eine wichtige Rolle.
   Facebook, Instagram, Pinterest, Reddit, Snapchat, Tiktok, Twitter usw. sind alle mit Belohnungsmechanismen versehen. Hier zwei Beispiele von einfachen bis raffinierten Belohnungen.

BEI FACEBOOK SIND ES DIE BEKANNTEN LIKES, die motivieren. Wenn ein Post oder Beitrag gefällt, kann ein Like gesetzt werden. Doch Achtung: Ihr Verteilen von Likes kann analysiert werden, was insbesondere für Firmen wichtig ist. Die Art und Weise, wie Sie die Likes anwenden, ermöglicht es, ein recht genaues Profil von Ihnen und Ihren Vorlieben abzuleiten.

Achtung: Wenn Sie mehr als 70 Likes verteilen, kann bereits ein ziemlich akkurates Profil von Ihnen erstellt werden.

SNAPCHAT IST EINE BELIEBTE APP bei Jugendlichen zum Verschicken von Bildern, die sich nach dem Öffnen vernichten. Es gibt aber auch eine Chatfunktion zum Austauschen von Nachrichten. Mit einem Feature (Zusatz), das als «Snap-Streak» bezeichnet wird, wird die Intensität der Freundschaftspflege zwischen zwei Nutzenden angezeigt. Die Qualität der Freundschaft, die sich aus den gegenseitigen Messages ergibt, wird durch eine Flamme angezeigt.

🔥 Wenn nicht innerhalb von jeweils 24 Stunden gegenseitig eine Nachricht geschickt wird, droht die Flamme zu erlöschen. Eine Sanduhr zeigt an, wie lange das noch geht. Eine raffinierte Idee, da das Wesen dieser Netzwerke ja darin bestehen soll, Freundschaften zu pflegen, genau wie in der Realität. Gleichzeitig werden junge Nutzerinnen und Nutzer so an das Netzwerk gebunden. So engagierte eine Schülerin, die das Handy nicht in ein Schullager mitnehmen durfte, ihre Mutter, um jeden Tag eine Nachricht zu schicken und so zu verhindern, dass die Flamme bei ihrer Freundin erlöschen würde. Das Spielerische kann also schnell ernst werden.

Der Anbieter kann das Belohnungssystem beliebig ausbauen. Zum Beispiel mit einem Wettbewerb, wer die Flamme am längsten aufrechterhalten kann.

Es gibt verschiedene Systeme, um Nutzende zu motivieren oder zu zwingen, sich wieder einzuloggen. Dadurch erhöht sich die Bindung, sodass Nutzende häufig ans Netzwerk denken, auch wenn sie offline sind.

❗ *ACHTUNG Belohnungssysteme wirken so, dass die Gedanken auch beim Offline-Sein häufig um Inhalte der sozialen Medien kreisen. Das ist ein Hinweis auf eine starke Bindung und Suchtgefährdung.*

Social Media und Selbstdarstellung

Auf den Profilen in den sozialen Netzen zeigen sich die meisten von der besten Seite, wollen gefallen und Aufmerksamkeit auf sich ziehen. Gerne wird gezeigt, wie spannend und interessant das eigene Leben ist. Da gibt es viele Möglichkeiten, zu manipulieren. Oft ist nicht klar, wer hinter einem Profil steckt.

Mit einer virtuellen Identität zu experimentieren ist vor allem im Jugendalter normal und in Ordnung, da es schliesslich darum geht, herauszufinden, wer man eigentlich sein möchte. Menschliche Schattenseiten und Schwächen werden kaum gezeigt. Das Betrachten idealer Darstellungen von anderen kann mit der Zeit dazu führen, dass man sich einsam und schlecht fühlt, wie eine britische Studie zeigt. Die anfängliche Freude kann kippen und zu schlechten Gefühlen sich selbst gegenüber führen, schlimmstenfalls gar zu depressiven Verstimmungen.

❗ INFO *40 % der Jungen hätten gerne breitere Schultern und gut 20 % der Mädchen grössere Brüste. Ideale Selbstdarstellungen anderer können verunsichern, zu Selbstzweifeln führen und das Selbstwertgefühl belasten.*

Eine Studie aus Deutschland über die Selbstdarstellung auf Instagram hat gezeigt, wie sich 12- bis 19-Jährige an Schönheitsstandards messen. Sie wollen so aussehen und auch leben wie ihre Idole. Drei Viertel der Mädchen möchten so aussehen wie die Sängerinnen in den Musikvideos. Drei Viertel der Jungen hätten gerne eine Freundin, die so aussieht wie die Sängerinnen in den Musikvideos. Die bereits erwähnte britische Studie zeigt, dass 70 % am eigenen Aussehen zweifeln und gerne makellose Gesichter und durchtrainierte Körper hätten. Bei der Hälfte löst Instagram entsprechend Angstgefühle aus.

Häufiger Konsum belastet die Akzeptanz von sich selber und von realen Gegenübern, auch wenn viele zwischen virtueller und wirklicher Welt gut unterscheiden können. Reale Beziehungen auf Augenhöhe werden so nicht einfacher. Um ein Gegengewicht zu schaffen, ist es wichtig, in der Realität eigene Schwächen und Fehler akzeptieren zu lernen und authentisch sein zu können, das heisst sich so geben zu können, wie man wirklich ist.

Hinweise für einen sicheren Umgang

Ein Profil auf sozialen Netzwerken ist schnell erstellt, kann spannend sein und Spass machen. Da soziale Medien etwas Verführerisches haben und oft zu viel Zeit in Anspruch nehmen, sind Regeln wichtig. Für die einen ist das klar und selbstverständlich, während für andere mehr Informationen und Begleitung notwendig sind, vor allem für impulsive, nach Aufmerksamkeit suchende Nutzende. Gerade junge Menschen, die gerne spontan reagieren, brauchen den Austausch mit Erwachsenen, damit diskutiert und geklärt werden kann, ob und wie die Regeln eingehalten werden können.

Persönliche Daten und Privatsphäre-Einstellungen
Bei jeder Plattform können Sie bestimmen, welche Informationen Ihres Kontos von wem gefunden und eingesehen werden können. Diese soge-

nannten Privatsphäre-Einstellungen sollten Sie von Anfang an beachten, insbesondere bei Kindern. Überlegen Sie gut, für wen Ihre Daten öffentlich zugänglich sein sollen. Diese können sonst ohne Ihr Wissen benutzt oder gar missbraucht werden.

Die meisten Jugendlichen sind sich der Problematik bewusst. So schützen rund drei Viertel ihre Privatsphäre mit entsprechenden Einstellungen. Bei den 18- bis 19-Jährigen sind es sogar über 80 %. Das ist wichtig, da über 90 % auf mindestens einem sozialen Netzwerk ein Profil haben. Trotzdem gibt es auch immer wieder Jugendliche, die diese Sicherheitsmassnahmen nicht beachten beziehungsweise sich der Risiken nicht bewusst sind.

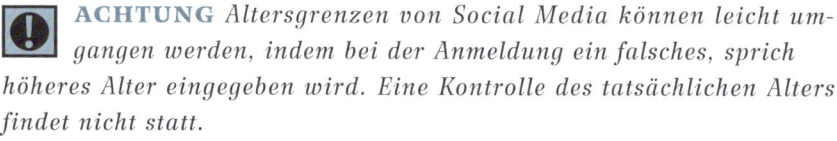 **ACHTUNG** *Weil öffentliche Daten für Netzwerke einen grossen Nutzwert haben, werden die Einstellungen bei Updates jeweils automatisch wieder auf «öffentlich» geschaltet und sind damit erneut für alle einsehbar. Deshalb ist es sehr wichtig, die Einstellungen regelmässig zu überprüfen.*

Weitere Regeln für einen sicheren Umgang mit sozialen Netzwerken:

- **Alterslimiten beachten (gilt für Eltern von Minderjährigen).** Insbesondere bei Kindern sind Alterslimiten und Empfehlungen unbedingt zu berücksichtigen.

ACHTUNG *Altersgrenzen von Social Media können leicht umgangen werden, indem bei der Anmeldung ein falsches, sprich höheres Alter eingegeben wird. Eine Kontrolle des tatsächlichen Alters findet nicht statt.*

- **Minimale Angaben zur Person.** Persönliche Angaben auf das Nötigste beschränken. Nicknames (Übernamen) wählen, die keine persönlichen Informationen wie Alter oder Postleitzahl enthalten und die nicht erotisch sind. Also **nicht:** xcat15, sxxy2004 oder Luca8913.
- ***Think before you post.*** Überlegen, bevor man etwas ins Netz stellt, denn: einmal im Netz, immer im Netz. Informationen oder Bilder werden unbefugt kopiert, weiterverwendet und missbraucht. Sie werden damit unkontrollierbar. Also keine Partybilder posten, die zum Beispiel ein Arbeitgeber bei einer Bewerbung findet. Das Internet vergisst nicht.

■ **Misstrauen gegenüber Fremden.** Fremde können sich als eine andere Person ausgeben und mit schlechten Absichten versuchen, das Vertrauen zu gewinnen. Missbrauchsfälle können die Folge sein. Auch hier keine persönlichen Angaben machen.

 ACHTUNG *Nie Personen, die man nur über das Internet kennt, alleine und an einsamen Orten treffen.*

Beachten Sie auch folgende Hinweise für eine gesunde und selbstbestimmte Nutzung:

■ Wenn ein Problem entsteht, ist es wichtig, mit einer vertrauten Bezugsperson darüber zu sprechen.
■ Mindestens gleich viel Zeit für reale Kontakte wie für das virtuelle Netzwerk aufwenden.
■ Nein sagen können und stoppen, wenn es zu viel wird.

Wenn Sie diese Grundregeln und Hinweise befolgen, nutzen Sie soziale Netzwerke massvoll und gesund. Weitere Hinweise dazu finden Sie im Kapitel 2, «Medien gesund nutzen» unter Empfehlungen (siehe Seite 141).

Computerspiele, Games

Gut ein Drittel der knapp acht Milliarden Menschen auf dem Planeten nutzen Computerspiele. Die Sparte wächst seit Jahren, und Anbieter machen mit immer neuen Spielen weltweit Milliardenumsätze. Während die einen von den neuen Möglichkeiten begeistert sind und Games als Kulturgut sehen, befürchten andere gefährliche Folgen. Welche Argumente, Erkenntnisse, Erfahrungen und Folgen sprechen für und welche gegen Games?

Für Nichtspieler ist die Vielfalt von Spielen kaum überschaubar und die Faszination zum Beispiel von Kriegsspielen kaum nachzuvollziehen. Mit grossen weltweiten Turnieren und professionellen Spielern ist das Genre über eine reine Freizeitbeschäftigung hinausgewachsen, und Electronic- oder E-Sport – wie man Online-Game-Wettkämpfe auch nennt – lockt unterdessen Millionen von Zuschauern vor den Bildschirm. Aber was ist ein Computerspiel überhaupt? Wie sind Games aufgebaut, wie werden sie gespielt, und welche Kosten können anfallen? Hier folgt ein kurzer Überblick über das Wichtigste, was Sie darüber wissen sollten.

Online-Games, Free2Play und E-Sport

Für Computerspiele werden unterschiedliche Begriffe verwendet: Man nennt sie auch «Games», «Video»- oder «Online-Spiele»; das Spielen heisst auch «Gamen» oder «Zocken». Ein Computerspiel ist letztlich ein Programm, das auf einem Computer, einer Spielkonsole oder einem Smartphone digitale Spiele mit einem oder mehreren Benutzern, auch User genannt, ermöglicht. Bei den Games kann ein Spieler gegen den Computer oder gegen andere Spieler antreten. Auch kleinere und grössere Gruppen, das heisst Teams oder Gilden, spielen gegeneinander. Regeln sind vorgegeben, können aber auch immer wieder Änderungen erfahren, zum Beispiel wenn ein Anbieter eine Spielerweiterung, einen sogenannten Release, anbietet, bei dem meist auch neue Möglichkeiten für die Spielenden entstehen. Die Welten, in denen gespielt wird, können von der Grösse und Ausstattung her sehr unterschiedlich sein. Oft erhalten sie auch je nach Jahreszeit oder zu besonderen Anlässen wie Halloween oder Weihnachten zusätzliche Dekorationen oder Gestaltungselemente.

INFO *In den Anfangszeiten war die Szenerie aufgrund der beschränkten Rechenleistung der Computer sehr einfach und ohne viele Details gestaltet. Heute ermöglichen Grafik und Differenzierung bei modernen Computerspielen detailgetreue, faszinierende Fantasiewelten sowie die Darstellung von Kriegsszenen, die kaum mehr von Nachrichtenbildern von Kriegsschauplätzen zu unterscheiden sind.*

Online-Spiele
Heute wird meist online gespielt. Die Spielwelten sind auf grossen, nach Kontinenten aufgeteilten Servern gespeichert, sodass Tausende Gamerin-

nen und Gamer in Echtzeit miteinander spielen können. Dadurch sind spannende Live-Turniere möglich, die gleichzeitig von Millionen von Zuschauern mitverfolgt werden können.

Online-Spielwelten sind dauernd aktiv. Fachlich spricht man von «persistenten» Spielwelten. Ereignisse finden auch statt, wenn der Spieler, die Spielerin nicht anwesend und aktiv am Geschehen beteiligt ist. Das führt dazu, dass intensive oder gar süchtige Spielende befürchten, etwas zu verpassen, wenn sie nicht online sein können. Somit sind sie in Gedanken oft beim Spiel, auch wenn sie physisch am Familienesstisch, in der Schule oder an der Arbeit sind.

ACHTUNG *Abhängige Spielerinnen und Spieler befürchten, bei Online-Spielen Wichtiges zu verpassen, wenn sie nicht spielen können – und merken nicht, dass sie gleichzeitig das wirkliche Leben verpassen.*

Einige Spiele sind so programmiert, dass man einen Verlust erleidet, wenn man sich längere Zeit nicht einloggt, oder dass man umgekehrt bessere Erfolgschancen hat, wenn man sich häufig einloggt. Dies ist ein Faktor, der das Suchtpotenzial eines Spieles erhöht.

Free2Play-Spiele

In der Vergangenheit wurden Spiele vor allem gekauft oder gegen einen monatlichen Beitrag zur Verfügung gestellt. Heute setzt sich zunehmend eine andere Spielform durch, die grundsätzlich kostenlos gespielt werden kann. Diese Spiele werden «Free to Play» bzw. «Free2Play» genannt oder abgekürzt mit «F2P» bezeichnet.

INFO *Free-to-Play-Spiele sind grundsätzlich kostenlos. Sie finanzieren sich durch den Verkauf von Gegenständen und Ausstattungen im Spiel, sogenannte In-Game- oder In-App-Käufe.*

In diesen Spielen können Waffen, Ausrüstungsartikel, Fortbewegungsmittel, wie zum Beispiel ein Pferd, gekauft werden, was Spielvorteile mit sich bringt. Es können aber auch besondere Figuren und spezielle Kleidung, sogenannte Skins, erworben werden, die keinen Spielvorteil bringen. Diese Dinge, mit denen man seine Besonderheit oder gar Einzigartigkeit zeigen kann, üben auf Spielende eine ausserordentliche Faszination aus. Dafür fallen kleine Beträge an, die mit Spielgeld oder Echtgeld über die Kreditkarte oder ein Prepaid-Verfahren überwiesen werden.

FORTNITE **IST EIN SEHR ERFOLGREICHES SPIEL,** für das hier beispielhaft die Kosten für entsprechende Ausrüstungen aufgeführt werden. Um den Bezug zu Echtgeld etwas zu verschleiern, gibt es eine Spielwährung, die V-Bucks. Der Umrechnungskurs ist rund 1 Schweizerfranken für 100 V-Bucks. Es gibt Mengenrabatte, Aktionen und Pakete. Will man alle Skins besitzen, die es im sogenannten Itemshop gibt, kostet das knapp 4000 Franken. Für Fluggeräte wie Hängegleiter kann man bis zu 650 Franken und für Werkzeuge wie Spitzhacken 1100 Franken ausgeben. Ferner gibt es spezielle Tänze, die von den Siegenden jeweils aufgeführt werden, für total 740 Franken. Wenn Spielende alles kaufen, macht das zusammen rund 7000 Franken.

Jugendliche können solche Käufe kaum mit Taschengeld finanzieren, und so geraten einige in Situationen, wo sie andere Wege suchen, um an das Geld zu kommen. In der Praxis sind immer wieder Fälle anzutreffen, bei

COMPUTERSPIELE: BEGRIFFE ERKLÄRT

- Character, Avatar: Spielfigur
- Level: Entwicklungsstufe in einem Spiel oder einer Figur
- Skins: Ausstattung, Ausrüstung, Kleidung einer Spielfigur
- Free to Play: Spiele, die grundsätzlich kostenlos sind, sich aber durch Käufe von Ausrüstungsgegenständen im Spiel finanzieren
- PvP: Player versus Player oder Spieler gegen Spieler
- PvE: Player versus Environment oder Spieler gegen Umgebung – dies bedeutet, dass der Spieler gegen computergesteuerte Gegner kämpft.
- Release, Upgrade: Spielerweiterung mit neuen Elementen, die angekündigt wird und auf die Spielende warten. Wichtig zu wissen, da Spieler dann kaum auf das Gamen verzichten wollen.
- Twitch, Steam: Internetportale, auf denen Videospiele und Live-Turniere übertragen werden. Erfolgreiche Spielerinnen und Spieler zeichnen ihr eigenes Spiel auf, sodass Interessierte entweder live oder verzögert zuschauen können.

denen junge Spielende heimlich die Kreditkarte der Eltern verwenden und mehrere Tausend Franken ausgeben. Mit der Entdeckung des Missbrauchs sind Familienkonflikte vorprogrammiert.

ACHTUNG *Für den Kauf von Ausrüstungsgegenständen in Free-to-Play-Spielen können mehrere Tausend Franken anfallen, die junge Spielende in manchen Fällen mit den heimlich benutzten Kreditkarten der Eltern bezahlen.*

Um die Bedeutung der Spiele für Digital Natives, die mit Games aufgewachsen sind, zu verstehen, ist es wichtig zu wissen, dass sie nach vielen Spielstunden und intensiven Erlebnissen ähnlich emotional verknüpft sind mit dem Spiel wie Digital Immigrants mit Schlagern, Hitparadensongs, Musikstars oder TV-Serien. Ihre Lebensgeschichte ist sozusagen biografisch mit den Spielerlebnissen verwoben, sodass später entsprechende Spiele Jugenderinnerungen wecken.

Spiele und Spielformen

Nichtspielern bedeuten Namen wie *Minecraft, League of Legends, Grand Theft Auto, World of Tanks, Clash of Clans, Overwatch* oder *Fifa,* um nur einige zu nennen, kaum etwas. Daneben gibt es Spiele, die eher Mädchen ansprechen, zum Beispiel *Sims,* ein Spiel, das als virtuelle Puppenstube bezeichnet werden könnte, oder *Star Stable,* ein Pferdespiel voller Abenteuer, das man bis Level 5 kostenlos spielen kann. Anschliessend möchten die Mädchen dann natürlich ein geliebtes Pferd kaufen.

TIPP *Es gibt ganz unterschiedliche Spielkategorien und eine nahezu unüberschaubare Vielfalt von Spielen, die alleine ein Buch füllen würden. Wenn Sie etwas über Spielarten wissen möchten, suchen Sie im Internet unter «Gamekategorien». Wenn Sie sich für die beliebtesten Spiele interessieren, suchen Sie mit dem Begriff «most played games». Weitere pädagogisch wertvolle Infos finden Sie auch unter diesen Links: www.spieleratgeber-nrw.de, www.bupp.at.*

Spiele mit Suchtpotenzial

Bei der Therapie von onlinesüchtigen Gamern tauchen gewisse Spiele häufger auf als andere. Dazu gehören zum Beispiel Kampfspiele wie

Counterstrike und *Call of Duty,* aber auch Rollenspiele wie *League of Legends,* Strategiespiele wie *Clash of Clans* oder Zivilisations- und Sportspiele wie *Farmville* oder *Fifa.* Exemplarisch wird im Kasten unten das Spiel *Fortnite* vorgestellt.

Es würde den Rahmen dieses Buches sprengen, Spielkategorien und einzelne Spiele detailliert zu beschreiben. Sie finden jedoch im Tipp auf Seite 51 Hinweise, wie Sie gezielt danach suchen können.

FAVORIT *FORTNITE*

In die Reihe der Spiele mit hohem Suchtpotenzial gehört auch *Fortnite,* das hier exemplarisch vorgestellt wird. 2020 war es das beliebteste Spiel der Schweizer Jugendlichen. Ein wichtiger Faktor für den Erfolg ist das ausgeklügelte Belohnungssystem. Das Spiel ist ab zwölf Jahren empfohlen, weil die Figuren nicht realistisch sind, sondern eher wie Comicfiguren dargestellt werden, und weil kein Blut zu sehen ist. Häufig kämpfen darin jedoch jüngere Schülerinnen und Schüler ab acht Jahren. *Fortnite* wurde 2020 weltweit gemäss Angaben der Entwickler von 350 Millionen Menschen gespielt.

Spielprinzip

Fortnite ist ein Überlebens- und Kampfspiel. 100 Gamer, die mit einem Hängegleiter auf einer Insel landen, müssen zunächst Ausrüstung und Waffen sammeln. Dann geht es auf dem mit der Zeit kleiner werdenden Spielfeld darum, gegeneinander zu kämpfen. Diejenige Spielfigur, die bis zum Schluss überlebt, hat gewonnen.

Die Siegerfigur vollführt am Schluss einen Freudentanz. Mit der schnellen Verbreitung und grossen Beliebtheit des Spiels haben diese Freudentänze Kultstatus erlangt, sodass auch Profifussballer sie nach einem Tor zeigen und Schüler sie auf dem Pausenplatz vollführen. An sich eine gesunde Sache, wenn Computerspiele dazu führen, dass Kids sich real bewegen und erst noch das Gleichgewicht trainieren!

Die Gameentwickler haben es clever gemacht, indem Spielfiguren von beliebten Filmen oder Märchen wie zum Beispiel «Nussknacker und Mausekönig» oder «Rotkäppchen» inspiriert sind. So hat die Figur Fable lange rote Zöpfe, eine Kapuze und sieht aus, als würde sie gerade durch den Wald hüpfen, um Beeren zu pflücken. Da ist es offensichtlich, dass die Spielentwickler eine junge Zielgruppe ansprechen wollen. Anhand grosser Datenmengen wird auch ausgewertet, auf welche Figuren Kinder und Jugendliche am stärksten reagieren. ∎

E-Sport

E-Sport oder Electronic-Sport bezeichnet das wettbewerbsmässige Spielen von Computerspielen im Einzel- oder Mehrspielermodus. Dabei geht es nicht um Spiele, die ein Sportgeschehen abbilden, sondern um normale, aber weitverbreitete Computerspiele. Die Regeln des Wettkampfs werden durch die Software, das heisst durch das entsprechende Spiel, und durch externe Wettkampfbestimmungen, wie das Reglement des Wettkampfveranstalters, vorgegeben. E-Sport sind Wettkämpfe mit Zukunftspotenzial; schon heute verfolgen Millionen von Fans Weltmeisterschaften live mit. Dabei geht es um viel Geld, wie das auch bei herkömmlichem Sport der Fall ist.

Wie viel das gegenseitige Sich-Messen der Computerspielenden mit realem Sport zu tun hat, ist umstritten. Topwettkampfspieler kommen jedoch auf 400 Handbewegungen pro Minute, und ihr Herz schlägt bis zu 180-mal pro Minute, wie E-Sport-Begeisterte argumentieren. Auch hier braucht es viel Training, Teamzusammenarbeit und starke mentale Konzentration. Die Weltmeisterschaft 2019 von *Fortnite* beispielsweise wurde im gleichen Stadion ausgetragen wie das Tennisturnier US Open. Während beim US Open insgesamt 57 Millionen Dollar Preisgeld ausbezahlt wurden, waren es bei der *Fortnite*-WM immerhin 40 Millionen. Es dürfte eine Frage der Zeit sein, bis sich dieses Verhältnis zugunsten von Online-Games ändert.

Aus präventiver Sicht sind E-Sportlerinnen und E-Sportler keine schlechten Vorbilder, da sie sich durch eine grosse Selbstdisziplin auszeichnen. Dies im Gegensatz zu süchtigen Gamern, die mit der Zeit Pflichten und Körperpflege vernachlässigen, ungesund essen und den Tag-Nacht-Rhythmus verlieren.

> **INFO** *E-Sportlerinnen und E-Sportler eignen sich aus präventiver Sicht durchaus als Vorbilder, da sie sich gesund ernähren, Selbstdisziplin üben und ihren Körper fit halten müssen.*

Der eine oder andere Jugendliche macht sich Illusionen, dereinst Profi-E-Sportler zu werden und seinen Lebensunterhalt damit zu verdienen, aber das gilt auch für herkömmliche Sportarten. In beiden Bereichen schaffen es nur wenige.

Serious Games

Serious Games, übersetzt «ernsthafte Spiele», sind Lernspiele, die nicht nur Wissen vermitteln, sondern auch Spass machen und zunehmend Verbreitung finden. Oberstufenschüler und Gymnasiastinnen nutzen häufig Apps für das Smartphone, die das Lernen unterstützen, zum Beispiel das Vokabeltraining in einer Fremdsprache.

Lernspiele werden zunehmend auch in den Schulunterricht integriert. Leider können sie in Bezug auf Grafik und Ausgestaltung kaum mit den grossen kommerziellen Games mithalten.

GUTE LERNSPIELE FINDEN

Als eine der wenigen bekannten Bundesstellen, die Empfehlungen für sinnvolle pädagogische Spiele abgibt, ist die Bundesstelle für die Positivprädikatisierung von Computer- und Konsolenspielen BuPP in Österreich zu nennen. Unter www.bupp.at finden Sie Empfehlungen zu qualitativ hochwertigen und pädagogisch unbedenklichen Games.

Weitere empfehlenswerte Einstufungen sind beim Spieleratgeber der Landesstelle Nordrhein-Westfalen zu finden (www.spieleratgeber-nrw.de). Die Stelle wird von Bundesstellen unterstützt.

Zusätzliche Informationen finden Sie auch unter www.deutscher-computerspielpreis.de. ■

Die Faszination des Spielens verstehen

Für Aussenstehende ist es nicht einfach nachzuvollziehen, weshalb Spielende den Bildschirm stunden- oder gar tagelang anderen Freizeitmöglichkeiten vorziehen. Doch Spiele und Spielende kann man durchaus besser verstehen, ohne dass man selber Stunden und Tage dafür aufwenden muss. Man kann einfach herausfinden, wie ein Spiel funktioniert. Aber wie bringt man Spielbegeisterte dazu, etwas über ihre Freizeitwelten preiszugeben und verständlich zu erklären, was da vor sich geht?

Wie können Sie in kurzer Zeit mehr über ein Spiel erfahren?

Spielerinnen und Spieler wählen ein Spiel, das zu ihnen passt und ihren Wünschen, Identitätsfantasien, Teamvorstellungen, ihrem Bedürfnis nach Anerkennung oder Heldentum entgegenkommt. Für Angehörige ohne spezielles Spielinteresse ist es weder nötig noch möglich, über alle aktuellen Spiele im Detail Bescheid zu wissen. Es reicht, den Namen eines Spiels zu kennen, um in kurzer Zeit das Wesentliche in Erfahrung zu bringen.

 TIPP *Anhand des Namens können Sie über die Google-Suche nachschauen, wie viele Treffer das Spiel ergibt; eine kurze Beschreibung finden Sie bei Wikipedia. Wenn Sie mehr darüber wissen wollen, geben Sie den Namen des Spiels auf YouTube ein. Sie erhalten dann eine Auswahl von Kurzfilmen und können in wenigen Minuten sehen, wie sich die Spielwelt präsentiert. Für spezielle Erklärungen zuhanden der Eltern können Sie auch den Zusatz «für Eltern» in die Suchmaske eingeben. Es ist spannend, dies zusammen mit dem Gamer zu tun, der das Spiel weiter kommentiert.*

Gamer, von aussen betrachtet

Aussenstehende – in den meisten Fällen sind das die Eltern – nehmen den Spieler oft wie folgt wahr: Voll konzentriert steuert er Mausklicks und bedient in meisterhafter Schnelligkeit im Blindschreibemodus die Tastatur – mit über hundert Fingerbewegungen pro Minute. Je nach Spiel sprechen die Gamer auch zum Bildschirm beziehungsweise mit anderen Spielenden. Anweisungen, Kommentare werden in kurzen Sätzen oder Wortkombinationen wiedergegeben. Das kann direkt zum Bildschirm oder über ein Headset (Kopfhörer mit integriertem Mikrofon) erfolgen.

Engagierte Nutzerinnen und Nutzer werden vom Spielgeschehen magisch angezogen.

 ACHTUNG *Spielerinnen und Spieler werden im Game ungern gestört oder unterbrochen. Verzichten Sie darauf, sie aus einer Spielszene, in der sie mit einem Team unterwegs sind, herauszureissen. Wort- oder gar Gewaltausbrüche können die Folge sein.*

Es ist sinnvoll, von einem Gamer mehr über seine Spielertätigkeit oder Motivation zu erfahren. Wählen Sie aber den Moment, um mit ihm in Kontakt zu treten, klug.

 TIPP *Es geht nicht (nur) darum, das Spiel zu kennen, sondern auch zu erfahren, wie der Gamer, die Gamerin das Spiel erlebt.*

Dabei ist es wichtig, gute, sinnvolle Fragen stellen zu können. Stellen Sie sich als Nichtspieler vor, man erkundige sich nach Ihrem Lieblingshobby oder Ihrem Beruf, und fragen Sie in gleicher Weise nach dem Game. Gamer sind zwar nicht immer sehr sprachgewandt und können die für sie selbstverständlichen Spielabläufe nicht ohne Weiteres umschreiben. Sie haben diese selber meist «spielend» und nicht über die Sprache erlernt. Es mag auch sein, dass sie ab so viel Unwissen genervt reagieren oder es im ersten Moment befremdlich finden zu erklären, welche Typen von Spielfiguren für sie besonders sind. Bleiben Sie jedoch dran, denn mit ehrlichem Interesse gelingt es meist, das Eis zu brechen. Spielerinnen und Spieler schätzen es durchaus, wenn man sich für ihre intensive Freizeitbeschäftigung wirklich interessiert. Eine Auswahl an Einstiegsfragen finden Sie im Kasten unten.

EINSTIEGSFRAGEN AN GAMER

Für Sie als Nicht-Gamer geht es nicht darum, das Spiel im Detail zu kennen, sondern gute Fragen zu stellen, zum Beispiel:

- Wie heisst dein Lieblingsspiel?
- Kannst du einfach erklären, wie das Spiel funktioniert?
- Spielst du vor allem am PC, an der Playstation oder übers Handy?
- Spielst du alleine oder mit anderen zusammen?
- Kennst du deine Mitspieler persönlich? Vom Netz oder von der Schule?
- Bist du in einer Spielergruppe, Gilde?
- Was fasziniert dich am meisten am Spiel?
- Welches sind deine Lieblingsrollen oder Figuren im Spiel?
- Was sind deren Stärken?
- Gibt es noch andere Spiele, die du magst?
- Wie viel Geld gibst du für Spiele aus, und wofür genau?
- Woher beziehst du die Informationen über Games?
- Informierst du dich in Foren, auf YouTube oder auf Game-Streaming-Plattformen wie zum Beispiel www.twitch.tv?

Für den interessierten, vorurteilsfreien Laien ergeben sich so durchaus Möglichkeiten, mehr über die faszinierenden Spielwelten zu erfahren. Dabei geht es nicht darum, ob ein Spiel sinnvoll ist oder nicht – vermeiden

Sie diese Diskussion. Versuchen Sie möglichst, moralische Vorstellungen beiseitezulassen und das Gespräch vorurteilsfrei zu beginnen.

Risiken: Sucht und Gewalt

Computerspiele bringen nicht nur Vorteile, sondern für manche Nutzenden auch erhebliche Risiken mit sich. Welche Gefährdungen sind am meisten zu beachten? Was macht es aus, dass so viel Zeit in diesen virtuellen Welten verbracht wird? Welche Eigenschaften und Elemente in Spielen können süchtig machen? Und welche Risiken bergen Kampfspiele, sogenannte Ego-Shooter?

Belohnungsmechanismen

Verschiedene Belohnungsmechanismen sorgen dafür, dass die Nutzenden am Spiel dranbleiben oder abhängig werden. Suchtfördernde Merkmale bei Computergames sind:

- Belohnungsmechanismen mit hohem Grad an Unvorhersehbarkeit
- Verlust der Belohnungen durch Spielpausen und Spielabwesenheiten
- Rang und Position in der Spielergemeinschaft in Abhängigkeit von der Spieldauer
- Bezahlsysteme mit In-Game-Währungen und die Möglichkeit, Spielgüter wieder zu verkaufen

Anfänglich gibt es häufige und regelmässige Belohnungen, damit die Spielenden den Einstieg finden. Mit der Zeit gibt es grössere Belohnungen, aber es braucht auch mehr Anstrengung. Das Belohnungssystem passt sich den Fähigkeiten und dem Fortschritt des Gamers perfekt an (siehe dazu auch das Thema Flow im Kapitel «Konsum und Sucht», Seite 103).

Besonders wirksam an das Spiel binden Belohnungen, die nicht genau voraussehbar und nur teilweise planbar sind. Die unregelmässigen Belohnungen funktionieren nach dem Zufalls- oder Glücksspielprinzip.

ACHTUNG *Der gemeine Faktor Zufall: Unregelmässige und nicht planbare Belohnungen nach dem Zufallsprinzip binden Spielende besonders effizient und können süchtig machen.*

Ein typisches Beispiel dafür sind die virtuellen Schatz- oder Beutekisten, Lootboxen genannt. Diese suchtfördernden Mechanismen sind von Glücksspielen kopiert, und die Spiele sind damit hart an der Grenze zur Anwendbarkeit der staatlichen Glücksspielgesetze. Eine Studie der holländischen Gaming Authority kommt zum Schluss, dass vier Zehntel der Lootboxen der populären Games unter das Glücksspielgesetz fallen würden. In Japan wurden Lootboxen in Games aus diesem Grund bereits 2012 verboten.

ACHTUNG *Lootboxen oder virtuelle Schatzkisten haben ein hohes Suchtpotenzial und müssten eigentlich unter die Glücksspielgesetze fallen.*

In einer Studie aus dem Jahr 2019 (Zendle, Meyer, Over) wurden Lootboxen untersucht. Im Spiel *Counter Strike* wurden in Lootboxen seltene Gegenstände gefunden, etwa ein besonderes Schwert, das für 2000 Dollar verkauft werden konnte. Damit ist ein Geldgewinn wie in Glücksspielen möglich. Viele Schatzkisten mussten mit echtem Geld gekauft werden oder waren nur für eine gewisse Zeit erhältlich. Gleichzeitig ermöglichte Geldeinsatz Spielvorteile. Somit kann Erfolg in Spielen erkauft werden, was für Spielende, die wenig Zeit oder Erfolg haben, sehr verführerisch ist.

ACHTUNG *Regelmässige oder hohe Geldinvestitionen in Games bergen höhere Risiken für problematisches Computerspielen.*

Belohnungen durch Lootboxen sind oft so konzipiert, dass der Eindruck entsteht, man sei fast erfolgreich gewesen. Diese Fastgewinne, die im Glücksspiel *near miss* (knapp verfehlt) genannt werden, motivieren Spielerinnen und Spieler, immer weiter zu investieren. Die Studie belegte, dass diejenigen, die mehr Geld für Lootboxen ausgaben, ein grösseres Risiko für problematisches Computerspielen aufwiesen.

INFO *Lootboxen funktionieren nach dem Panini-Fussballbildchen-Prinzip: Es braucht Glück oder Geld, bis eine vollständige Sammlung vorhanden ist. Begehrte Bilder und Schätze sind selten. So muss man grosse Mengen kaufen, bis man die Sammlung endlich* *vervollständigen kann. Viele spornt das an, dranzubleiben, damit sie stolz das begehrte Bild beziehungsweise im Computerspiel die Ausrüstung zeigen können.*

Computerspiele und Gewalt

Gewalt in Games und deren Auswirkungen werden unterschiedlich beurteilt. Es gibt Studien, die einen Zusammenhang finden, und andere, die das Gegenteil belegen. Vorsicht ist bei Studien geboten, die von der Game-Industrie mitfinanziert werden.

Exzessive Ego-Shooter-Spieler können nach dem Spielen extrem aggressiv auf Eltern reagieren, wie meine 20-jährige Praxiserfahrung zeigt. Jugendliche, die sonst angepasst bis zurückhaltend wirken, benehmen sich so, wie wenn sie als Kämpfer direkt dem Spiel entwichen wären. Es kommt vor, dass Jugendliche Eltern übelst beschimpfen, mit Gegenständen werfen oder Mobiliar zertrümmern. Auch die in Studien beschriebene Abnahme des Mitgefühls bzw. der Empathiefähigkeit zeigt sich in der Praxis.

Anders Breivik hat vor seiner Tat 2011 in Oslo mit Ego-Shooter-Spielen für sein Attentat geübt. Trotzdem: Gewaltspiele alleine machen einen Spieler nicht zum Gewalttäter. Es braucht immer mehrere Faktoren, damit reale Gewalt entsteht.

INFO *Gewaltspiele alleine haben keine reale Gewaltausübung zur Folge. Viele Attentäter haben sich jedoch in Gewaltspielen auf ihre Tat vorbereitet. Das heisst aber nicht, dass man durch Gewaltspiele zum Attentäter wird.*

Die oben beschriebene Wirkung von Gewaltspielen ist nachvollziehbar, wenn man weiss, dass Soldaten mit Kampfspielen auf Einsätze vorbereitet werden, um damit ihre Hemmschwelle gegen das Töten zu senken. Auch Pilotinnen und Piloten trainieren in Flugsimulatoren für Flugzeugpannen, damit sie für den Ernstfall besser gerüstet sind. Es wäre nicht logisch, wenn sie im Simulator lernen könnten, Gewaltspiele aber keine Wirkung zeigen würden.

INFO *Entscheidend ist nicht nur die Gewalt an sich, sondern auch, in welchem Zusammenhang sie dargestellt wird. Wenn zum Beispiel in einer Spielszene beliebig Passanten verprügelt werden,* *ist das viel schädigender als ein Kampf zwischen Feinden, auch wenn er mit harten Mitteln ausgetragen wird. Psychologisch gesehen ist Gewalt ohne nachvollziehbare Motivation ein schädigendes Modell, selbst wenn sie weniger aggressiv daherkommt.*

Zusammenfassend lässt sich feststellen, dass Gewaltspiele entweder bewirken, dass Wut abgebaut wird oder dass der Spieler die Wut aufnehmen und steigern kann. Ebenso lässt sich festhalten, dass lange andauerndes Spielen von Ego-Shootern gewisse Risiken mit sich bringt und vor allem bei bereits bestehender Frustration oder Gewaltneigung nicht unproblematisch ist.

Empfehlungen für eine risikoarme Nutzung

Für eine gesunde, ausgeglichene Nutzung braucht es eine gute Game-Life-Balance. Wichtige Voraussetzungen dafür sind Selbstvertrauen und die Möglichkeit, im realen Leben Ziele erreichen zu können. Wer in der realen Welt genügend Aufmerksamkeit, Zuversicht und Anerkennung findet, ist weniger gefährdet, onlinesüchtig zu werden. Dazu ist ein verlässliches soziales Netz von Eltern, Freunden, Lehr- und anderen Bezugspersonen notwendig.

TIPPS FÜR EINE GESUNDE NUTZUNG VON COMPUTERSPIELEN
- Klare Regeln festlegen.
- Klare Grenzen für den Abend festlegen, damit der Schlaf nicht zu kurz kommt.
- Schule oder Arbeit müssen Priorität haben.
- Reale Treffen mit Freunden und Outdoorbewegung sollen gepflegt werden.
- Gemeinsame Essen mit der Familie haben Vorrang. Der Zeitpunkt sollte im Voraus klar sein, sodass Abmachungen und Verpflichtungen in den Games darauf abgestimmt werden können.
- Budget definieren für Gameausgaben wie In-Game-Käufe.
- Insgesamt Game-Life-Balance beachten und pflegen.

Weitere Hinweise finden Sie im Kapitel 2, «Medien gesund nutzen», unter Empfehlungen.

Wenn auf dieser Basis eine belastbare Selbstwirksamkeit entsteht – also das Vertrauen in die eigene Fähigkeit, etwas erreichen und auch schwierige Situationen meistern zu können –, dann sind gute Voraussetzungen für eine gesunde Nutzung der virtuellen Welt gegeben.

Trotzdem sind Jugendliche auf klare Regeln angewiesen – und auf Eltern, die auf deren Umsetzung pochen. Die Idee, dass Jugendliche das selber hinkriegen und sich selber beschränken, ist leider in den meisten Fällen eine Überforderung und nicht realistisch.

Online-Sex und -Porno

Sex und Pornobilder haben schon immer Aufmerksamkeit erregt. Allerdings waren sie noch nie so einfach zugänglich wie im Internetzeitalter – und sie wurden noch nie von einer Industrie angeboten, die Milliardenumsätze macht. Welche Auswirkungen, Risiken oder Chancen bestehen für Konsumierende? Welche Kompetenzen braucht es für einen schadlosen und gesunden Konsum? Mit dieser Frage befasst sich das vorliegende Kapitel.

Sexualität und Pornografie fanden schon in frühen Höhlenmalereien Ausdruck. In der Stadt Pompeji, die 79 nach Christus beim Vulkanausbruch des Vesuvs verschüttet wurde und dadurch weitgehend erhalten blieb, fand man nicht nur Malereien von nackten Menschen, sondern auch öffentliche Darstellungen – Mosaike und Skulpturen – von Paaren, die Sex miteinander haben. Die selbstverständliche Darstellung von Sexualität symbolisierte Fruchtbarkeit und Lebensgenuss. Im 2. bis 3. Jahrhundert nach Christus wurde in Indien das Kamasutra verfasst, das verschiedene Stellungen beim Sex zeigt. Aus der heutigen Sicht gehört dieses Werk zu den ersten realistischen pornografischen Darstellungen.

INFO *Alle Kommunikationsmittel wurden, in der Vergangenheit wie heute, auch zur Verbreitung von erotischen und pornografischen Darstellungen genutzt.*

Online-Sex und -Porno: Was versteht man darunter?

Mit dem Internet und den entsprechenden Plattformen – wie YouPorn ab 2006, Pornhub ab 2007 und vielen anderen – wurde Pornografie für Internetnutzerinnen und -nutzer weitgehend altersunabhängig zugänglich. Pornofilme verbreiteten sich schnell, sodass sich heute rund ein Viertel der Suchanfragen um Sex und Porno dreht und das Internet schätzungsweise zu gut einem Drittel aus Seiten mit pornografischen Inhalten besteht. Bei Google ergibt die Suche nach «Sex» 4,5 Milliarden Treffer, nach «Porn» 1,75 Milliarden.

Pornografie im Internet ist ein Geschäft mit riesigen Umsätzen auf der einen und vielen Nutzenden auf der anderen Seite. Allein die Plattform Pornhub konnte nach eigenen Angaben 2018 täglich 92 Millionen und jährlich 33,5 Milliarden Besucher und Besucherinnen verzeichnen. Dabei fällt bei der Plattform, die regelmässig Statistiken veröffentlicht, eine Zunahme der Suchbegriffe *«Porn for Women»* und *«Lesbian»* auf. Diese Statistik zeigt, dass gewaltfreie Pornografie mit weniger aggressiven Inhalten und ohne Männer vor der Kamera auf dem Vormarsch ist. Eine an sich

---

BEGRIFFE ERKLÄRT

Unter dem Begriff «Pornografie» sind Abbildungen, Fotos, Filme usw. von nackten Menschen zu verstehen, die sexuelle Handlungen vollziehen. Dazu gehören auch selber hergestellte Filme, die oft mit Smartphones aufgenommen werden. Ein wichtiger Unterschied zu Sex- oder Erotikfilmen ist dabei die einseitige Hervorhebung der Genitalien, ohne dass liebes- und partnerschaftliche Aspekte der Sexualität eine wesentliche Rolle spielen.

- Pornografie: Im Zentrum der Bilder stehen sexuelle Handlungen und Genitalien.
- Harte (hardcore) Pornografie: Damit ist illegale Pornografie gemeint (siehe auch Gesetzestext nebenan).
- Softporno: Pornografische Bilder oder Filme ohne detailreiche Darstellung sexueller Handlungen und Praktiken
- Erotik: In Bezug auf Film- und Fotomaterial bedeutet Erotik das Posieren vor der Kamera in sexuell aufreizenden Posen.
- Sexting: Das Wort ist abgeleitet von Sex und Texting und meint das Versenden von erotischen Texten und anzüglichen Fotos.

gesunde Tendenz, die unterschiedlich interpretiert werden kann. Insgesamt scheint der Pornokonsum allerdings zuzunehmen, also auch bei Frauen.

Das sagt das Gesetz

Illegale Pornografie ist im Internet einfacher zu finden als vielfach angenommen. Der Übergang von legaler zu illegaler Pornografie ist fliessend, und deshalb sind Konsumentinnen und Konsumenten es sich oft nicht bewusst, wenn sie die Grenze zur Illegalität überschreiten. Das Verbot von illegaler Pornografie soll nicht nur Konsumierende, sondern auch Darstellende, insbesondere Minderjährige, schützen. Gemäss Schweizer Strafrecht sind grundsätzlich drei Formen von Pornografie verboten, nämlich sexuelle Darstellungen mit

- Minderjährigen (Personen unter 18 Jahren), egal in welcher Form sie mitwirken
- Tieren
- Gewalttätigkeiten

Das Herstellen, Verbreiten usw. sowie das Konsumieren von Kinderpornografie sind Offizialdelikte. Das heisst, dass die Strafverfolgungsbehörde diese Delikte verfolgen muss, wenn ihr diese zur Kenntnis gelangen – unabhängig davon, ob jemand Strafanzeige erstattet oder nicht.

GESETZLICHE REGELUNGEN FÜR KINDER UND JUGENDLICHE

Jugendschutzartikel (Art. 197 Abs. 1 StGB)
Wer pornografische Schriften, Ton- oder Bildaufnahmen, Abbildungen, andere Gegenstände solcher Art oder pornografische Vorführungen einer Person unter 16 Jahren anbietet, zeigt, überlässt, zugänglich macht oder durch Radio oder Fernsehen verbreitet, wird mit Freiheitsstrafe bis zu drei Jahren oder Geldstrafe bestraft.

Vorbehalt (Art. 197 Abs. 8 StGB)
Minderjährige von mehr als 16 Jahren bleiben straflos, wenn sie voneinander einvernehmlich Gegenstände oder Vorführungen im Sinne von Absatz 1 herstellen, diese besitzen oder konsumieren. ■

Der Konsum von Pornografie kann die gesunde sexuelle Entwicklung Heranwachsender gefährden oder schädigen. Um Kinder und Jugendliche zu schützen, gibt es daher spezielle gesetzliche Regelungen (siehe Kasten auf der vorhergehenden Seite). Ziel ist es, die Anbieter in die Pflicht zu nehmen, und nicht, Jugendliche zu bestrafen.

ACHTUNG *Wenn Jugendliche unter 16 Jahren anderen Jugendlichen unter 16 Jahren Pornografie zeigen oder schicken, werden sie selber zum Anbieter und begehen damit eine illegale Handlung.*

Die Gesetzeslage wäre also klar – doch das Internet stellt die Strafverfolgung vor ein grosses Problem, da sich die meisten Server, von denen Pornografie abrufbar ist, nicht in der Schweiz befinden und die Anbieter daher selten zur Verantwortung gezogen werden können. Auch die Aufforderung der Anbieter, eine Website erst ab 18 Jahren zu nutzen, ist kein Schutz, da das tatsächliche Alter nicht überprüft wird.

INFO *Weitere Infos finden Sie unter www.skppsc.ch (Schweizerische Kriminalprävention). Für den Krisenfall findet sich hier auch ein Link zu den kantonalen Jugenddiensten der Polizei. Weitere Anlaufstellen sind die Opferberatungsstellen www.opferhilfe-schweiz.ch oder das Hilfetelefon der Pro Juventute Tel. 147. Über www.147.ch sind auch ein Chat sowie SMS- und Mailberatung möglich. Das ist sinnvoll, da Schreiben für Jugendliche oft einfacher ist.*

Produzent + Konsument = Prosument

Aufgrund der schnellen Verbindungen, der guten Handykameras und der interaktiven Möglichkeiten wurden viele Nutzer nicht nur zu Konsumenten, sondern auch zu Produzenten, wenn auch meist in kleinerem Mass. So wurde der Begriff «Prosument» geprägt, der auch im Sex- und Pornobereich eine Rolle spielt.

Bei den Jugendlichen zeigt sich, dass sie Erotik nicht nur gerne konsumieren, sondern auch selber herstellen. Sofern sich dies in ethisch vertretbarem Rahmen und vor fremden Zugriffen geschützt abspielt, ist das eine kreative und an sich gesunde Nutzung. Die Faszination, selber Bilder herzustellen und zu teilen, ist jedoch nicht nur eine kindliche Lust, sondern reizt auch Erwachsene. Für einige ist es verführerisch, das tabuisierte Intimleben mit einer Person oder gar der Öffentlichkeit zu teilen.

Sofern die selbstdarstellende Person nicht erkennbar ist, sondern nur der Körper oder Teile davon, ist das weniger riskant. Es gibt jedoch Menschen, die zu ihrem Sexualleben, wenn damit eine gewisse Ästhetik oder ein künstlerischer Wert verbunden ist, auch öffentlich stehen. Damit gehen sie allerdings das Risiko ein, dass die Bilder gefunden werden, zum Beispiel durch Gesichtserkennung. Das kann dazu führen, dass Unbekannte drohen, die Bilder an Angehörige oder einen Arbeitgeber zu schicken.

Das Sex- und Pornoportal Pornhub verzeichnete 2019 6,8 Millionen Uploads, also Filme, die auf das Portal hochgeladen wurden. Neben professionellen Anbietern aus dem Sexgewerbe gibt es sogenannte Amateure, eine Kategorie unter vielen, die ausgewählt werden können. Hier finden sich zum Teil «Selfiefilme», bei denen es weniger um die technische Qualität und mehr um Selbstdarstellung geht. Wesentlich dabei ist auch, dass damit die Freiwilligkeit sichtbar ist. Hier sind Einzelpersonen oder Paare zu finden, die stolz und selbstbewusst oder eher schüchtern, ohne erkennbare Gesichter, mit ihrem Intimleben an die Öffentlichkeit treten. Die Variationen sind nahezu unbeschränkt, dies sowohl im positiven wie im negativen Sinn.

Kinder und Jugendliche

Kinder und Jugendliche nehmen Sexualität und Pornografie in einem ganz anderen Bedeutungszusammenhang wahr als Erwachsene. Das Interesse an den eigenen Genitalien und am anderen Geschlecht beginnt mit einer Schau- und Zeigelust zwar schon sehr früh. Eine gute Unterscheidungsfähigkeit zwischen Realität und Bildern entwickelt sich jedoch erst im Laufe der Pubertät. Daher sollen Kinder geschützt und Jugendliche bei der abenteuerlichen Entdeckung der Sexualität begleitet oder mindestens nicht alleine gelassen werden. Doch wie verbreitet ist der Konsum in dieser Altersgruppe, und was sind die Folgen?

Verbreitung und Risiken
Sich vernetzen, chatten, virtuell flirten und sich verlieben sowie die Neugier in Sachen Erotik und Sexualität gehören zum Erwachsenwerden. Bei

den Digital Natives gehört auch zunehmend das Anschauen von Sex- und Pornofilmen dazu. Die Funktion von Jugendzeitschriften wie *Bravo* erfüllt heute das Internet. Plattformen wie www.feel-ok.ch, Lexika wie Wikipedia oder Internetforen geben Auskunft zu allen Lebensfragen – auch zur Sexualität.

INFO *Heranwachsende klären sich nicht nur über das Internet auf, sie machen auch neue Bekanntschaften in sozialen Medien und tauschen erotische Mitteilungen aus. Deshalb ist es wichtig, dass sie die damit verbundenen Risiken kennen und harmlose von gefährlichen Handlungen unterscheiden können.*

Sex- und Pornofilme sind ebenfalls eine Informations- und Unterhaltungsquelle, die gut zwei Drittel der männlichen und gut ein Fünftel der weiblichen Jugendlichen nutzen. Die natürliche Neugier kann aber zum Risiko werden, wenn Jugendliche oder Kinder mit nicht altersgerechten pornografischen Inhalten konfrontiert werden. Solche können verstören und vermitteln ein falsches Bild von Sexualität. Jugendliche haben meist schon alles gesehen, bevor sie es selber erleben; die langfristigen Auswirkungen dieser Zeiterscheinung sind schwer abzuschätzen.

ACHTUNG *Kinder brauchen Schutz vor pornografischen Inhalten im Netz und vor unkontrollierten Chat-Foren. Lassen Sie sie nicht alleine ins Netz, oder installieren Sie Schutzprogramme (siehe Kapitel «Medien gesund nutzen», Seite 135).*

Da im Internet kindergerechte und unmoralische Inhalte nur einen Mausklick voneinander entfernt sind, ist es zwingend notwendig, Kinder zu schützen, denn Chat-Foren und soziale Netzwerke sind eine anonyme Plattform für sexuelle Übergriffe. Kinder und Jugendliche müssen auch die mit erotischen Selfies verbundenen Risiken kennen, da sich solche Bilder im Netz rasend schnell verbreiten und kaum mehr gelöscht werden können.

TIPP *Sorgen Sie für eine klärende und altersgerechte Begleitung beim Surfen, und geben Sie Ihrem Kind die Möglichkeit, alle Fragen stellen zu dürfen. Sprechen Sie das Thema Pornografie* *auch von sich aus an. Damit schaffen Sie eine gute Basis für eine gesunde sexuelle Entwicklung.*

WIE VERBREITET IST DER PORNOKONSUM BEI JUGENDLICHEN?*

	Pornos gesehen	Erotische Bilder von sich selber verschickt
12–13 Jahre	18 %	2 %
14–15 Jahre	38 %	5 %
16–17 Jahre	50 %	14 %
18–19 Jahre	62 %	23 %

* Quelle: JAMES-Studie 2018

Rund ein Viertel der 18- bis 19-Jährigen versendet erotische Bilder von sich selber. Interessanterweise gibt es dabei über alle Altersgruppen gesehen nur einen minimalen Unterschied zwischen Jungen mit 13 % und Mädchen mit 11 %.

ACHTUNG *Es sei noch einmal erwähnt: Wenn Jugendliche unter 16 Jahren von sich selber pornografische Bilder verschicken, gilt das als Kinderpornografie und ist strafbar.*

In den letzten Jahren wurden gemäss den Zahlen von Jugendanwaltschaften in der Schweiz zunehmend Jugendliche wegen des Versendens von Pornografie, zum Beispiel in Klassenchats, verurteilt. Oft sind sich Betroffene der Risiken, die sie damit eingehen, nicht bewusst, weshalb mehr Prävention in den Schulen notwendig ist.

Auswirkungen des Pornografiekonsums auf Jugendliche

Ein häufiger, regelmässiger Konsum von Internetpornografie kann bei Jugendlichen falsche Vorstellungen von realer Sexualität erzeugen. Bei den Jungen bedeutet dies vor allem einen sexuellen Leistungsdruck, bei den Mädchen den Anspruch, einen perfekten Körper zu haben und sexuell stets verfügbar zu sein. Dazu kommt, dass sich Jugendliche gleich wie Erwachsene mit intensivem Konsum immer weiter von einer gesunden Sexualität entfernen, zu extremeren Inhalten vorstossen oder gar in die illegale Pornografie abgleiten. Das wiederum führt dazu, dass sich Werthaltungen und Rollenbilder, die in Pornos vermittelt werden, häufiger negativ auswirken. Grundsätzlich birgt das ein Suchtrisiko und senkt die Hemmschwelle zu sexueller Gewalt und Missbrauch. Das gefährdet die Beziehungsfähigkeit.

(!) ACHTUNG *Intensiver Pornokonsum kann verschiedene negative Auswirkungen haben – insbesondere wenn keine realen, liebevollen Kontakte bestehen.*

Meist sind sich Jugendliche der Auswirkungen nicht bewusst. Es ist wie bei der Werbung: Wir glauben, sie zu durchschauen, können uns ihrer Wirkung aber letztlich nicht entziehen. Meist braucht es bei intensiv Konsumierenden eine individuelle Beurteilung, um das Risiko abschätzen zu können. Dabei spielen das persönliche Umfeld, psychische Belastungen, Hemmungen, Sozialkompetenz und die Beziehungsfähigkeit an sich eine Rolle. Aufgrund der Erfahrungen aus meiner Praxis brauchen vor allem unerfahrene, ängstliche und kontaktscheue Jugendliche und junge Erwachsene Unterstützung, damit die wichtigen realen Beziehungs- und Liebeserfahrungen überhaupt möglich werden.

Selbstschutz
Sind Kinder oder Jugendliche in einem inneren Gleichgewicht, gibt es einen gesunden Selbstschutz, indem sie merken, was für sie gut oder schädlich ist. Insgesamt muss nicht von einer generellen Schädigung der Jugend durch Pornokonsum ausgegangen werden; dieser wird in der Regel nicht zu einem Problem. Kinder werden, selbst wenn sie auf nicht altersgerechte Bilder stossen, kaum Interesse zeigen oder mit den Eltern sprechen.

Jugendliche sind meist sorgfältig im Umgang mit Kontakten, die in Richtung Liebe und Sexualität gehen. Sie sind auch im Medienzeitalter recht feinfühlig und zumeist vorsichtig. Das erste Mal Sex findet gemäss einer Schweizer Studie im Durchschnitt mit knapp 17 Jahren statt. 35 % der 17-Jährigen können sich allerdings noch nicht vorstellen, mit jemandem zu schlafen. Obwohl viele Porno konsumieren, ist für sie eine gute Partnerwahl und realer Sex zum richtigen Zeitpunkt von grosser Bedeutung.

INFO *Eltern können Jugendliche, im Gegensatz zu Kindern, kaum mehr kontrollieren und müssen darauf vertrauen, dass diese selber richtig entscheiden. Sexualpädagogen berichten, dass Jugendliche in der Regel ein gutes Gefühl dafür haben, was ihnen gut-tut und was nicht. Das gelingt ihnen in diesem Bereich besser als bei Games und Social Media.*

Pornokompetenz: So unterstützen Sie Ihren Nachwuchs

Parallel zur Medienkompetenz entwickeln Jugendliche idealerweise eine Pornokompetenz. Besprechen Sie mit Kindern und Jugendlichen den Un-terschied zwischen Pornoproduktionen und selbst gelebter Sexualität, und diskutieren Sie mit ihnen darüber. Dabei sollten sexueller Leistungsdruck und Körperbilder zum Thema werden. Jugendliche sollten zudem wissen, wo sie nützliche und hilfreiche Informationen über Sexualität erhalten, welche Pornoangebote weniger problematisch sind (auch für die Darstel-lenden) und welche schädlichen Auswirkungen sie auf Beziehungen haben können. Zu den Projekten, die Jugendliche sensibilisieren, gehören etwa zischtig.ch, feel-ok.ch, lustundfrust.ch, liebesexundsoweiter.ch.

Ziel ist also das Entwickeln einer Selbstkompetenz in Bezug auf Online-Sex bzw. Pornokonsum – bei Jugendlichen genauso wie bei Erwachsenen.

Erwachsene

Tendenziell nimmt der Konsum von Online-Sex und -Porno zu, auch durch die vermehrte Nutzung von Smartphones. Die Präsenz und der Konsum von erotischem Bildmaterial gewinnt eine gewisse Normalität, unter an-derem deshalb, weil die Digital Natives erwachsen geworden sind. Ver-grössern sich durch die Verfügbarkeit die Risiken für den Einzelnen? Wel-che Auswirkungen hat der Konsum, und welche Kompetenzen braucht es für einen gesunden Umgang? Gibt es Unterschiede zwischen Mann und Frau? Und was bedeutet das für Partnerschaften?

Das Interesse an Pornografie- und Sexbildern hat es wie erwähnt schon immer gegeben. Der Zugang war aber oft mit hohen Hürden verbunden, was den Konsum erschwerte oder gar verhinderte. Heute ist der Zugriff mit dem Smartphone praktisch, unauffällig und jederzeit möglich.

Verfügbarkeit, Erschwinglichkeit und Anonymität

Das Triple-A-Modell erklärt die massive Verbreitung des Pornokonsums durch das Internet:

- *Accessibility* (Verfügbarkeit)
- *Affordability* (Erschwinglichkeit)
- *Anonymity* (Anonymität)

Leicht verfügbar, kostengünstig, anonym und damit unauffällig konsumierbar – dies sind die Aspekte, die einen häufigen, risikohaften Konsum begünstigen. Auch die nahezu unerschöpfliche Auswahl vergrössert das Suchtrisiko (siehe dazu auch Seite 98).

INFO *Rund die Hälfte der Online-Pornosüchtigen zeigte kein auffälliges Interesse an einschlägigem Material, bevor es durch das Internet derart leicht zugänglich wurde. Die Erfahrungen mit betroffenen Männern, die ich in der Praxis gesehen habe, bestätigen dies. Vielfach waren sie sich, bevor sie einen Internetzugang hatten, nicht bewusst, dass sie so stark auf Pornobilder reagieren. Ebenso versichern die meisten von ihnen, dass sie keinen Kiosk oder Sexshop aufgesucht hätten. Für Konsumenten heisst das in der Konsequenz, dass die Zugänglichkeit bzw. die leichte Verfügbarkeit das Suchtverhalten fördert.*

Verbreitung

Gemäss einer aktuellen Studie aus der Schweiz (Ursina Brun del Re, 2020, www.ausbalanciert.ch) konsumieren über 90 % der Schweizer Männer Porno. Auch knapp 60 % der Frauen schauen sich Sex- und Pornofilme im Internet an.

3 bis 5 % der Bevölkerung sind von einer Online-Pornosucht betroffen. In meiner Praxis und bei Beratungsstellen meldeten sich bisher fast ausschliesslich betroffene Männer. Sie stammen aus allen sozialen Schichten und Berufen und leben in verschiedenen Beziehungsformen mit und ohne Kinder.

Auswirkungen

Inwieweit der Pornokonsum auf Menschen einen negativen oder auch positiven Einfluss hat, ist umstritten. Die Studienlage zu den Auswirkungen auf das sexuelle Verhalten bei «normaler», das heisst massvoller, gewaltfreier Pornografie ist sehr widersprüchlich. Bei massvollem Konsum sind negative Effekte gemäss den meisten Studien eher klein.

Positive und negative Auswirkungen von Online-Sex und -Pornokonsum können sein:

- **Positive Auswirkungen.** Im günstigen Fall lernt der Konsument etwas über seine Wünsche und Neigungen, sodass er diese besser kennt, was die reale Sexualität bereichern und genussvoller machen kann. Der offene Zugang zu Bildern kann auch Hemmungen und Spannungen abbauen. Klienten beschreiben, dass dies bei gemeinsamer Betrachtung von pornografischen Filmen in der Partnerschaft, mit einem entsprechenden Austausch, der Fall ist. Voraussetzung ist, dass beide die Grenzen des anderen akzeptieren können.
- **Negative Auswirkungen.** Im schlechten Fall führt der Konsum zu einer Sucht, einem verzerrten, unrealistischen Bild von Sexualität und belastet die reale Sexualität auf Augenhöhe oder verunmöglicht sie sogar. Klischees im Sinne von «Männer können und Frauen wollen immer» sind einer gesunden Sexualität abträglich. Häufiger Konsum kann nicht nur zur Sucht führen, sondern erhöht das Risiko, immer extremere Inhalte zu konsumieren. Häufiger, zum Beispiel täglicher intensiver Konsum hat gemäss vielen Studien deutlich negative Auswirkungen auf den Nutzer und auf sein Umfeld.

 ACHTUNG *Im Netz gibt es alles; das Meiste ist gestellt und wirkt auch so. Dazu gehört ästhetisch Kreatives, Witziges, An- und Erregendes bis Erschreckendes, abstossend Hässliches und Grenzwertiges bis Illegales. Lassen Sie die Finger von letzteren Kategorien. Abgesehen davon, dass die Produktionsbedingungen illegal und verabscheuenswürdig sind, schützen Sie sich und Ihre Psyche so vor schädigenden Bildern.*

Kompetenzen für einen gesunden Umgang mit sexuellen Online-Angeboten

Für einen Konsum ohne negative Auswirkungen braucht es gewisse Selbstkompetenzen, das heisst die Fähigkeit, das eigene Verhalten zu reflektieren und zu steuern. Dies in sexueller, emotionaler und sozialer Hinsicht, also unter Berücksichtigung möglicher Auswirkungen auf das Umfeld. Mit den anschliessend aufgeführten Kompetenzen ist ein moderater, befriedigender Konsum ohne negative Konsequenzen realistisch und möglich.

Selbstkompetenzen
- Eigenständige Beurteilung von Inhalten, Produktionsbedingungen und Rollenklischees
- Selbst- und sozialverantwortlicher Umgang: sich nicht planlos durch Angebote klicken, sondern eine ethisch vertretbare Auswahl treffen, mit dem Wissen, was legal und was verboten ist
- Nein sagen und sich selbst und eigene Impulse kontrollieren können
- Gute Körperwahrnehmung und die Fähigkeit, Sexualität und Sinnlichkeit sowohl real leben wie auch virtuell geniessen zu können
- Fähigkeit, zu unterscheiden, ob Online-Sex aufgrund sexueller Schwierigkeiten oder als Ergänzung zur realen Sexualität konsumiert wird

Kompetenzen in der realen Begegnung
- Sinnlichkeit in der Beziehung oder zu sich selber leben und geniessen können; das heisst Kontakt- und Hingabefähigkeit aufbauen und leben können
- Sexualität in der Beziehung lebendig und genussvoll gestalten können
- Wünsche und Bedürfnisse ausdrücken und damit die Sexualität beeinflussen können
- Wünsche des Gegenübers wahrnehmen und in die Sexualität integrieren können
- Fähigkeit, verantwortlich zu entscheiden, wie weit und wann Online-Sex bei einer anderen Person angesprochen werden soll bzw. wie weit und wann man gegenüber einer anderen Person vom eigenen Online-Sexkonsum sprechen soll

Und zur Erinnerung: Wichtig ist beim Online-Sexkonsum natürlich, wenn immer möglich die Einzigartigkeit des realen Liebeserlebens nicht zu vernachlässigen, dieses zu pflegen und zu geniessen.

Mann, Frau, Paare: Wie reagieren sie?

In mehreren Studien konnte gezeigt werden, dass beim Anschauen erotischer Bilder und Filme zwischen Männern und Frauen keine Unterschiede in den Aktivitätsmustern des Hirns zu erkennen sind. Sowohl Männer wie Frauen reagieren körperlich auf erotische Bilder, sie verarbeiten dies aber auf unterschiedliche Weise. Männer sind sich dessen mehr bewusst, allein schon wegen der deutlich spürbaren Reaktion des Körpers im Sinne einer Erektion. Während sie eher auf visuelle Reize ansprechen, werden Frauen tendenziell eher durch sinnliche Reize wie Spüren, Riechen und Hören stimuliert. Sie konsumieren aufgrund anderer Bedürfnisse und weniger oft alleine. Männer konsumieren eher zwecks Spannungsabbau und aus Unzufriedenheit mit der Paarsexualität.

INFO *Männer erleben Pornokonsum als nicht beziehungsgefährdend. Trotzdem haben sie schneller ein schlechtes Gewissen dabei als Frauen. Bei den Digital Natives, also der jüngeren Generation, dürfte es allerdings eine Normalisierung und somit weniger Schuldgefühle geben.*

Männer glauben, sie könnten ihrer Partnerin diese Seite ihrer Sexualität nicht zumuten, und versuchen, sie heimlich auszuleben. Dies kann wiederum zu einem Misstrauen bei den Frauen führen, wenn sie es trotzdem irgendwie mitbekommen.

Gemäss der Sexologin und Psychotherapeutin Ursina Brun del Re (siehe Seite 66) gehen Frauen mit ihrem Pornokonsum wesentlich entspannter um. Sie finden es ganz in Ordnung, dass sie zwar in einer Partnerschaft leben, daneben aber noch ihre eigene Sexualität pflegen, indem sie sich einen Porno anschauen und dazu masturbieren. Männer sehen das nicht als Problem an und finden es eher sexy, wenn sie erfahren, dass ihre Partnerin hin und wieder einen Porno anschaut.

ACHTUNG *Pornografie als Teil der Solo- und der Paarsexualität kann zu Konflikten führen, wenn sie allein, geheim und mit Scham genutzt wird.*

Frauen fühlen sich schneller hintergangen, eher betrogen und empfinden den Konsum als Konkurrenz oder als Abwertung. Sie befürchten häufig, im Vergleich mit den Pornodarstellerinnen nicht zu genügen, auch wenn Männer das bestreiten. Frauen erleben Sexualität insgesamt mehr beziehungsorientiert, während Männer Sex und Beziehung innerlich mindestens ein Stück weit trennen. Dementsprechend sehen sie ihren Konsum meist nicht als Konkurrenz zur eigenen Partnerschaft, was auch ihre Haltung beim Pornokonsum widerspiegelt.

Das birgt Konfliktpotenzial; wenn weitere Beziehungsprobleme dazukommen, kann es schwierig werden. Die Sexualtherapeutin Ursina Brun del Re rät Paaren, gemeinsam einen Pornofilm zu schauen und darüber zu sprechen und so das Thema aus der Tabuzone zu bringen; so würden sich Ängste und schlechte Gefühle abbauen lassen. Frauen würden dann besser verstehen, dass die virtuelle Pornowelt keine Gefahr für ihre Beziehung sein muss, und Männer könnten dadurch ihrem eigenen Konsum nachsichtiger begegnen. Nicht alle Paare können oder wollen dieses Tabu überwinden. Vielen fällt es schwer, über Sex und Pornokonsum zu sprechen, insbesondere wenn ein Problem vorliegt. Paartherapie kann in dieser Situation hilfreich sein.

INFO *Es gibt Studien, die die Gleichzeitigkeit von Paarproblemen und exzessivem Pornokonsum aufzeigen. Hier sind offene Aussprachen wichtig, was allerdings vielfach nur mit der Unterstützung eines Paartherapeuten gelingt, wenn weitere Verletzungen vermieden werden sollen.*

Pornosucht: Was tun?

Wenn der Verdacht oder die Erkenntnis zeigt, dass ein Suchtproblem besteht, ist Wissen über Mechanismen und Folgen einer Abhängigkeit hilfreich. Zudem ist es wichtig, Veränderungsmöglichkeiten realistisch einschätzen zu können.

Betroffene konsumieren vor allem dann, wenn sie unkontrolliert sind, sei dies alleine zu Hause, nachts oder an der Arbeit. Das kann sowohl in Leerzeiten wie auch in stressigen Zeiten geschehen. Das Abtauchen in die Pornowelt bringt im zweiten Fall eine kurzfristige Entspannung und ist häufig ein Versuch, Frustrationen abzubauen. Druck und Schuldgefühle nehmen in der Regel nach dem Konsum zu.

INFO *Suchtmuster und Belohnungsmechanismen im Hirn funktionieren grundsätzlich ähnlich wie bei anderen Verhaltenssüchten – das zeigen bildgebende Verfahren (siehe auch Seite 105). Das Belohnungszentrum im Gehirn wird durch den Konsum von Pornos aktiviert. Betroffene jagen nach dem besten Bild oder Film, ohne anzukommen und ohne Befriedigung zu finden.*

Die Einsicht, dass es ein Problem gibt, ist entscheidend

Es braucht manchmal Zeit, bis sich Betroffene trotz offensichtlicher negativer Auswirkungen eingestehen können, dass ein Problem besteht. Oft ist dazu Druck von aussen notwendig. Die Problemeinsicht ist der wichtige und entscheidende Schritt, um etwas gegen den ungesunden Zustand zu unternehmen. Als Erstes ist es sinnvoll, selber Massnahmen zu treffen, um den Konsum einzuschränken. Gelingt es nicht, selber eine Verbesserung zu erreichen (zum Beispiel mit den auf den Seiten 171 bis 174 aufgeführten Tipps), ist das ein Hinweis darauf, dass eine Suchterkrankung vorliegt. Dann ist es an der Zeit, professionelle Unterstützung aufzusuchen, um einer gesunden, befriedigenden Sexualität eine Chance zu geben (siehe Kapitel «Beratung und Therapie», Seite 199). Inwiefern das Ziel dabei ein kontrollierter Konsum oder die totale Abstinenz ist, hängt von verschiedenen Faktoren ab: zum einen vom Schweregrad der Störung, zum anderen aber auch von weiteren persönlichen und sozialen Faktoren, unter anderem auch davon, wie weit das Umfeld, zum Beispiel eine Partnerin, bereit ist, ein entsprechendes Verhalten zu tolerieren.

Betroffene, die sich des Problems bewusst sind, versuchen bisweilen, sich mit Kinderschutzprogrammen zu schützen. Dabei überlisten sie sich aber vielfach selber, indem sie verschiedene Geräte benutzen oder das Administratorenpasswort nicht weggeben wollen, damit sie sich wieder einloggen können, wenn sie unter Konsumdruck stehen. Wenn die Ursachen nicht verstanden und angegangen werden, kommt die Sucht zurück. Der Zyklus zwischen exzessivem, also übertriebenem Konsum mit anschliessenden Schamgefühlen und dem Vorsatz, aufzuhören oder mindestens den Konsum einzuschränken, wiederholt sich. Trotzdem ist es eine gute Idee, Sperren einzubauen, denn alles, was den unmittelbaren Konsum erschwert, hilft, diesen etwas aufzuschieben und sich nicht der Ohnmacht des Kontrollverlusts ausgeliefert fühlen zu müssen – selbst wenn die Hürde nur darin besteht, das Handy nicht in Griffnähe zu haben.

Diese Tipps sind hilfreich:

- Hürde erhöhen, Zugriff erschweren
- Leerzeiten, Pausen mit anderen Aktivitäten füllen
- Konsumfreie Tage oder Wochen planen

Zurück ins gesunde Leben

Bisweilen können Betroffene in den Ferien den Konsum reduzieren oder ganz darauf verzichten. Aber Rückfälle gehören auf dem Weg zur Abstinenz dazu – dessen sollten sich auch Angehörige bewusst sein. Es ist unrealistisch zu erwarten, dass es nicht zu Rückfällen kommt – auch wenn Betroffene versichern, sie wollten definitiv aufhören. Deshalb ist es auch unklug, wenn Angehörige die Abstinenz einfordern, da so die nächste Enttäuschung und Verletzung vorprogrammiert ist. Etwas Misstrauen von aussen und sich selber gegenüber ist hingegen nützlich, da Abstinentwerden für einen Süchtigen mit einer dauernden oder immer wiederkehrenden Anstrengung verbunden ist.

 INFO *Rückfälle sind normal und zu erwarten auf dem Weg zur Genesung. Das müssen auch Angehörige wissen.*

Die Gesundung erfolgt also in aller Regel über eine Serie von Rückfällen, aus denen es jedes Mal etwas zu lernen gilt. Für eine nachhaltige Veränderung braucht es weitere Schritte – sie können darin bestehen, sich selber besser wahrzunehmen, anderes zu geniessen, ja überhaupt den Genuss im Alltag wieder zu erlernen, Konflikte zu lösen, Fragen in der Partnerschaft zu klären usw. Die Gesundung erfolgt über eine Spirale nach oben, weg von der selbstzerstörerischen, destruktiven Richtung und zurück ins gesunde Leben mit mehr und nachhaltigerer Befriedigung.

Weitere Infos, Tipps und Hinweise über Veränderungsmöglichkeiten finden Sie im Kapitel 3, «Die Mediennutzung wieder ins Gleichgewicht bringen» (Seite 159).

Weitere Risiken: Cyber-mobbing, Hate Speech & Co.

Wenn jemand in eine der zahlreichen Online-Fallen gerät, erscheint das Verhalten oft naiv, ungeschickt, fahrlässig und unklug. Doch Vorsicht mit vorschnellen Urteilen: Nicht nur Unvorsichtigkeit und fehlendes Wissen spielen eine Rolle, auch aussergewöhnliche Lebenssituationen, in denen Menschen anfälliger und verletzlicher sind, tragen das Ihre dazu bei. So geraten auch Menschen, die ihr Leben gut meistern und intelligent sind, in schwierige Situationen.

Vermutlich kennen Sie den Begriff «Mobbing». Damit ist das Ausüben psychischer Gewalt durch wiederholtes Zufügen von Leid und Schmerz gemeint. Konkret bedeutet Cybermobbing das Schikanieren, Blossstellen und Ausgrenzen einer Person mit digitalen Mitteln über längere Zeit. Knapp einem Viertel der Jugendlichen ist dies online schon widerfahren. Doch wie funktioniert Cybermobbing, und was kann man tun, um sich davor zu schützen? Und wie sollen Betroffene und Umgebung reagieren, wenn es doch passiert?

Wie es zu Cybermobbing kommt, und was man dagegen tun kann

Für Cybermobbing gibt es verschiedene Begriffe wie «Cyberbullying», «Internetmobbing», «Cyberstalking», die grundsätzlich Ähnliches bedeuten. Das Blossstellen, Beleidigen, Anpöbeln und Behaupten von Unwahrheiten geschieht meist unter Menschen, die sich persönlich kennen – und zwar in Gruppen, die sich nicht freiwillig gebildet haben und die man auch nicht ohne Weiteres verlassen kann (Schulklassen, Arbeitsteams). Der Beginn liegt vielfach in einer realen Situation, in der eine Person halb zum Spass und halb ernst angepöbelt wird. Die Schikanen werden anschliessend mit digitalen Mitteln wie E-Mail und Social Media wie Facebook, Instagram, Snapchat, WhatsApp, aber auch in Chats von Computergames weitergeführt, indem Gerüchte, manipulierte Fotos und Filme verbreitet werden.

Mobbing erfolgt wiederholt über längere Zeit, mit verletzender Absicht und in einem Kräfteungleichgewicht zwischen Tätern und Opfern.

INFO *Mobbing im realen Leben überwiegt trotz moderner Technologie. Die Überlappung beider Mobbingformen ist hoch: Bei rund 80 % der Online-Mobbingfälle fand vorgängig ein herkömmliches Mobbing statt.*

Cybermobbing vs. Mobbing im realen Leben

Cybermobbing kann sehr schnell und für Betroffene anfänglich unauffällig erfolgen, sodass sie es erst spät bemerken. Mit verdeckten Social-Media-Konten ist es für Täterinnen und Täter ein Leichtes, unbemerkt zu handeln. Dadurch haben sie auch weniger Hemmungen und empfinden weniger Mitgefühl, da sie das Leiden des Opfers nicht sehen. Manchmal gerät das Ganze auch für die Verursacher selber ausser Kontrolle, und sie lösen etwas aus, das sie in diesem Ausmass nicht beabsichtigt haben. Dies ist etwa der Fall, wenn Beleidigungen von anderen kopiert, manipuliert und weiterverbreitet und so zum Selbstläufer werden.

Das zeichnet Cybermobbing aus:
- Schnelle Verbreitung
- Anonymität der Täter und Täterinnen
- Einmal im Internet, immer im Internet

ACHTUNG *Das Internet vergisst nicht: Es ist sehr schwierig, Inhalte wieder zu löschen, vor allem wenn sie weiterverbreitet und kopiert wurden. Betroffene werden so das negative Erlebnis kaum mehr los und können es daher schlechter vergessen und verarbeiten.*

Wie verbreitet ist Cybermobbing?

Die Zahlen zur Verbreitung von Cybermobbing variieren erheblich. Insgesamt geht man davon aus, dass bei Jugendlichen jeder Zwanzigste bis jeder Vierte betroffen ist. Ein paar Fakten:
- Pro Schulklasse gibt es im Durchschnitt mindestens einen betroffenen Schüler, eine betroffene Schülerin.

- Bei tieferem Bildungsniveau tritt Cybermobbing häufiger auf.
- 30 % der Betroffenen sind durch die Tat auch lange Zeit danach noch stark belastet.

Grundsätzlich gehören Jungen häufiger zu den Tätern beim Mobbing. Während sie direkter aggressiv sind, indem sie andere blossstellen und hänseln, mobben Mädchen eher indirekt und subtil, indem sie Gerüchte verbreiten und andere so ausgrenzen. Während Mädchen vor allem andere Mädchen schikanieren, mobben Jungen sowohl andere Knaben wie auch Mädchen.

Und was genau passiert?

Texte mit Schimpfwörtern und Beleidigungen, beschämende Fotos oder Videos werden im Netz verbreitet.

 LEO HAT DURCH EINE FREUNDIN von Andrea das Passwort von deren Mailkonto erhalten. Er loggt sich in Andreas Konto ein und versendet in ihrem Namen beleidigende Nachrichten an ihre Freundesliste. Andrea bemerkt das erst aufgrund der entsetzten Antworten ihrer Freunde.

JONAS FILMT MIT SEINER HANDYKAMERA, wie einige Mitschüler Roland auf dem Pausenplatz hänseln und anpöbeln. Er stellt den Film anschliessend auf YouTube und sendet den Link an seine Klassenkameraden.

HELEN UND LAURA WAREN FREUNDINNEN und haben sich zerstritten, sodass Helen mit Laura nichts mehr zu tun haben möchte. In den letzten gemeinsamen Ferien haben die zwei noch gegenseitig sexy Aufnahmen am Strand gemacht. Laura postet nun ein Foto von Helen mit einem aufreizenden Kommentar auf einer Plattform. Sie schickt den Link an Mitschüler, und Gerüchte beginnen die Runde zu machen.

INFO *Bilder und Filme werden in der Regel von Betroffenen als schlimmer empfunden als Texte.*

Wie funktioniert Cybermobbing?

Es braucht immer mehrere Personen, die in irgendeiner Art mitbeteiligt sind, damit Mobbing «funktioniert».

Beteiligte können in unterschiedlichen Situationen verschiedene Rollen einnehmen. So kann ein Täter auch mal Mitläufer oder in einer anderen Situation Opfer sein. Es gibt Mitläufer, die sich im Zweifelsfall lieber auf die Seite des Täters schlagen und ihm zustimmen, damit sie nicht selber zum Opfer werden.

Täter sind in der Regel Personen, die sich gut durchsetzen können und Macht und Anerkennung suchen. Studien zeigen, dass Täterinnen und Täter meist weniger schnell ein schlechtes Gewissen haben, weniger Mitgefühl empfinden und Ehrlichkeit für weniger wichtig halten. Zum Teil haben sie im Elternhaus Aggression erlebt und gelernt, dass sich aggressives Verhalten lohnen kann, um sich über andere zu stellen.

Untersuchungen zeigen, dass in einer Gruppe rund ein Viertel unbeteiligte Dritte oder Wegschauer sind, die meinen, dass sie das alles nichts angehe, oder die sich nicht trauen, einzugreifen. Rund ein Fünftel der Gruppe versucht mindestens anfänglich, das Opfer zu verteidigen.

Die Folgen

Für Betroffene kann die Cybermobbingerfahrung traumatisch sein. Folgen sind eine Beschädigung des Selbstwertgefühls, Rückzug mit Einsamkeitsgefühlen, soziale Ängste, depressive Verstimmungen – manchmal auch mit Suizidversuchen. Gleichzeitig können körperliche Symptome wie Kopf- oder Bauchschmerzen auftreten.

INFO *Der soziale Rückzug kombiniert mit der Suche nach Zugehörigkeit und Anerkennung kann zu einer vermehrten Internetnutzung führen. In verschiedenen Fällen aus meiner Beratungspraxis ist einer Online-Sucht eine nicht erkannte oder nicht aufgearbeitete Mobbingerfahrung vorausgegangen. Diese Mobbingbetroffenen scheinen ihr Selbstwertgefühl in der virtuellen Welt wieder aufzubauen und zu versuchen, ihre Ohnmacht und Wut zum Beispiel in gewalthaltigen Computerspielen loszuwerden.*

Was können Angehörige und Betroffene tun?

Cybermobbing löst bei Betroffenen und Angehörigen Ohnmacht, Hilflosigkeit und Wut aus. Es ist jedoch wichtig, sich bei der Reaktion nicht von diesen Gefühlen leiten zu lassen. Schnelles und unüberlegtes Handeln kann die Situation zusätzlich verschlimmern.

Zentral ist, dass Betroffene mit Bezugspersonen sprechen können, damit sie mit den Gefühlen des Ausgeschlossenseins nicht alleine sind. Das ist jedoch alles andere als einfach, da sie sich meist schämen und gleichzeitig nicht petzen wollen.

In Studien konnte gezeigt werden, dass viele Eltern nicht bemerkt haben, dass ihr Kind gemobbt wurde, oder dies nicht ernst nahmen. In der Behandlungspraxis zeigt sich bei der Zusammenarbeit mit Familien immer wieder, dass Eltern und zum Teil auch Betroffene erst Jahre später das Ausmass der Verletzung mit den entsprechenden Folgen erkennen. Es ist deshalb essenziell, dass Eltern hellhörig sind, wenn ein Kind nicht mehr gerne in die Schule geht oder sich darüber beklagt, dass die anderen nicht nett sind oder es keine Freunde findet.

Tipps für Eltern, die den Verdacht haben, ihr Kind werde gemobbt:
- Schaffen Sie eine gute Gesprächssituation, aber sprechen Sie das Thema nicht direkt an. Besser ist es, sich bei einem Spaziergang oder beim Zubettgehen nach dem Befinden zu erkundigen und nachzufragen, wie es mit Freunden und in der Klasse geht.
- Machen Sie keinen Druck, dass das Kind alles aufs Mal erzählen muss.
- Äussern Sie auf keinen Fall Kritik über ungeschicktes Verhalten des Kindes.
- In dieser Situation braucht es alles andere als Vorwürfe. Verständnis, Trost und Zuneigung sind gefragt. Zuversicht für die Zukunft ist wichtig, jedoch ohne die Situation zu verharmlosen.

VORGEHEN BEI CYBERMOBBING
- Nicht auf Cybermobbing antworten
- Mobber blockieren und Belästigung beim Anbieter, Betreiber von Social-Media-Seiten usw. melden, damit der Täter ausgeschlossen wird
- Cybermobbing dokumentieren: Screenshots erstellen, Tagebuch führen
- Hilfe holen: mit Vertrauensperson (Lehrperson, Vorgesetzte, Fachperson) reden. Gemeinsam mit Vertrauensperson weiteres Vorgehen besprechen
- Falls notwendig Polizei kontaktieren: Handy darf von Drittpersonen, zum Beispiel einer Lehrkraft, beschlagnahmt, aber nicht selber kontrolliert werden, Gerät der Polizei zur Prüfung übergeben

Indem andere Personen informiert sind, wird auch die Position der betroffenen Person gegenüber dem Täter, der Täterin gestärkt. Wenn das Opfer nicht alleine gelassen wird, hören Beleidigungen durch Täter und Täterinnen oft auf.

 INFO *Anlaufstellen bei Cybermobbing: Schulsozialarbeiterin, Jugendtelefon 147 der Pro Juventute, Opferberatungsstellen*

Hinweise für betroffene Jugendliche
- Bleib ruhig und lass dich nicht durch Selbstzweifel klein machen. Versuche, an dich selber und an Gerechtigkeit zu glauben.
- Antworte und reagiere nicht auf Nachrichten, die dich belästigen oder ärgern.
- Rede mit Erwachsenen, denen du vertraust, wenn du Probleme hast.
- Melde Belästigungen beim Anbieter, zum Beispiel den Betreibern von Social-Media-Seiten. Die meisten Websites und Online-Anbieter geben dir die Möglichkeit, Personen zu melden, wenn sie mobben oder andere belästigen, und sperren diese.
- Mach Kopien der beleidigenden Nachrichten, Bilder, Filme und Online-Gespräche.
- Es ist wichtig zu wissen, dass du dich wehren und eine Lösung finden kannst, damit sich die Situation verbessert.

Diese Punkte gelten sinngemäss auch für Erwachsene, die sich in einer Mobbingsituation an einen vertrauten Freund wenden können.

CYBERMOBBING UND RECHT
Es gibt keinen eigenständigen Gesetzesartikel zu Cybermobbing; rechtlich gelten online und offline die gleichen Gesetzesartikel des Schweizer Strafgesetzbuches. Niemand darf peinliche und unangemessene Fotos und Filme von anderen Personen ins Netz stellen. Mögliche und typische Straftatbestände, die bei Cybermobbing erfüllt werden, sind üble Nachrede, Verleumdung, Beschimpfung, Drohung, Nötigung. ■

Was kann die Polizei tun?

Cybermobbing wird auf Antrag des Opfers oder des gesetzlichen Vertreters verfolgt. Falls Cybermobbing mit Erpressung oder Nötigung einhergeht, werden die entsprechenden Taten verfolgt, sobald die Polizei Kenntnis davon hat – unabhängig davon, ob eine Anzeige erfolgt ist oder nicht. Es handelt sich dabei um sogenannte Offizialdelikte.

Weitere Informationen finden Sie unter: Schweizerische Kriminalprävention (SKP), www.skppsc.ch → Fokus Internet → Cybermobbing.

Wie helfen Fachleute in einer betroffenen Klasse?

Fachleute setzen in der Arbeit mit in Cybermobbing involvierten Gruppen auf einen Ansatz ohne Schuld oder Schuldzuweisung, den sogenannten No-Blame-Approach – dies aufgrund der Erkenntnis, dass die Wahrheitsfindung schwierig und für das Opfer zusätzlich beschämend ist. Anders als der Täter oder die Täterin suchen Fachpersonen also nicht primär jemanden, den sie als Schuldigen vorführen können, sondern sie kümmern sich in erster Linie um das Opfer. Mit dem betroffenen Kind oder Jugendlichen wird als Erstes ein Gespräch geführt, um die Situation besser beurteilen zu können. Anschliessend wird eine Unterstützungsgruppe gebildet mit dem Ziel, das betroffene Gruppenmitglied zu unterstützen und das Klima in der Klasse zu verbessern. Den Kindern wird erklärt, welche Folgen Mobbing haben kann. Dabei geht es nicht um die Rekonstruktion der Ereignisse; vielmehr werden Ideen für Massnahmen gesammelt, die dem betroffenen Kind bzw. Jugendlichen helfen sollen, sich wieder wohlzufühlen. Konkrete Vorschläge, die umgesetzt werden können, werden aufgelistet. Ein bis zwei Wochen nach der Bildung der Unterstützungsgruppe werden die Kinder einzeln zu ihrer Einschätzung der Situation befragt. Aufgrund dieser Gespräche und Rückfragen bei den Lehrpersonen können die aktuelle Situation und der Fortschritt recht gut abgeschätzt werden.

Letztlich geht es also darum, dass die Gruppe gemeinsam das Problem löst und auch der Täter bzw. die Täterin lernt, dass in dieser Gruppe Respekt und Anerkennung des Einzelnen wichtig sind.

Wenn Sie mehr über Cybermobbing und den No-Blame-Approach erfahren möchten, finden Sie Buchtipps dazu im Anhang.

Was hilft vorbeugend gegen Cybermobbing?

Mobbing tritt häufiger in einem Klima der Angst, Drohung, Schuldzuweisung, Verharmlosung und bei Nichteingreifen wichtiger Leitungspersonen auf. Bei einem guten Gruppenklima mit gegenseitiger Unterstützung und Achtung ist die Mobbinggefahr wesentlich kleiner. Ziel ist deshalb, dass Leitungspersonen Fairness und Teamzusammenhalt fördern. Das ist insbesondere dann entscheidend, wenn neue Gruppen gebildet werden, wie eine neue Schulklasse oder ein neues Team bei Erwachsenen. Zu diesem Zeitpunkt werden Werte, Normen und Rollen in der Gruppe neu definiert, bevor sich ungünstige Verhältnisse etablieren.

 INFO *Ein Schulrektor, der diesen Sachverhalt beschrieb, brachte es so auf den Punkt: «Wo gemobbt wird, schaut der Chef nicht hin.»*

Sowohl die Leitung wie die Gruppe können Verantwortung für die Einhaltung von Respekt und Anerkennung übernehmen. Das fördert ein gutes Klima, die Arbeitsfähigkeit und Gesundheit der Gruppe und der einzelnen Mitglieder. Dazu gehört insbesondere die Regel, dass kein schädigendes und beleidigendes Material wie Daten, Bilder und Videos kopiert und weitergegeben wird. Weitere vorbeugende Hinweise sind auch im Kapitel 2, «Medien gesund nutzen», zu finden (siehe Seite 111).

Hass im Netz, Fake News

Hass im Netz ist ein unschönes Phänomen, das im Zunehmen begriffen ist. Verursacht wird es durch eine kleine Minderheit, die die Anonymität im Internet ausnutzt. Soziale Medien, aber auch Kommentarmöglichkeiten auf Online-Portalen von Zeitungen sollten kontrolliert werden, um Hassreden zu vermeiden. Von offizieller Seite wird versucht, das strafbare Wirken der Täter und Täterinnen zu bekämpfen und Anbieter auf Selbstkontrollen zu verpflichten.

Unter Hate Speech versteht man zumeist verbale Angriffe und Beleidigungen von Personen oder Gruppen aufgrund bestimmter Eigenschaften wie Hautfarbe, Herkunft, Geschlecht, sexueller Orientierung oder Religion. Die Beleidigungen über das Internet nehmen zu, auch wenn nur ein relativ kleiner Anteil der Internetnutzer und -nutzerinnen Täter sind. Da die Kommunikation im Internet nicht von Angesicht zu Angesicht stattfindet, haben Menschen weniger Hemmungen und überschreiten schneller Grenzen.

INFO *Die Hälfte der Likes bei Hasskommentaren auf Facebook gehen gemäss Analysen auf nur 5 % der Accounts zurück. Von dieser Minderheit wiederum ist ein Teil besonders aktiv. Demzufolge lässt sich ein Viertel der Hass-Likes auf nur 1 % der Profile zurückführen. Diese sind jedoch so aktiv, dass sie von einer Mehrheit wahrgenommen werden.*

Gemäss einer Studie des deutschen Markt- und Medienforschungsinstitutes Forsa nahmen Hassreden zwischen 2016 und 2018 deutlich zu. Während 2016 zwei Drittel der Nutzerinnen und Nutzer Hassreden wahrgenommen hatten, waren es 2018 über drei Viertel.

Doch weshalb verbreiten sich Beschimpfungen und Unwahrheiten so schnell und gut? Unwahrheiten, also Fake News, erregen mehr Aufmerksamkeit, weil sie oft aussergewöhnlicher sind als Wahrheiten. Die Wahrscheinlichkeit der Verbreitung von Fake News auf Twitter ist, gemäss einer Studie des MIT (Massachusetts Institute of Technology), um 70 % höher als jene von echten Nachrichten, und Fake News verbreiten sich 10- bis 20-mal schneller als wahrheitsgetreue News.

INFO *Falsche und schlechte Nachrichten verbreiten sich wesentlich schneller als wahre. Wahre Nachrichten brauchen sechsmal länger als falsche, um die gleiche Anzahl Nutzerinnen und Nutzer zu erreichen.*

Der Bundesrat äussert sich in einer Antwort auf eine entsprechende Interpellation (06/2019, Priska Seiler Graf) dahingehend, dass er es als seine ständige Pflicht erachte, Hassreden gegen Personen und Bevölkerungsgruppen zu bekämpfen. Denn solche Reden würden die Grenzen der Meinungsäusserungsfreiheit überschreiten und den Keim von Gewalt in sich tragen. Überschreitungen würden vom Bund direkt zum Beispiel bei Facebook, YouTube und Twitter gemeldet. Die Meldungen des Bundes würden dort vorrangig behandelt.

Es gibt auch Versuche, Hassmeldungen mittels Computerprogrammen zu erkennen und aus den Netzwerken zu entfernen. Allerdings besteht bis anhin das Problem darin, dass sich Algorithmen leicht austricksen lassen, indem Täter zum Beispiel Wörter mit Fehlern schreiben. Neben den technischen Versuchen, Hassreden einzudämmen, ist es indes auch wichtig, dass gegen Verleumdungen Stellung bezogen wird, zum einen von Einzelpersonen und zum anderen von Politikerinnen und Politikern, um sich und andere zu schützen.

(!) ACHTUNG *Hass ist keine Meinung und hat nichts mit Meinungsfreiheit zu tun. Man kann rechtlich gegen Hasser vorgehen, denn Hassreden im Internet fallen unter die gleichen Strafbestimmungen, die auch für Äusserungen in der analogen Welt gelten. Weitere Infos finden Sie beispielsweise unter www.humanrights.ch oder www.stophatespeech.ch.*

Cyberkriminalität

Im Zuge der Verbreitung digitaler Medien nimmt auch die Verbreitung der Cyberkriminalität zu. Hier geht es vorrangig um Cyber- oder Internetbetrug, ein Bereich, mit dem sich vor allem die Polizei und insbesondere die Abteilung der Kriminalpolizei auseinandersetzt. Die Schweizerische Kriminalprävention (SKP) ist als nationale Auskunfts- und Informationsstelle für diesen Bereich sehr hilfreich. Im Folgenden werden hier kurz die wichtigen Risiken aufgeführt.

Betrug

Es tauchen immer neue Betrugsformen auf, und die Täter nutzen technische und psychologische Tricks sowie die Gutgläubigkeit von Nutzerinnen und Nutzern aus. Bei der Polizei wird mit Besorgnis festgestellt, dass Cyberbetrug zunimmt. Regelmässig melden sich Opfer, die über das Internet betrogen werden. Hier die häufigsten Formen des Internetbetrugs:

- **Phishing.** Den englischen Begriff könnte man mit «Passwort fischen» übersetzen. In betrügerischer Absicht versuchen anonyme Personen, sich Zugang zu einem Computer oder einem ganzen Computernetzwerk zu verschaffen. Vermutlich kennen Sie dieses Vorgehen in verschiedenen Variationen: Meist werden Sie per Mail aufgefordert, einen Link anzuklicken, weil sonst Ihr Mailkonto oder irgendein anderer Zugang gesperrt wird. Betrüger versuchen so, auf einen Computer zuzugreifen, um ihn zu manipulieren, Daten zu verändern oder Mails unter Ihrer Adresse zu verschicken usw.

IN EINEM FALL VERSCHICKTEN TÄTER täuschend echt gemachte Rechnungen von iTunes, dem Online-Shop von Apple, für einen Artikel für 39 Franken, mit dem Hinweis, dass man die Rechnung stornieren könne, indem man auf einen Link klicke. Tat man dies, poppte die Aufforderung auf, persönliche Daten einzugeben und auf den Knopf «Artikel stornieren» zu drücken. Daraufhin erschien die Aufforderung, die Apple-ID (Passwort für den Apple-Account) anzugeben. Damit hatten die Täter nicht nur Zugang zu Kreditkarten, sondern konnten auch Handys orten und sperren.

ACHTUNG *Vorsicht und etwas mehr Misstrauen als im realen Leben sind im Internet empfehlenswert und notwendig. Denken Sie daran, dass im Internet alles gefälscht sein kann: komplette Profile mit Freundeslisten, Fotos, amtliche Dokumente, Filme, Belege usw.*

- **Malware-Erpressungstrojaner.** Mit Spam-Mails werden schädliche Computerprogramme verschickt. Öffnet man den vielversprechenden Anhang, installiert sich das schädliche Programm – der Trojaner – auf dem Computer. Damit werden Daten auf einem einzelnen Computer oder in einem ganzen Netzwerk verschlüsselt, sodass sie für Nutzerinnen und Nutzer nicht mehr les- und brauchbar sind. Nur die Täterinnen kennen den Code zur Entschlüsselung und erpressen damit den Nutzer. Gegen die Überweisung einer Geldsumme versprechen sie, den Code zur Entschlüsselung zu liefern. Da Nutzer (und dazu gehören auch Firmen) auf die Daten angewiesen sind und schnell wieder darauf zugreifen müssen, werden immer wieder Beträge überwiesen.
- **Sextortion.** Dieser englische Begriff setzt sich aus Sex und *extortion* (Erpressung) zusammen. Betrüger verführen das Opfer und bringen es dazu, sich vor der Computer- oder Handy-Kamera auszuziehen. Sie machen heimlich Aufnahmen und versuchen, das Opfer mit den Aufzeichnungen zu erpressen.

TIPP *Unter folgenden Links finden Sie mehr Informationen: Schweizerische Kriminalprävention (SKP), www.skppsc.ch, und www.fedpol.admin.ch → Kriminalität → Gefahren im Internet.*

Denken Sie daran, dass Online-Fallen überall im Internet lauern. Surfen Sie mit Verstand, Vorsicht und im Wissen, dass die Anonymität des Mediums auch Menschen mit betrügerischen Absichten anzieht. Sind Sie in eine Falle geraten, lassen Sie sich besser bei spezialisierten Stellen der Polizei beraten, bevor Sie vorschnell etwas unternehmen und damit möglicherweise noch tiefer in die Fänge von Cyberkriminellen geraten.

PRÄVENTIVER SCHUTZ VOR DIGITALEN RISIKEN: DIE WICHTIGSTEN MERKPUNKTE

- Sicherer mit etwas Misstrauen: Glauben Sie nur, was Sie überprüfen können.
- Vorsicht bei verlockenden, besonders günstigen Angeboten im Internet
- Keine persönlichen Daten und Passwörter auf Seiten eingeben, die nicht vertrauenswürdig sind
- Keine unbekannten, nicht vertrauenswürdigen Links anklicken
- Niemals Anhänge von Mails öffnen, deren Absender Ihnen unbekannt ist oder nicht vertrauenswürdig erscheint oder der Ihnen sonst irgendwie merkwürdig vorkommt

---

IM ZENTRUM FÜR SPIELSUCHT, RADIX ZÜRICH, sehen wir immer wieder Klienten zum Beispiel mit einer Computer- oder Geldspielsucht, die Cyberbetrug begangen haben, um ihre Sucht zu finanzieren. So zum Beispiel ein Jugendlicher, der im Internet günstig Handys zum Verkauf anbot, die er gar nicht hatte. Oder ein Erwachsener, der im grossen Stil Popkonzerttickets verkaufte, aber nie lieferte. Die Einnahmen daraus verspielte er. Täter verdrängen das Unrecht, das sie begehen, und werden sich des Schadens erst richtig bewusst, wenn sie sich aufgrund des Drucks einer Verurteilung in Therapie begeben. Bei Geld- oder Computerspielsucht ist die Einsichts- und Schuldfähigkeit aufgrund des Kontrollverlustes zum Zeitpunkt des Vergehens vielfach eingeschränkt (siehe auch Kapitel «Konsum und Sucht», Seite 87).

Romance Scam: zwischen Sucht und Betrug

Romance Scam oder auch Love Scam kann abgekürzt als Liebesbetrug über das Internet bezeichnet werden. *Scamming* bedeutet auf Deutsch «Betrug» oder «Masche» und findet zunehmend Verbreitung in der westlichen Welt, in der die Chancen höher sind, dass Menschen über finanzielle Reserven verfügen. Die Liebesbetrüger und -betrügerinnen gehen gezielt Menschen an, die im Internet auf Kontaktsuche sind, und wickeln diese mit attraktiven gefälschten Profilen um den Finger – dies in der Absicht, sich nach einer virtuellen Kennenlernphase unter verschiedenen Vorwänden, meist wegen einer kurzfristigen, unvorhersehbaren Notlage, Geld «auszuleihen». Zu den vorgeschobenen Gründen gehören finanzielle Engpässe wegen mitleiderregender Schicksale kranker Verwandter, Diebstahls des Geldes für die Anreise oder das Visum für ein erstes Treffen, wegen Verzögerung eines dringend erwarteten Geldbetrags usw.

Betroffene sind dermassen vom Betrüger oder der Betrügerin eingenommen, dass sie trotz fehlender Sicherheiten meist schrittweise erhebliche Summen überweisen. Das Phänomen ist noch wenig erforscht und die Dunkelziffer aufgrund der Scham der Betroffenen erheblich.

Wer ist gefährdet?

Die Liebesbetrüger und -betrügerinnen gehen gezielt Menschen an, die sie als alleinstehend identifizieren. Leichte Opfer sind Frauen, aber auch Männer, vor allem in der zweiten Lebenshälfte, nach schwierigen Ehe- oder Beziehungserfahrungen. Meist sind die Kinder aus dem Haus, und sie suchen mit wenig Erfahrung im Internet neue Kontakte oder eine Beziehung. Gefährdet sind auch Menschen in schwierigen Situationen, etwa nach einer Trennung, einem Todesfall im Umfeld oder bei Jobverlust.

ACHTUNG *Wenn es real nicht so gut läuft und es an Zuwendung und Liebe fehlt, ist man stärker gefährdet. Die Suche nach einem neuen Partner, einer neuen Partnerin im Internet kann gut gehen, wie auf vielen Dating-Plattformen, die zum Teil ihre Nutzenden kontrollieren; sie kann aber eben auch zu Problemen führen.*

Bewahren Sie einen kühlen Kopf, und wappnen Sie sich mit folgenden Vorsichtsmassnahmen gegen Love Scams:

- Seien Sie im Netz misstrauischer als bei einem realen Date.
- Vertrauen Sie keiner Person, die Sie nur über das Netz kennen.
- Werden Sie misstrauisch, wenn schnell grosse Zuneigung, Komplimente und Kosenamen ins Spiel kommen.
- Überweisen Sie kein Geld, und schicken Sie keine Wertgegenstände an Personen, deren Identität Sie nicht überprüfen können.

Betroffenen fehlt oft ein stabiles unterstützendes Umfeld. Der Internetkontakt wird dann so wichtig, dass sie sich durch das Ausleben ihrer Internetliebe zusätzlich vom realen Umfeld entfremden. Ähnlich wie bei der Internetabhängigkeit von Social Media werden reale Sozialkontakte vernachlässigt, und die virtuelle Welt wird zunehmend wichtiger, was zu einer verzerrten Wahrnehmung führen kann. Das geht manchmal so weit, dass Betroffene Schulden machen, um Geld an den scheinbar in Not geratenen Betrüger überweisen zu können. Von aussen betrachtet ist das schwer nachvollziehbar – und trotzdem kann es Menschen aus allen sozialen Schichten und unabhängig von ihrer Intelligenz treffen.

Was sind die Auswirkungen?

Die Folgen für die Opfer können erheblich sein. Neben der emotionalen Enttäuschung und der Scham darüber, sich dermassen getäuscht zu haben, drohen finanzielle Probleme, aus denen einzelne Geschädigte bis ans Lebensende nicht mehr herauskommen. Einige Opfer geraten aufgrund der scheinbar ausweglosen Situation in eine massive Lebenskrise und äussern Suizidgedanken.

 TIPP *Weitere Informationen (Flyer) finden Sie auf der folgenden Website: www.spielsucht-radix.ch oder bei der Schweizerischen Kriminalprävention: www.skppsc.ch → Fokus Internet → Romance Scam.*

Konsum und Sucht

Wenn die Mediennutzung ausser Kontrolle gerät und von einer genussvollen, anregenden Freizeitunterhaltung zu einer nicht mehr steuerbaren Sucht wird, bringt das eine Reihe von Problemen mit sich. Von aussen ist kaum nachvollziehbar, dass das Verhalten trotz offensichtlich negativer Konsequenzen fortgeführt oder sogar verstärkt wird. Was bringt einen Menschen, ob jung oder erwachsen, dazu? Um diese Frage dreht sich das vorliegende Kapitel.

Wir alle haben eine ungefähre Vorstellung davon, was Sucht ist, weil wir schon viel darüber gehört haben oder selber eine Person kennen, die unter einer sogenannten Abhängigkeitserkrankung leidet. Trotzdem ist es gar nicht so einfach, das Wesen der Sucht zu beschreiben. Es hilft, sich mit dem eigenen Verständnis von Sucht auseinanderzusetzen, um besser mit Online-Süchtigen umgehen zu können. Hierzu ein kleiner Selbstcheck.

SELBSTCHECK: Was ist Sucht für mich?

Überlegen Sie kurz, bevor Sie weiterlesen, was Ihnen zum Thema Sucht einfällt, und notieren Sie sich ein paar Stichworte.

Vielleicht sind auf Ihrer Liste unter anderem folgende Stichworte zu finden:

- Masslos, nie genug kriegen können, Wunsch nach immer noch mehr
- Nicht stoppen können oder wollen trotz vieler Probleme
- Egoistisch: Wenn es um die Sucht geht, wird alles andere unwichtig.
- Unberechenbarkeit oder fehlende Verlässlichkeit, sobald die Sucht im Spiel ist
- Unehrlichkeit: Es wird verheimlicht, geschummelt oder gelogen.

Wenn der Betreffende die oben erwähnten Eigenschaften nur in Zusammenhang mit der Sucht zeigt, sollten wir ihn als Person nicht dafür verurteilen. Natürlich ist das oft nicht so einfach zu trennen. Versuchen Sie trotzdem immer wieder, den oft liebenswerten und liebesbedürftigen Kern des betroffenen Menschen zu sehen.

Online-Sucht, Verhaltenssüchte: Worum geht es?

Fachlich gesehen ist Sucht eine Krankheit. Grundsätzlich wird unterschieden zwischen stoffgebundenen Süchten und stoffungebundenen Süchten, die man heute «Verhaltenssüchte» nennt. Dazu gehört auch die Online-Sucht als eine der jüngsten Verhaltenssüchte. *Gaming Disorder* (übersetzt in etwa Computerspiel-Störung) wurde 2019 von der WHO als Krankheit anerkannt, die offizielle Diagnose tritt 2022 in Kraft. Das gilt als Meilenstein bei der Anerkennung von internetbezogenen Störungen. Zwar wird somit erst Computerspiel und nicht Online-Sucht als Ganzes als Störung anerkannt, aber es ist ein deutlicher Schritt in diese Richtung.

INFO *Es werden zwei Arten von Sucht unterschieden: die stoffgebundenen Süchte, bei denen eine Substanz konsumiert wird (Alkohol, Tabak, Cannabis, Heroin usw.), und die Verhaltenssüchte, bei denen ein übertriebenes Verhalten auffällt (Sexsucht, Kaufsucht, Glücksspielsucht, Arbeitssucht usw.). Die meisten Verhaltenssüchte finden auch online statt, so etwa die Online-Pornosucht.*

Online-Sucht
Online-Sucht ist also eine Verhaltenssucht und beinhaltet grundsätzlich alle Suchtstörungen, die mit Internetkonsum verbunden sind. Zum Teil werden auch die Glücksspielsucht und die Kaufsucht zur Online-Sucht

gezählt. Diese Suchtformen sind jedoch unabhängig vom Internet entstanden, die digitalen Varianten sind also lediglich eine weitere Ausprägung. Deshalb werden diese Suchtarten hier nicht genauer beschrieben. Vieles, was hier über Sucht formuliert wird, trifft jedoch auch auf die Glücksspielsucht und Kaufsucht zu.

Für Online-Sucht gibt eine ganze Reihe von Begriffen, die im Wesentlichen alle das Gleiche bedeuten: Internetabhängigkeit, Mediensucht, pathologischer Internetgebrauch, internetbezogene Störungen (IBS). Hier wird vor allem der Begriff «Online-Sucht» verwendet, weil das Gefühl des Online-Seins, des Dazugehörens eine wichtige Eigenschaft dieser Suchtform ist. Als Unterkategorien werden Computerspielsucht, Social-Media-Sucht, Online-Sex- oder -Pornosucht verwendet.

 INFO *Handy- oder Smartphonesucht ist grundsätzlich dasselbe wie Online-Sucht, da nur Handys mit Internetzugang wirklich süchtig machen.*

Hier drei Formulierungen, die auf einfache Art das Wesentliche dieser Abhängigkeit auf den Punkt bringen. Online-Sucht ist

- ■ wenn der Medien- oder Internetkonsum bzw. Inhalte, die damit verknüpft sind, zum Wichtigsten im Leben werden,
- ■ wenn sich der Lebensmittelpunkt von der realen in die virtuelle Welt verschiebt und Gedanken vor allem um diese kreisen,
- ■ wenn das häufige Abtauchen in eine virtuelle Scheinwelt aufgrund anderer Probleme erfolgt und wie alle Süchte einen Kontroll- und damit einen Freiheitsverlust zur Folge hat.

Mit anderen Worten: Bei einer Online-Sucht wird alles andere als weniger wichtig erlebt. Somit kommen Freunde, Familie, Freizeitbeschäftigungen, Schule, Arbeit, persönliche Hygiene usw. erst an zweiter Stelle. Das ist nicht immer gleich erkennbar, solange der Alltag noch funktioniert. Betroffene sind bemüht, ihre Sucht gegen aussen zu verbergen, ihre Medienzeiten herunterzuspielen und als normal darzustellen.

Und was ist die fachliche Definition von Online-Sucht?
Für Online-Sucht gibt es (noch) keine allgemein anerkannte fachliche Definition. Die Diagnosekriterien für die Computerspielsucht können jedoch

für die Online-Sucht als Ganzes angepasst werden. Dabei müssen mindestens fünf der folgenden Symptome über eine Dauer von zwölf Monaten zutreffen:

1. Gedankliche Vereinnahmung: sehr häufige tatsächliche oder gedankliche Beschäftigung mit dem Internet
2. Entzugserscheinungen: Ohne Internet sind Betroffene gereizt, unruhig, ängstlich, traurig oder aggressiv.
3. Zunahme des Konsums: das Bedürfnis, immer mehr zu konsumieren, was fachlich als «Toleranzentwicklung» bezeichnet wird
4. Kontrollverlust: Der Konsument, die Konsumentin kann Häufigkeit und Dauer nicht mehr selber regulieren und beschränken.
5. Fortsetzung des Konsums trotz offensichtlicher, negativer Auswirkungen
6. Verlust des Interesses an Hobbys oder anderen Freizeitaktivitäten
7. Täuschen und Belügen anderer Personen in Bezug auf das Ausmass des Konsums
8. Nutzung, um unangenehme Gefühle auszugleichen oder zu verdrängen
9. Gefährdung oder Verlust von Beruf, Ausbildung, Familie, Freundschaften

Für die genaue Interpretation der Kriterien braucht es Fachkenntnisse. Bezüglich Entzugserscheinungen gibt es jedoch einen wichtigen Hinweis:

ACHTUNG *Ein unfreiwilliger, vollständiger und plötzlicher Entzug des Internets (kalter Entzug) kann unerwartete Reaktionen zur Folge haben. Insbesondere jüngere Computerspieler, auch wenn sie normalerweise recht friedlich sind, können schlagartig sehr aggressiv bis gewalttätig werden. Bei Mädchen kann es beim plötzlichen Entzug von Social Media ähnliche Reaktionen geben.*

Bereiche exzessiver Mediennutzung
Grundsätzlich kann eine Abhängigkeit von ganz verschiedenen Bereichen im Netz entstehen, je nach individuellen Interessen, Vorlieben und Neigungen. Die in der Grafik nebenan abgebildeten Bereiche sind am häufigsten betroffen und auch meist der Grund, weshalb Suchtberatungsstellen kontaktiert werden.

ONLINE-SUCHTBEREICHE

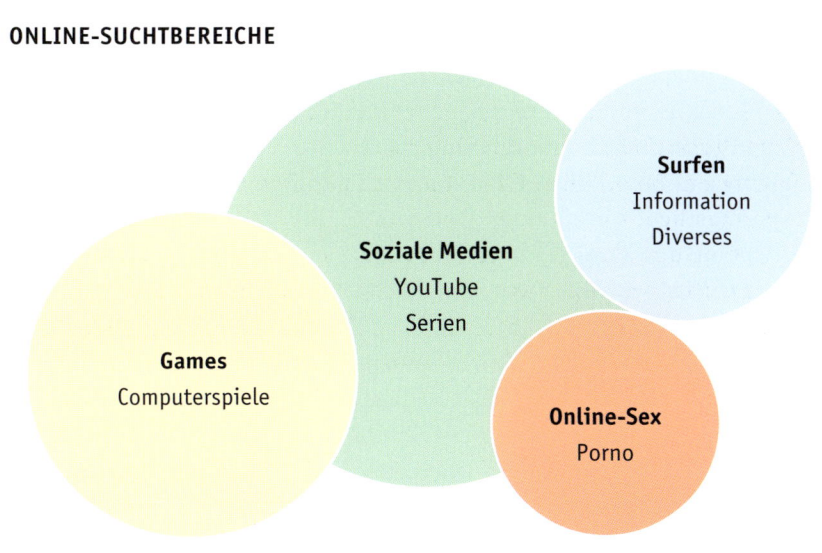

Ab wie vielen Stunden Medienkonsum pro Woche ist man süchtig?

Die Nutzungsdauer ist fachlich gesehen kein Suchtkriterium für eine On-line-Sucht. So gibt es zum Beispiel Computerspieler und -spielerinnen, die viel online sind, aber den Rest ihres Lebens gut auf die Reihe kriegen und nicht süchtig sind. Ab und zu wird die Zahl von 35 Stunden pro Woche für Mediensucht erwähnt. Das heisst, dass viele Süchtige fünf und mehr Stunden pro Tag online sind. Doch der Umkehrschluss, dass 35 Stunden online sein gleichbedeutend ist mit einer Sucht, ist nicht richtig.

❗ INFO *Die Nutzungsdauer ist kein Suchtkriterium. Ab einer gewissen Konsumdauer leiden allerdings andere Freizeit-beschäftigungen, die Arbeit und soziale Beziehungen, sodass aufgrund dieser Vernachlässigung von einer Online-Sucht gesprochen werden kann (siehe die Liste links oben).*

Merken Betroffene, dass sie süchtig sind?

Exzessiv Nutzende meinen oft, dass sie ihren Konsum noch im Griff hätten, auch wenn sie ihn in Tat und Wahrheit nicht mehr steuern können. Sie

haben zudem oft eine verzerrte Wahrnehmung in Bezug auf ihre Nutzungszeiten und glauben, dass ihre Online-Kontakte gleichwertig mit realen
Kontakten seien. Gleichzeitig merken sie kaum, dass sie echte Kontakte
vernachlässigen und es ihnen zunehmend schwerfällt, sich auf diese einzulassen. Selbst wenn Freunde sich wieder melden, geben Betroffene an,
keine Zeit zu haben, obwohl sie lediglich vor dem Computer sitzen.

Sind Betroffene das ganze Leben lang gefährdet?
Für die Erfüllung der Suchtkriterien sind fachlich gesehen die letzten zwölf
Monate massgebend. Das heisst umgekehrt, dass Betroffene als geheilt
gelten, wenn sie seit zwölf Monaten suchtfrei waren. Gleichzeitig bleiben
Betroffene auch danach anfälliger als andere, die das Problem nie gehabt
haben. Mit Rückfällen ist auch nach einem Jahr noch zu rechnen. Ehe-
malige Betroffene sagen oft, dass man ein Leben lang stärker gefährdet sei
und vorsichtig sein müsse.

Schätzen Sie Ihr Suchtrisiko ein

Gleich vorneweg: Es gibt keine zuverlässigen Aussagen darüber, wer süchtig wird und wer nicht. Grundsätzlich kann es jeden treffen. Um Sucht
bei sich oder anderen besser zu verstehen, ist es empfehlenswert, sich mit
den eigenen Suchtanteilen auseinanderzusetzen. Je besser Sie über die
eigenen Versuchungen Bescheid wissen und die Momente erkennen, in
denen Sie diesen erliegen, desto eher sind Sie in der Lage, etwas dagegen
zu tun.

Können Sie Nein sagen?
Wir alle kennen das: Es fällt uns manchmal schon bei kleinen Versuchungen schwer, uns zurückzuhalten oder Nein zu sagen. Es gibt gewisse Verhaltensweisen, die wir schlechter kontrollieren können, oder wir sind etwa
bei genuss- und lustversprechenden Getränken, Süssigkeiten oder anderen
Stoffen gefährdet, die Kontrolle zu verlieren. Der berühmte Arzt und
Suchtforscher Gunther Schmidt sagte einst: «Sie glauben es nicht, aber ich
weiss mit dem besten Willen nicht mehr, wie die Kekse auf dem Tisch, die
ich nicht essen wollte, den Weg in meinen Mund gefunden haben, aber
plötzlich waren sie drin!»

ACHTUNG *Wenn das Nicht-Nein-sagen-Können zur Gewohn-heit wird, kann sich daraus eine Sucht entwickeln.*

Wenn Sie bei einem Verhalten schon mal die Kontrolle verloren haben und sich selber eine Abstinenz verordnen mussten, ist Ihnen vermutlich klar, dass dies nicht einfach ist. Haben Sie zum Beispiel aufgehört zu rauchen, dann haben Sie bereits die Erfahrung gemacht, was es heisst, eine Sucht in den Griff zu bekommen: Sie wissen, dass es Zeit gebraucht hat, bis Sie die schädlichen Folgen ernst genommen haben, und noch et-was länger, bis Sie den Entschluss gefasst haben, aufzuhören. Zudem haben Sie höchstwahrscheinlich mehrere Versuche gebraucht, bis es Ihnen gelungen ist, Ihr Verhalten ändern. Studien zeigen, dass im Durchschnitt mehr als fünf Anläufe notwendig sind, bis Raucher und Raucherinnen dauerhaft abstinent sind.

In gewisser Weise ist das bei der Internetsucht ähnlich, ausser dass eine vollständige Abstinenz vom Internet nicht möglich ist (mehr dazu ab Sei-te 206).

Ungestillte Bedürfnisse und Sehnsüchte
Hinter jeder Sucht steckt auch eine Sehnsucht, und die Frage ist natürlich: wonach? Es ist also kein Zufall, was uns am ehesten süchtig macht. Die schwer zu kontrollierende Lust deutet ein Bedürfnis an. Es ist wichtig zu verstehen, was im Leben fehlt, wenn die Suchtanfälligkeit zunimmt, und um sich langfristig von einer Abhängigkeit lösen zu können.

Das Internet ist voller faszinierender Verführungen, die passgenau auf menschliche Bedürfnisse zugeschnitten sind. Je nach Lebenssituation, per-sönlicher Stabilität und innerem Gleichgewicht sind Menschen mehr oder weniger anfällig. Wird das Gleichgewicht immer wieder hergestellt, ist gesundes Leben möglich, Stress und Krisen können besser bewältigt wer-den. Diese Widerstandskraft wird auch als «Resilienz» bezeichnet.

 ACHTUNG *Sucht ist kein Zufall. Gefährlich wird es dann, wenn das Gleichgewicht verloren geht und Bedürfnisse nicht ge-stillt werden können. Genau an diesem Punkt steigt die Suchtanfällig-keit. Verführerische Angebote im Internet, die uns das versprechen, was uns fehlt, schnelle Belohnungen und kurzfristig positive Erfahrun-gen können zur gefährlichen Suchtfalle werden.*

Die Grenze zwischen Genuss und Sucht

Die Unterscheidung zwischen Freizeitgenuss und Sucht gelingt nicht immer gleich auf Anhieb. Wie unterscheidet sich beispielsweise ein intensives Hobby von einer Sucht?

Tatsache ist: Genuss und Sucht sind Gegenspieler. Wenn Sie etwas geniessen, ist das befriedigend, sättigend; das heisst, Sie haben irgendwann genug davon. Sie können sich anschliessend wieder anderen Tätigkeiten und Verpflichtungen zuwenden, ohne dass es einen übermässigen Druck braucht. Das deutet auf eine gesunde Nutzung hin, und aus präventiver Sicht sind Sie gut dagegen geschützt, eine Sucht zu entwickeln.

TIPP *Etwas zu geniessen oder mehr zu geniessen kann man auch erlernen. Ein Begriff in diesem Zusammenhang, der gegenwärtig im Trend ist, ist Achtsamkeit, die viel mit bewusster Wahrnehmung von sich selber und anderen zu tun hat. Achtsamkeit kann man in Kursen erlernen, aber auch für sich selber einüben.*

Genussvolle und damit gesunde Nutzung heisst, dem Konsum etwa von Computergames oder Social Media wie Twitter oder Instagram nicht ausgeliefert zu sein, sondern ihn selber zu steuern. Sie sind in der Lage, das Handy wegzulegen oder den Computer abzuschalten, wenn sich Freunde oder Kinder melden oder wenn schönes Wetter dazu einlädt, die Natur mit allen Sinnen zu geniessen. Der Konsum von virtuellen Inhalten stellt in diesem Fall eine Ergänzung dar, eine Erweiterung und Abwechslung oder Entspannung in Ihrem Leben. Man spricht in diesem Zusammenhang von komplementärer Nutzung; sie steht im Gegensatz zur kompensatorischen Nutzung, die, wenn sie zur Regel wird, einer Sucht Vorschub leistet.

Komplementäre Nutzung

Studien zeigen, dass es intensive Nutzer und Nutzerinnen mit guten Beziehungen und hoher Konfliktfähigkeit gibt, die ihren ausgiebigen Konsum im Griff haben. Es gibt auch Menschen mit einer Behinderung, die sehr viel Zeit in virtuellen Welten verbringen. Der Grund dafür ist nicht, dass sie nicht gerne Sport treiben würden oder keine realen sozialen Kontakte pflegen möchten, sondern dass es ihnen aufgrund der Behinderung nicht möglich ist, dies zu tun.

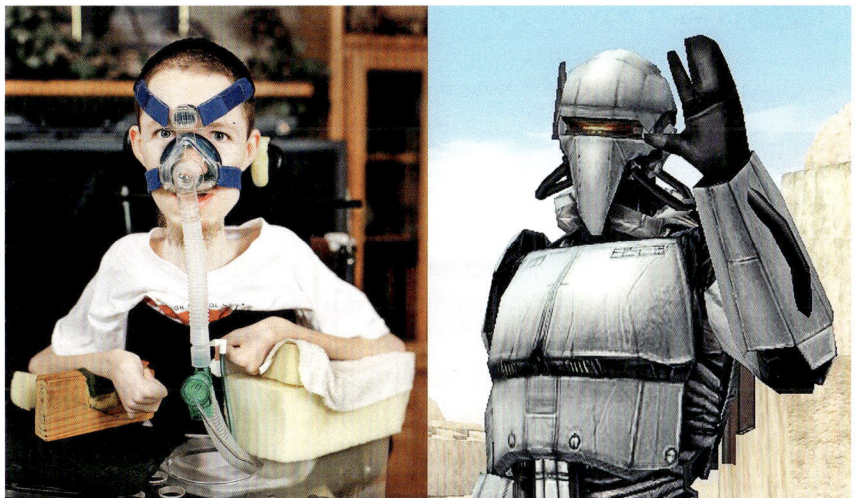

© Robbie Cooper, Alter Ego, 2007

Das Bild oben zeigt den 32-jährigen Jason Rowe aus dem Buch «Alter Ego» des Fotojournalisten Robbie Cooper. Alter Ego meint hier eine zweite Identität, die aber viel mit der spielenden Person zu tun hat. Jason Rowe spielt 80 Stunden pro Woche in *Star Wars Galaxies:* «Ich spiele On-line-Games, weil ich mit Menschen in Austausch komme. Der Bildschirm ist dann mein Fenster zur Welt. Es spielt keine Rolle, wie du aussiehst.» Trotz des massiven Online-Konsums handelt es sich hier um eine ergän-zende und gesunde Nutzung, da sie für den Betroffenen eine Lebenserwei-terung und keine Flucht ist.

GENUSS ODER SUCHT?

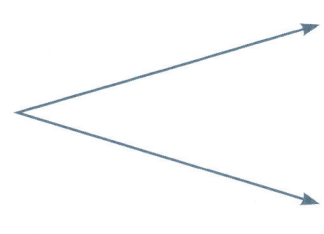

Genuss: komplementäre oder gesunde Nutzung
Ergänzung, Erweiterung, Befriedigung, Sättigung

Sucht: kompensatorische oder süchtige Nutzung
Abtauchen, Flucht, Kompensation, Kontrollverlust

Kompensatorische Nutzung

Im Gegensatz zur komplementären Nutzung gehen der Genuss und die Kontrolle bei der süchtigen Nutzung weitgehend verloren. Es tritt auch kaum eine Sättigung ein; es ist nie genug. Möglicherweise behaupten oder meinen Betroffene, dass sie noch geniessen. In Tat und Wahrheit nimmt jedoch der Genuss bei gleichbleibendem häufigem Konsum ab, und es braucht mehr und extremere Inhalte, um nur schon einen Teil der anfänglichen berauschenden und ablenkenden Wirkung zu erhalten.

Der süchtige Konsum ist sehr häufig eine Flucht vor unlösbar erscheinenden und aufgestauten Problemen und Frustrationen. Fehlender Erfolg, mangelnde Zuwendung und Anerkennung in der realen Welt werden in der virtuellen Welt kompensiert. Daher wird für problematischen Internetkonsum der Begriff «kompensatorische Nutzung» verwendet.

© Robbie Cooper, Alter Ego, 2007

Oben im Bild ist Lucas Shaw zu sehen, 22 Jahre alt. Er spielt 55 Stunden die Woche das Online-Game *EverQuest* und sagt: «Ich wollte den Respekt der anderen Spieler gewinnen, um jemand in der *EverQuest*-Welt zu sein. Aber das hat mich viel gekostet. Alles andere in meinem Leben hat gelitten, mein soziales Leben, meine Schule und auch meine Gesundheit.»

Lucas hat versucht, den Respekt und die Anerkennung, die ihm im realen Leben fehlten, mit Erfolg im Computerspiel zu ersetzen bzw. zu kompensieren.

Was unterscheidet ein intensives Hobby von einer Mediensucht?

Die Frage im Titel ist berechtigt, da es Hobbys gibt, die extrem zeitaufwendig sein können. Bei einem unfreiwilligen Verzicht wird es sehr vermisst, und es können entzugsähnliche Symptome auftauchen.

Jugendliche Gamer werfen ihren Vätern manchmal vor, dass es bei ihrem intensiven sportlichen Training oder einer leidenschaftlichen Sammlertätigkeit auf das Gleiche hinauslaufe wie beim Online-Gaming. Es kommt zudem vor, dass sie deren langes Arbeiten auch am Wochenende kritisieren, womit sie in zahlreichen Fällen, die ich in der Praxis gesehen habe, recht haben.

INFO *Gemäss Suchtdefinition ist das entscheidende Kriterium zwischen Hobby und Sucht, ob sich negative Auswirkungen auf Familie, Freundschaften oder die Arbeit zeigen.*

Insbesondere wenn ein Elternteil über 60 Stunden pro Woche arbeitet, steht die Frage im Raum, ob er ein Workaholic ist, also ein Arbeitssüchtiger. Über diese berechtigte Frage zu diskutieren kann zu einer spannenden Auseinandersetzung führen, die aufzeigt, dass es neben der Online-Sucht noch andere Konflikte und einen Veränderungsbedarf in der Familie gibt. Die Erfahrungen in der Therapie zeigen, dass das Austragen dieser Konflikte sinnvoll und nötig ist. Damit die Diskussion aber nicht in gegenseitige Vorwürfe abgleitet, sondern fair ausgetragen werden kann, braucht es oft eine Moderation von aussen. Gelingt dies – mit oder ohne Therapeut –, ist dies ein wichtiger und erfolgversprechender Schritt.

Warum Menschen süchtig werden

Es gibt viele Erklärungsmodelle über die Ursachen von Sucht. Doch voraussagbar ist sie nicht, auch wenn wir zwischenzeitlich aus der Forschung einiges über die Risikofaktoren wissen und gewisse Erkenntnisse haben, was im Hirn passiert und wie eine Abhängigkeit geheilt werden kann. Bei der Entstehung spielen verschiedene Faktoren zusammen und verringern bzw. erhöhen das Risiko.

Wenn man mit süchtigen Menschen zusammenarbeitet mit dem Ziel, dass sie gesund werden, stellt sich schnell die Frage, warum es zur Sucht gekommen ist. Auch wenn der Grund häufig nicht einfach zu fassen ist, geht es darum, zu verstehen, welches die Ursachen sind. Der Weg dahin ist oftmals eine anstrengende, aber auch spannende Entdeckungsreise.

Entstehung der Sucht: das Suchtdreieck
Beim Modell des Suchtdreiecks werden Risikofaktoren aufgelistet, die das Entstehen und Aufrechterhalten einer Sucht begünstigen. Das Modell, das für stoffgebundene Süchte entwickelt wurde, passt auch für die Online-Sucht. Es umfasst die drei Faktorengruppen «Mittel», «Mensch» und «Milieu»; mit «Milieu» ist das soziale Umfeld gemeint, das sich aus Familie, Freunden und der Gesellschaft als Ganzes zusammensetzt. Wie stark die einzelnen Faktoren wirken und wie sie zusammenspielen, ist bei jeder Person verschieden.

DAS SUCHTDREIECK: MITTEL, MENSCH, MILIEU

Mittel
Verfügbarkeit, Wirkung, Faszination

Mensch
Psychische Belastungen, tiefes Selbstwertgefühl, Selbstvertrauen

Milieu
Familiäres und soziales Umfeld, gesellschaftliche Trends

Mittel. Bei der Online-Sucht ist das Mittel das Internet mit den vielversprechenden und verführerischen Angeboten, die passgenau auf die Bedürfnisse und Schwächen von Nutzerinnen und Nutzern abzielen.

INFO *Beim Mittel ist der Grad der Verfügbarkeit für die Entstehung einer Sucht entscheidend. Ein Suchtmittel wie das Internet, das insbesondere durch die Smartphones einfach, dauernd, unauffällig, kostengünstig und auch für junge Menschen verfügbar ist, gab es in der Vergangenheit noch nie. Dies erhöht das Suchtrisiko. Die globale Verbreitung des Internets ist damit ein gesellschaftliches Experiment noch nie da gewesenen Umfangs.*

Mensch. Persönliche Schwächen und Belastungen spielen bei der Suchtentstehung eine wesentliche Rolle. Wenn das Internet hilft, Schwächen zu verbergen oder zu umgehen, steigt die Gefährdung; so zum Beispiel bei Menschen, die ängstlich sind oder sich vor Menschengruppen fürchten. Für sie ist es leichter, über soziale Medien zu kommunizieren, anstatt sich ihren Ängsten oder einer fremden Gruppe zu stellen.

Gewisse psychische Belastungen treten häufig im Zusammenhang mit Online-Sucht auf. Man spricht in diesem Zusammenhang von komorbiden Störungen.

 INFO *Persönliche Belastungen oder Störungen, die häufig gleichzeitig mit einer Online-Sucht auftreten:*
- *Angststörungen, z. B. Sozialphobien (Angst vor Menschen und Menschenansammlungen)*
- *Depression oder depressive Verstimmungen*
- *Impulskontrollstörungen*
- *Aufmerksamkeitsdefizits-/Hyperaktivitätsstörungen (ADHS)*
- *Drogen, problematischer Substanzgebrauch*

Um die Sucht zu verstehen und auch, um sie zu heilen, müssen die anderen persönlichen Belastungen ebenfalls mit einbezogen werden. Dabei stellt sich unter anderem die Frage, ob die Online-Sucht zuerst da war (primäre Online-Sucht) oder eine psychische Belastung (sekundäre Online-Sucht). Dies lässt sich nicht immer klar beantworten, da es oft auch eine Wechselwirkung zwischen beiden Varianten gibt. In einer Studie konnte gezeigt werden, dass mit der Abnahme der süchtigen Mediennutzung auch die depressiven Symptome abnahmen und umgekehrt.

In der Praxis sind bei onlinesüchtigen Jugendlichen häufig vorbestehende ADHS-Symptome anzutreffen. Digitale Medien scheinen durch die häufigen Bilder und Signale der Konzentrationsschwäche der betroffenen Jugendlichen entgegenzuwirken. Das trifft insbesondere auf Computergames zu, die ja sozusagen per se hyperaktiv sind. Die Wahrscheinlichkeit, dass ADHS-Symptome verstärkt werden, hängt auch vom Ausmass der digitalen Mediennutzung ab. Dies konnte in einer aktuellen Studie gezeigt werden, bei der intensiv Nutzende verstärkte ADHS-Symptome zeigten.

Grundsätzlich sind auch Menschen mit einem schlechten Selbstwertgefühl, wenig Selbstvertrauen und Mobbingerfahrungen anfälliger für eine Sucht. Ebenso Menschen, die den Eindruck haben, dass sie ihr Schicksal wenig beeinflussen können; man spricht in diesem Zusammenhang von mangelnder Selbstwirksamkeit.

Milieu. Dritter wichtiger Punkt ist das soziale Umfeld, in dem der Mensch lebt und das auf ihn Einfluss nimmt. Belastungsfaktoren aus dem familiären Bereich sind etwa Konflikte, unkritische Haltung gegenüber Medien, das Fehlen von Regeln und tragfähigen Bindungen, inkonsequente Erziehungsstile, Trennung der Eltern, Sucht eines Elternteils. Diese Faktoren belasten und erhöhen die Wahrscheinlichkeit, dass jemand in virtuelle Welten abtaucht. Schwierige Lebensumstände treten so in den Hintergrund und werden dadurch erträglicher.

Auch das ausserfamiliäre Umfeld wie der Freundeskreis und Schul- oder Arbeitskollegen haben einen Einfluss auf das Medienverhalten. Dieses Umfeld wird bei Jugendlichen ab der Pubertät zunehmend wichtiger als die Eltern. Nutzt die Mehrheit einer solchen Beziehungsgruppe intensiv Social Media oder spielt ein bestimmtes Computerspiel, gehen Heranwachsende mit. Auch Idole, Influencerinnen und erfolgreiche E-Sportler gelten als Vorbilder, denen Jugendliche in den Medien nacheifern.

Die Online-Suchtspirale

Eine Sucht beginnt meist unauffällig und manchmal fast zufällig, aber im Hintergrund gibt es immer Schwierigkeiten. Stress, Misserfolg und Frust ersticken die Freuden im realen Leben, sodass Ablenkung, Entspannung und Spass an einem anderen Ort gesucht werden. Virtuelle Welten haben da einiges zu bieten, und es braucht keinen grossen Aufwand, um schnell darin abzutauchen. Wenn anschliessend Energie und Kraft wieder da sind, um die Herausforderungen in der realen Welt anzupacken, entsteht kein Problem. Wenn nicht, kann dies der Anfang einer Suchtspirale sein, denn die Probleme lösen sich meist nicht von selber.

Medien können Spass und Freude machen, unterhalten und fantastische Lern- und Erfahrungsmöglichkeiten bieten. Gegen die damit verbundenen angenehmen Gefühle ist nichts einzuwenden, solange das Abtauchen in virtuelle Welten mit Mass erfolgt und der Weg zurück in die Realität ohne Schwierigkeiten gelingt. Aber wenn der Online-Konsum masslos und zunehmend wichtiger wird, wenn sich ungelöste Schwierigkeiten auftürmen und die Versuche, diese zu überwinden, gescheitert sind, dann wird es gefährlich. Dann schwinden bisweilen zusehends die Zuversicht, Probleme lösen zu können, und die Motivation, anstehende Schwierigkeiten anzupacken.

SUCHTKREISLAUF

Zunehmend online
Ideale Identität
Einfacher Kontakt
Zunehmender Erfolg
Steigender Selbstwert

Netz, Virtualität
Ablenkung
Entspannung
Anerkennung
Spass

Realität:
Stress, Konflikt, Misserfolg, Frust,
persönliche Belastung, tiefer Selbstwert

Intensive Virtualität
Besseres Gefühl online
Vernachlässigung der Realität
Fehlende reale, sinnliche
Befriedigung

Sucht
Kontrollverlust
Flucht, Rückzug
Einsamkeit

Da macht das Abtauchen in virtuelle Welten einfach mehr Spass. Alles fällt dort leichter: Kontakt mit anderen aufzunehmen, Freunde zu finden, belohnt und anerkannt zu werden – und überhaupt jemand zu sein, vor dem andere Respekt haben. Auch virtuell braucht es Ausdauer und Training, um Erfolg zu haben, aber positive Feedbacks kommen sofort, und Erfolge sind unmittelbar erleb- und spürbar. Zudem sind die nächsten erstrebenswerten Ziele mit entsprechenden Belohnungen bereits in Sicht und greifbar. Hinzu kommt, dass man endlich Ruhe haben möchte vom Alltagsstress, von der Arbeit, der Schule, den Eltern und von allen, die dauernd etwas wollen. Das ist die Ausgangslage, mit der sich die Suchtdynamik verselbständigt und der Teufelskreis Fahrt aufnimmt.

Gefangen im Kreislauf

Der Medienkonsum löst die Probleme im Alltag nicht. Im Gegenteil: Stress und Konflikte bleiben bestehen und nehmen zu. Zudem fehlen gute reale Erfahrungen von Anerkennung und echtem Verständnis.

Der Wunsch nach virtuellen Ersatzlösungen und nach Aufmerksamkeit aus dem Internet drängt sich somit wieder vermehrt in den Vordergrund, da das Online-Sein befriedigender wirkt als die meisten Alltagserlebnisse und Beziehungen, die mit unangenehmen Reibereien verbunden sind.

Gefährdete verlieren die Kontrolle über ihren Netzkonsum und sind gedanklich in einem Kreislauf gefangen: «Wenn ich gewonnen hatte, wollte ich wieder und mehr gewinnen.» Und leider meinen Süchtigen: «Wenn ich verloren hatte, wollte ich erst recht wieder gewinnen.» In der Folge nimmt die Suchtspirale ihren destruktiven Verlauf. Das Stoppen des Teufelskreises gelingt manchmal erst nach einem Schul- oder Lehrabbruch und oft nur mit vereinten Kräften oder zusätzlicher Hilfe von aussen.

Belohnungen, vorgegaukeltes Glück und Abhängigkeit

Wie erwähnt beginnt eine Sucht meist mit einer intensiven Belohnung oder einem angenehmen, faszinierenden Erlebnis, das rauschartige Glücksgefühle auslöst, die man erneut haben möchte. Dieses positive Erlebnis ist beim Online-Konsum mit verschiedenen anderen Sinnesreizen wie Bildern, Farben und Musik verbunden.

Bei der Entwicklung von Computerspielen, Social Media und Handy-Apps werden die Erkenntnisse aus der Glücksspielforschung systematisch umgesetzt. Das Bunte, Blinkende, Aufpoppende zieht die Aufmerksamkeit auch auf dem Handy auf sich. Nur schon das Weglassen der Farben bewirkt eine verminderte Attraktivität des Zaubergerätes. So konnte in Studien mit Schülerinnen und Schülern gezeigt werden, dass sich mit dem Umschalten auf den Schwarz-Weiss-Modus die Konsumdauer verringerte.

INFO *Das Verknüpfen der angenehmen Erfahrungen mit Reizen wie Bildern oder Tönen führt dazu, dass diese Reize allein genügen, um die Erinnerung an die positive Erfahrung auszulösen. Tatsache ist, dass die entsprechenden Bilder und Töne bei einem Online-Süchtigen messbare und stärkere Gehirnreaktionen bewirken als bei normalen Nutzern.*

Aus der Suchtforschung weiss man zudem, dass unregelmässige Belohnungen stärker abhängig machen als regelmässige. In der Fachsprache nennt man das «intermittierende Verstärkung». Auch diesen in der Glücksspielindustrie bewährten Effekt machen sich Anbieter von digitalen Produkten systematisch zunutze (mehr dazu in den Kapiteln «Computerspiele, Games» auf Seite 43 und «Social Media, Serien, Surfen» auf Seite 29).

INFO *Unregelmässige, unvorhersehbare und zufällige Belohnungen in Kombination mit einfachen, erarbeiteten Erfolgen erhöhen das Abhängigkeitsrisiko deutlich.*

Im Flow

Der Psychologe und Forscher Mihály Csíkszentmihályi hat den Begriff «Flow» geprägt. Er ging der Frage nach, was ein Leben lebenswert macht, und fand heraus, dass Menschen, die genau nach ihren Möglichkeiten gefordert werden, in einen glücklichen Zustand des «Fliessens» oder, auf Englisch, des «Flow» kommen. Der Zustand des restlosen Aufgehens in einer Tätigkeit bringt sozusagen einen Tätigkeitsrausch mit sich.

Dieser Zustand entsteht dann, wenn die Anforderungen genau mit den Fähigkeiten oder dem persönlichen Leistungsvermögen übereinstimmen, und tritt sowohl bei geistigen als auch bei körperlichen Herausforderungen, wie sie im Sport erlebbar sind, ein.

FLOW

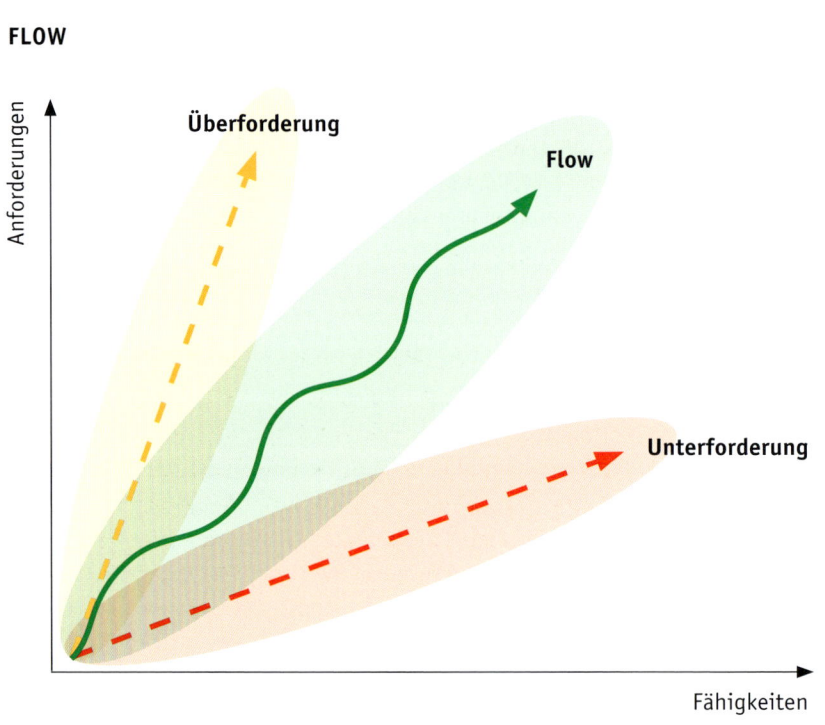

Virtuelle Welten wie Social-Media-Netzwerke und Computerspiele sind
nun mit Algorithmen so programmiert, dass sie von Anfang an die Anforderungen oder Aufgaben möglichst exakt auf den Nutzer, die Nutzerin
abstimmen. Nutzende werden individuell genau ihren Fähigkeiten entsprechend gefordert, was ein rauschhaftes Glücksgefühl auslöst.

Die Belohnungen sind am Anfang häufiger und einfacher zu erhalten.
Mit der Zeit und entsprechend dem Fortschritt des Nutzenden sind grössere Belohnungen möglich. Dabei werden Fortgeschrittene mehr gefordert
als Anfänger.

❗ INFO *Belohnungen erfolgen aufgrund von Datenanalysen des Durchschnitts bisheriger ähnlich erfolgreicher Spieler genau an dem Punkt, an dem diese früher abgebrochen haben.*

Wenn Menschen diese beglückenden Lern- und Leistungserfahrungen nur oder vor allem in virtuellen Welten erlebt haben, ist das ein ernsthaftes Problem. Zwar versuchen die Lehrpersonen und Erziehenden, die Kinder möglichst individuell zu motivieren und zu fördern. Beim individuellen Anpassen der Anforderungen stehen sie jedoch in harter, wenn nicht gar chancenloser Konkurrenz mit den digitalen Produkten. Wenn sie keine guten Beziehungen haben oder aufbauen können, bleibt es oft dabei, dass Online-Süchtige die freudvolle und befriedigende Erfahrung erfolgreichen Lernens lediglich mit den digitalen Geräten verknüpfen.

Was passiert im Hirn?

Bei der Sucht finden im Hirn komplizierte biochemische Prozesse statt. Grundsätzlich bewerten emotionale Zentren im Hirn Erfahrungen und Erlebnisse sehr unterschiedlich, je nachdem, ob sie mit Lust, angenehmen Erfahrungen oder Schmerz und Ablehnung verknüpft sind. Bei Erfolg, Gewinn und Rausch werden im Belohnungszentrum Botenstoffe, zum Beispiel Dopamin, ausgeschüttet, die Glücks- und Entspannungsgefühle auslösen. Dies bewirkt, dass die Person die Tätigkeit wieder und wieder ausführen will, um diesen Zustand erneut zu erleben.

Bei der Online-Sucht finden im Hirn vergleichbare Prozesse statt wie bei den stoffgebundenen Süchten, zum Beispiel bei der Alkoholsucht. Neurobiologische Studien dokumentieren bei Personen mit einer problematischen Internetnutzung Veränderungen des Belohnungs- oder Motivationssystems im Hirn. Durch die wiederholte und lang andauernde Nutzung kommunizieren entsprechende Nervenzellen häufiger miteinander, und die Verbindungen werden verstärkt. Die Reaktion auf einen Reiz, der mit der süchtigen Anwendung zusammenhängt, wird dadurch deutlich intensiver. Man bezeichnet dies als erhöhte Reiz-Reaktivität.

Mit der Zeit entstehen diese Reaktionen bereits im Vorfeld des Konsums. Das heisst, wenn der Betroffene weiss, dass er bald spielen kann, löst die erwartete Belohnung bereits im Vorfeld Gefühle aus. Auch das Betrachten von Computerspielbildern bewirkt bei süchtigen Spielenden eine deutlich messbare Reaktion im Hirn.

Bei den Social Media ist das nicht viel anders. Stellen Sie sich vor, Sie erwarten oder hoffen auf eine liebevolle Message auf Ihrem Handy. Der vertraute Signalton Ihres Smartphones ertönt, was in Ihrem Hirn eine unmittelbare Reaktion auslöst. Sie sind versucht, sofort zum Gerät zu greifen und Ihre Neugier zu stillen. Sie erhoffen sich ein positives Gefühl. Die ersehnte Ablenkung dürfte umso reizvoller sein, wenn Sie mit einer mühsamen Aufgabe befasst oder in schlechter Stimmung sind.

REIZ UND REAKTION

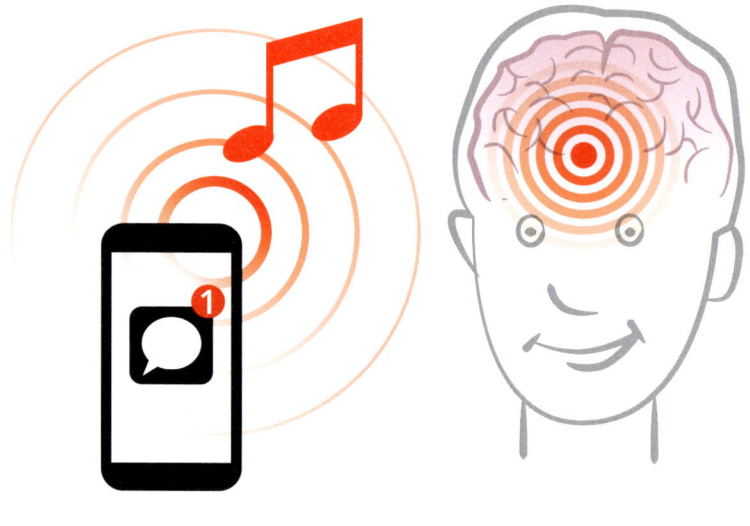

Bei langjähriger intensiver Mediennutzung und gleichzeitiger Vernachlässigung anderer sozialer Aktivitäten wird unser Gehirn einseitig gefordert. Dadurch werden gewisse Nervenverknüpfungen im Hirn besonders gestärkt, während andere vernachlässigt werden. Das führt zu einem verringerten Ansprechen auf Belohnungen ausserhalb der Online-Nutzung. Konkret heisst das, dass eine gute Note bei einem Schüler weniger Freude auslöst als ein gewonnener Kampf in einem Computerspiel.

INFO *Das Hirn lernt und passt sich an, was man «neuronale Plastizität» nennt. Die schlechte Nachricht ist, dass das Suchtgedächtnis hartnäckig ist und lange erhalten bleibt. Die gute Nachricht ist, dass sich das Hirn einer onlinesüchtige Person, wenn sich diese von der Abhängigkeit löst und regelmässig andere reale, faszinierende Erfahrungen macht, entsprechend gesund entwickelt.*

Jugendliche sind der Sucht stärker ausgeliefert

Generell leben Jugendliche eher im Moment, was für ihre persönliche Entwicklung wichtig ist. Sie sind dadurch jedoch spontan aufkommenden Ideen und Impulsen auch mehr ausgeliefert. Der Grund dafür liegt bei der Hirnentwicklung: Zuständig für das Steuern der Impulse, das Abschätzen von Folgen des Handelns und das Planen der Zukunft ist das Frontalhirn. Dieser vordere Teil des Hirns reift erst im erwachsenen Alter aus.

ACHTUNG *Das noch nicht voll ausgereifte Frontalhirn bewirkt, dass Jugendliche ihren Impulsen stärker ausgeliefert sind und schneller süchtig werden. Deshalb brauchen sie Eltern, die sozusagen ihr noch nicht voll funktionierendes Frontalhirn ersetzen, indem sie Strukturen geben und Grenzen setzen.*

Verbreitung und Folgen exzessiver Nutzung

Die konkreten Zahlen zur Verbreitung der Online-Sucht, fachlich «Prävalenz» genannt, fallen je nach Studie unterschiedlich aus. Das hat damit zu tun, dass es bislang keine eindeutige Diagnose für Online-Sucht gibt und dass verschiedene Instrumente zur Erfassung der Abhängigkeit eingesetzt werden.

Im Jugendbereich gibt es trotzdem recht gut abgestützte Zahlen für die Schweiz. Bei den Jugendlichen im Altersbereich zwischen 12 und 19 Jahren gehen aktuelle Studien von rund 8% Süchtigen und 12% Gefährdeten aus. Süchtige und Gefährdete machen zusammen somit rund 20%, also ein Fünftel der Befragten aus. Das bedeutet, dass bei einer Schulklassengrösse von 20 Schülern rund vier Schüler eine problematische oder gefährdende Internetnutzung zeigen. Aufgrund dieses recht hohen Wertes sind präventive Massnahmen dringend notwendig und sollten in Zukunft noch weiter ausgebaut werden.

Bei der Gesamtbevölkerung ist von rund 1 % Süchtigen und rund 4 % Gefährdeten auszugehen, wobei hier relativ wenige Studien zur Verfügung stehen. Insbesondere bei der Online-Pornosucht muss mit einer gewissen Dunkelziffer gerechnet werden.

 INFO *Zusammenfassend kann bei Jugendlichen von rund 8 % Süchtigen und 12 % Gefährdeten ausgegangen werden. Bei Erwachsenen sind es rund 1 % Süchtige und 4 % Gefährdete. Insgesamt heisst das, dass rund jeder vierte Jugendliche und jeder zwanzigste Erwachsene mit einem Suchtrisiko das Internet nutzt.*

Folgen in Abhängigkeit von der Nutzungsintensität

Je nach Intensität und Dauer des Medienkonsums sind die Folgen sehr unterschiedlich. Bei regelmässiger, aber gut kontrollierter Nutzung sind kaum negative Auswirkungen zu erwarten. Bei intensiver und regelmässiger Nutzung sind – je nachdem, wie gut die Nutzung selber kontrolliert werden kann – sowohl positive wie negative Auswirkungen zu erwarten. Bei suchtartigem, über längere Zeit andauerndem Konsum sind die Folgen deutlich negativ.

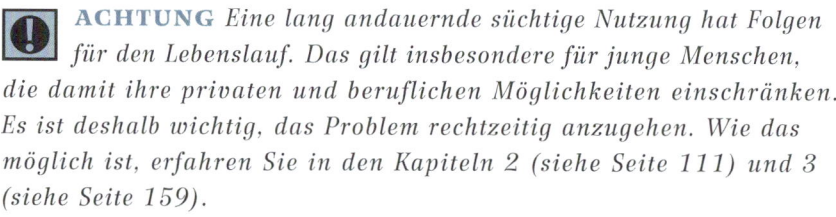 **ACHTUNG** *Eine lang andauernde süchtige Nutzung hat Folgen für den Lebenslauf. Das gilt insbesondere für junge Menschen, die damit ihre privaten und beruflichen Möglichkeiten einschränken. Es ist deshalb wichtig, das Problem rechtzeitig anzugehen. Wie das möglich ist, erfahren Sie in den Kapiteln 2 (siehe Seite 111) und 3 (siehe Seite 159).*

Manche Folgen ergeben sich direkt aus der intensiven Mediennutzung selber, während andere Auswirkungen auf verpasste Entwicklungen und Lebenserfahrungen zurückgehen. Zu unterscheiden sind ferner Auswirkungen auf psychischer und solche auf körperlicher Ebene, und zwar sowohl als Folge der direkten Nutzung wie auch aufgrund der nicht gelebten Zeit in der realen Welt mit den entsprechenden fehlenden Lebenserfahrungen (siehe Kasten nebenan).

DIREKTE UND INDIREKTE FOLGEN DER ONLINE-SUCHT

	Psychische Ebene	Körperliche Ebene
Direkte Folgen	■ Sozialer Rückzug, Isolation, Abnahme der Konfliktbereitschaft und -fähigkeit ■ Zunahme von Konflikten und negative Auswirkungen auf Familie, Partnerschaft und Freundschaften ■ Leistungs- und Konzentrationsprobleme in Schule, Ausbildung, Studium und Beruf mit entsprechenden langfristigen Auswirkungen auf die berufliche Perspektive ■ Verringerter Antrieb und Interesselosigkeit bezüglich der realen Welt ■ Selbstwertprobleme, depressive Verstimmungen, Ängste ■ Persönlichkeitsveränderungen, verstärkte Aggressivität und Feindseligkeit ■ Gefühle der Hilflosigkeit und Sinnlosigkeit bis hin zu Suizidgedanken	■ Schlafstörungen, Schlafmangel, Verschiebung des Tag-Nacht-Rhythmus ■ Ungesunde und unregelmässige Ernährung und als Folge davon Unter- oder Übergewicht ■ Rückenschmerzen, Haltungsschäden ■ Belastung der Augen, mögliche Kurzsichtigkeit ■ Vernachlässigung der körperlichen Hygiene
Indirekte Folgen	■ Scheitern an Entwicklungsaufgaben und Identitätsentwicklung wie Unabhängigkeit von Eltern ■ Mangelnde Freundschafts- und Gruppenerfahrungen ■ Mangelnde Geduld und Frustrationstoleranz bei der Bewältigung realer Aufgaben	■ Defizite in der motorischen Entwicklung ■ Mangelnde sportliche Tätigkeit ■ Verlust der körperlichen Leistungsfähigkeit

Medien gesund nutzen

Moderne Medien sind ein unverzichtbarer Bestandteil des Lebens. Da stellt sich nicht mehr die Frage, ob wir sie einsetzen, sondern nur noch, wie. In guter Balance zwischen dem Netz und dem realen Leben, massvoll und selbstbestimmt, kann eine gesunde Nutzung durchaus gelingen.

Gesunde Nutzung als Ziel

Gesunde Mediennutzung – gibt es das überhaupt? Ja, das ist möglich! Die meisten Menschen schaffen es, digitale Medien auf konstruktive Art einzusetzen. Die Informationen, Hinweise und Tipps in diesem Kapitel helfen, die Gratwanderung zwischen Risiko und Chance zu meistern und eine angemessene, sinnvolle Nutzung zu fördern.

Mediennutzung ist aus unserem Leben nicht mehr wegzudenken, und die Abhängigkeit von digitalen Medien wird in Zukunft noch zunehmen. Das Smartphone oder andere mobile *devices,* also Geräte, von denen Sie unterwegs auf das Internet und damit auf weitere vielfältige Anwendungen zugreifen können, sind bereits so unverzichtbar wie Elektrizität, Heizungen, Warmwasser und Autos. Auch diese technischen Errungenschaften waren fantastische und nützliche Erfindungen, die in den Anfängen kritisch beäugt wurden. Sie waren zu Beginn einer reichen Oberschicht vorbehalten, und es erforderte Zeit, den Umgang damit zu erlernen.

Inwieweit es sich dabei um gesunde Entwicklungen für den Einzelnen und die Gesellschaft als Ganzes handelte, wurde je nach Sichtweise unterschiedlich beurteilt. Nur allmählich wurden auch die negativen Auswirkungen sichtbar, und es brauchte (und braucht) noch mehr Zeit, um diese zu korrigieren. Bei den neuen Medien ist es ähnlich, nur dass alles viel schneller geht. Damit Sie grobe Fehler vermeiden können und die Nutzung in gesunder Weise erfolgt, finden Sie in diesem Kapitel einfache Informationen, Hilfestellungen und Tipps.

Erstrebenswerte Net-Life-Balance

Gesunder Mediengebrauch meint eine selbstbestimmte, kontrollierte Nutzung virtueller Möglichkeiten. Anders gesagt: Es besteht ein gutes Gleichgewicht zwischen offline gelebten direkten Kontakten auf der einen Seite und der Nutzung der virtuellen Welt auf der anderen Seite. Eine ausgewogene Net-Life-Balance bedeutet somit eine Mediennutzung, die eine Ergänzung zu einem befriedigenden realen Leben darstellt, bei der Sie und Ihre Umgebung zufrieden sind.

Für Freundschaften, Beziehung und Familie bedeutet das, dass Sie gleich viel oder mehr Freizeit und Aufmerksamkeit für reale Kontakte einsetzen wie für virtuelle Aktivitäten. Das muss nicht jeden Tag so sein, aber über eine längere Dauer von zum Beispiel ein bis zwei Wochen sollten Sie diese Balance erreichen.

TIPP *Überlegen Sie, wie viel Aufmerksamkeit Sie realen Kontakten im Vergleich mit virtuellen Aktivitäten schenken: gleich viel, mehr? Sprechen Sie mit nahestehenden Personen darüber, wie sie das einschätzen. Versuchen Sie auf untenstehender Skala, die letzte Woche einzuschätzen. Sie können das natürlich auch über mehrere Wochen machen.*

nur virtuelle Kontakte   ausgeglichen   nur reale Kontakte

◄───►

Natürlich lässt sich die Welt nicht mehr so leicht in Off- und Online einteilen. Menschliche Direktkontakte und digitale Welten vermischen sich im Alltag zunehmend. Das ist kein Problem, solange intensive, direkte Begegnungen immer wieder stattfinden. Wenn Sie beides erleben, können Sie die Unterschiede dieser Welten gut wahrnehmen.

ACHTUNG *Reale Begegnungen bieten eine unvergleichliche Qualität, weil sie mit allen Sinnen erfahrbar sind. Begrüssungsrituale vom Händeschütteln (oder zu Coronazeiten eher von einem Lächeln mit Blick in die Augen) über Berührungen wie Schulterklopfen oder Umarmungen bis zu Zärtlichkeiten gibt es in dieser einzigartigen Spürbarkeit nur in direkten Begegnungen. Auch das unmittelbare Wahrnehmen der Welt mit Wetter, Licht, Gerüchen und Temperaturen ist in dieser Intensität nur in der realen Wirklichkeit möglich.*

Beziehungsqualität vor Handygebrauch

Wie erwähnt sind sinnlich-reale Begegnungen nicht vollständig von virtuellen zu trennen, da das Handy als ständiger Begleiter meist mit dabei ist.

Es gibt kaum jemanden bzw. etwas, mit dem wir mehr Körperkontakt und Nähe haben als mit diesem kleinen Technologiewunder. Und es kann bereichernd sein, wenn eine Stimmung durch Fotos oder kurze Filme für später auf- und mitgenommen werden kann. Oder praktisch, etwa wenn sich der elektronische Begleiter zwischendurch für eine Frage, die in einer Diskussion auftaucht, konsultieren lässt. Das ist kein Problem, solange langfristig die Qualität der realen Begegnung gut, besser und spannender ist als das, was das smarte Teil in der Hand- oder Hosentasche zu bieten hat.

Wenn Sie also den Austausch mit dem Gegenüber geniessen und schätzen können, sind Sie auf der guten Seite. Das heisst auch, dass Sie in der Lage sind, sich ganz auf eine Situation, Aufgabe oder Arbeit einzulassen, ohne sich durch Medien stören zu lassen oder vom Kurs abzukommen.

> **TIPP** *Lassen Sie sich durch einen Menschen, sei es ein Erwachsener oder ein Kind, mindestens so gerne ablenken oder stören wie von einem Handysignal!*

Massvolle und gesunde Nutzung bedeutet, dass Sie selber aktiv bestimmen, wann und wofür Sie neue Medien, insbesondere das Handy, nutzen. Sind diese Voraussetzungen gegeben, stellt der Gebrauch digitaler Geräte eine Ergänzung und nicht eine Einschränkung des realen Lebens dar.

> **TIPP** *Gut wäre es schon, wenn Sie in Ihrer Freizeit mindestens so viele Berührungen mit einem Menschen oder auch einem Tier hätten wie mit Ihrem Smartphone. Probieren Sie es aus: Berühren Sie jedes Mal, wenn Sie das Handy in die Hand nehmen, auch einen Menschen, ein Tier oder einen Gegenstand sinnlich.*

Wenn Sie einen schlechten Tag haben und einiges mehr an Medien konsumieren als sonst, nehmen Sie sich das nicht übel. Die Hauptsache ist, dass Sie nach einer Krise wieder auf Menschen und auf die Natur zugehen können, um die Qualitäten des realen Lebens möglichst wieder zu finden. Dabei geht es nicht nur darum, dass Sie auf Ihre Umgebung achten, sondern auch auf sich selber, mit all Ihren unterschiedlichen Stimmungen. Zum Beispiel indem Sie ein Lächeln wahrnehmen, einen Windzug auf der

Haut und damit den eigenen Körper spüren oder sich an schöne Erlebnisse erinnern, die das Leben lebenswert machen.

INFO *Gesunde Nutzung meint nicht, das Leben ins Netz zu integrieren, sondern die Medien ins Leben. Medien sollten eine selbstbestimmte, kontrollierte Ergänzung zum sinnlichen, realen Leben sein.*

Konkrete Massnahmen für eine gesunde Nutzung

Richten Sie Ihre Geräte so ein, dass sie Ihnen den Alltag erleichtern, Sie aber nicht zu oft ablenken. Nützliche sowie für Sie hilfreiche und unverfängliche Anwendungen wie eine digitale Agenda oder Fahrplan-Apps sollten leicht verfügbar sein. Verführerische Zeitfresser wie Social-Media-Apps oder Handyspiele platzieren Sie besser etwas versteckt. Das heisst, Sie schieben diese Apps auf dem Screen nach hinten, verstauen sie in Ordner oder löschen sie. Das hilft bei einer bewussteren Nutzung des Handys. Zudem können Sie den Konsum besser steuern, wenn «gefährliche» Anwendungen nicht direkt in Ihrem Blickfeld sind. Bunte Symbole auf dem Handy sind schliesslich gerade deshalb von den App-Designern so einladend und anregend programmiert, damit sie die Aufmerksamkeit auf sich ziehen und möglichst häufig angeklickt werden.

TIPP *Machen Sie den Versuch, und stellen Sie Ihren Handy-Bildschirm auf Schwarz-Weiss. Beobachten Sie, wie dies Ihren Konsum verändert. Sie können den Modus bei den Einstellungen einrichten. Anleitungen finden Sie im Internet zum Beispiel mit den Suchbegriffen «handy bildschirm schwarz weiss».*

Eine Studie mit Schülerinnen und Schülern zeigte, dass sich die Handyzugriffe allein schon mit der Umstellung auf Schwarz-Weiss reduzierten. Besser ist natürlich, wenn Sie es schaffen, sich mit etwas Selbstdisziplin willentlich selber zu steuern und zu kontrollieren. Das ist nicht immer einfach; wir Menschen bilden uns gerne ein, etwas besser im Griff zu haben, als dies tatsächlich der Fall ist. Um zu prüfen, wie gut Sie unterwegs sind, kann das Umfeld hilfreich sein. Wenn Ihnen nahestehende Menschen einen Handlungsbedarf erkennen, Ihr Verhalten als unhöflich bis gefährlich einschätzen und unzufrieden sind, sollten Sie sich neue Ziele setzen und Ihre Nutzung korrigieren. Motto: Das reale Leben geht vor.

Im Folgenden einige Tipps, die Ihnen helfen, sich vor zu viel Mediennutzung zu schützen:

- **Nutzungszeiten und Dauer selber kontrollieren und aktiv steuern.** Sie können technische Möglichkeiten wie «Bildschirmzeit» oder *Digital Wellbeing* nutzen (siehe Seite 21).
- **Nachtmodus auf Smartphone, Tablet und Desktop aktivieren.** Die aktivierend wirkenden Blauanteile des Bildschirms werden so herausgefiltert. Diese Einstellungen finden Sie unter «Night Shift» bei Apple oder «Nachtmodus» bei Android. Falls Sie diese Möglichkeiten nicht finden, verwenden Sie eine App wie *Twilight* oder *Nightscreen*.
- **Genug und regelmässig schlafen.** Rechtzeitig ins Bett gehen und Handy oder Computer 30 Minuten vor dem Einschlafen auf Flugmodus einstellen oder ausschalten. Es ist wissenschaftlich erwiesen, dass Medienkonsum spätabends und bis kurz vor dem Einschlafen negative Auswirkungen hat.
- **Tageslicht nutzen und in die Weite schauen.** Studien zeigen, dass sich bei lang andauerndem Medienkonsum, vor allem ohne Tageslicht, das Risiko für eine Kurzsichtigkeit erhöht. Das Auge ist nicht für langes In-die-Nähe-Schauen geschaffen. Mit dem Blick in die Ferne kann es sich wieder entspannen. Damit kann dem Office-Eye-Syndrom vorgebeugt werden; dieses entsteht bei langer Bildschirmarbeit, weil die Frequenz des Lidschlags dabei abnimmt und die Augen durch Austrocknung geschädigt werden.
- **Gute Körperhaltung, vor allem im Nacken und Rückenbereich.** Sie können diese durch Haltungs- und Entspannungsübungen sowie durch regelmässige Bewegung unterstützen.
- **Gesund und regelmässig essen.** Nehmen Sie sich für die Verpflegung Zeit, und essen Sie nicht vor dem Bildschirm. Bildschirmkonsum kann so stark ablenken, dass das Hunger- und Durstempfinden unterdrückt wird. Das führt dazu, dass zum Beispiel exzessive Gamer unregelmässig und ungesund essen und zu wenig trinken. Es gibt dokumentierte Todesfälle wegen zu geringer Flüssigkeitszufuhr (Dehydrierung) bei Gamern.

■ **Leerzeiten und Langeweile aushalten und geniessen.** «Unproduktive» Zeiten gab es früher im Überfluss; sie wurden durch das Smartphone zur Seltenheit. Versuchen Sie, nicht immer gleich zum Handy zu greifen und diese Momente nicht als Zeitverlust, sondern als geschenkte Zeit zu verstehen. Auch wenn Sie nicht am gewünschten Ort und zur selbst gewählten Zeit stattfinden, sind es doch Momente, in denen Sie etwas Rares erleben können, nämlich Zeit zu haben. Vielleicht kennen Sie das: Plötzlich verlangsamt sich in diesen Situationen alles, und es geht lange, bis der Zug fährt, Sie in der Schlange vorn sind usw. Leere, unstrukturierte Zeit, in der wir nichts müssen, ausser da sein – das ist genau das, was uns im beschleunigten, digitalen Zeitalter oft fehlt. Ein befreundeter Zahnarzt mit dicht getakteten Patiententerminen hat festgestellt, dass die Zeit an ihm vorbeirauscht. Er auferlegte sich deshalb folgendes spannende Experiment: Zwischen den einzelnen Sitzungen zog er sich zurück und machte ein bis zwei Minuten lang nichts, um wieder die Zeit zu spüren. Experimente dieser Art haben eine entschleunigende Wirkung.

■ **Hände beschäftigen.** Viele Hände sind es sich gewohnt, ganz automatisch nach dem Smartphone zu greifen. Dies passiert nicht zuletzt, weil man sich unbewusst eine spannende oder glückbringende Nachricht erhofft. Wenn es also den Händen langweilig wird, nehmen Sie einen anderen Gegenstand oder die andere Hand für eine fühlbare Berührung zu Hilfe.

Zusätzliche Unterstützung bringen zwei einfache, wissenschaftlich erwiesenermassen wirksame Tipps:

■ **Armbanduhr tragen.** Am besten tragen Sie eine Uhr, die Sie gerne anschauen oder zeigen. Es ist erwiesen, dass die Nutzung des Smartphones als Uhr zu vermehrter Handynutzung führt. Dies dürfte auf Smartwatches erst recht zutreffen.

■ **Herkömmlichen Wecker nutzen.** Mit einem Wecker laufen Sie nicht Gefahr, am Morgen als Erstes Ihr Handy zu konsultieren.

Hinweise für Auto- und Velofahrer sowie Fussgängerinnen:

■ Telefonieren Sie nicht, auch nicht mit einer Freisprechanlage. Wenn Sie das nicht hinkriegen, reduzieren Sie es auf ein Minimum, und machen Sie es nicht vor Kindern. Auf keinen Fall sollten Sie während des Fahrens SMS schreiben. Die Nutzung des Mobiltelefons während des Auto-fahrens erhöht erwiesenermassen das Unfallrisiko (Faktenblatt Smart-phone des BAG, 2019). Das Mass der Beeinträchtigung kann mit jenem beim Fahren mit zu viel Alkohol im Blut verglichen werden.

■ Für Fussgänger und damit auch für Ihre Kinder: Achten Sie auf Ihre Umgebung und den Verkehr, auch auf Fussgängerstreifen und bei einer Ampel. Andere Verkehrsteilnehmer und -teilnehmerinnen können Feh-ler machen. Sie leben sicherer und länger, wenn Sie aufmerksam sind.

Gradmesser Schlafqualität

Dass mit intensiver Mediennutzung vor allem spätabends eine Beeinträch-tigung der Schlafqualität eintritt, ist wissenschaftlich in einer Vielzahl von Studien belegt. Es wird zudem ein Zusammenhang zwischen bestehenden Schlafproblemen und der nächtlichen Mediennutzung vermutet, weil Schlechtschläfer während der Wachphasen oft zum Smartphone greifen. Im ungünstigsten Fall entsteht eine negative Spirale, bei der Schlafprob-leme zur vermehrten Mediennutzung führen und exzessive Mediennutzung wiederum zu Schlafstörungen.

Im Wesentlichen spielen bei der Beeinträchtigung des Schlafs folgende Faktoren eine Rolle:

■ Bildschirmlicht (blaues Licht) wirkt vor allem nahe vor den Augen ak-tivierend und erschwert das Einschlafen. Die LED-Hintergrundbeleuch-tung der Bildschirme weist mit dem hohen Blaulichtanteil eine ähnliche Lichtstruktur auf wie das Tageslicht. Dies vermittelt dem Hirn den Ein-druck, es sei noch hell, und hemmt so die Ausschüttung des schlafför-dernden Hormons Melatonin. **Dagegen hilft:** Den Nachtmodus akti-vieren, wie bereits auf Seite 116 empfohlen. Oder noch besser: Sie verabschieden sich abends rechtzeitig, mindestens 30 Minuten vor dem Einschlafen, vom Bildschirm.
Beim Fernseher wirkt der Blaulichteffekt nicht im gleichen Mass, da das Gerät in aller Regel weiter weg platziert ist. Vermutlich kennen Sie das Einschlafen vor dem Fernseher. Eigentlich eine gesunde Selbstregula-tion Ihres Körpers, die leider beim Handy weniger gut funktioniert.

■ Auf- bzw. anregende Inhalte und Textnachrichten kurz vor dem Zubett-gehen führen nicht nur dazu, dass es schwerfällt, das Gerät rechtzeitig

abzustellen, sondern erschweren auch das Einschlafen. **Dagegen hilft:** Andere Inhalte wählen oder das Handy rechtzeitig weglegen.
- Störungen während des Schlafs zum Beispiel durch eingehende Messages führen zu einem schlechteren oder kürzeren Schlaf. **Dagegen hilft:** Das Handy auf lautlos stellen oder gar nicht erst mit ins Schlafzimmer nehmen.

Hilfreich sind zudem Abendrituale, Lesen, Musikhören, Teddybären usw.

Studien zeigten bei Kindern und Jugendlichen verzögerte Einschlafzeiten, wenn elterliche Regeln für die Mediennutzung fehlten. Ein an sich logischer Zusammenhang, wenn man davon ausgeht, dass Kinder gerne länger wach bleiben, vor allem wenn sie Medien beliebig nutzen können. Je nach Medienerziehung und abhängig von der Erlaubnis, die Geräte nachts im Zimmer zu haben, ist also mit Auswirkungen auf den Schlaf zu rechnen.

❗ ACHTUNG *Die intensive Nutzung digitaler Medien am Abend kann sich über den schlechteren Schlaf auch auf die Konzentrationsfähigkeit am nächsten Tag und damit auf die Schulleistung auswirken.*

Die Mediennutzung durch Regeln einzuschränken ist demnach von grosser Bedeutung. Die Regeln sollten frühzeitig eingeführt werden, also bevor es zu Schlafproblemen und anderen Beeinträchtigungen kommt.

Risiko Strahlenbelastung

Das Thema hochfrequente elektromagnetische Strahlung von Mobiltelefonen ist umstritten und wird kontrovers diskutiert. Dies insbesondere im Zusammenhang mit dem neuen Mobilfunkstandard 5G, der eine bis zu 100-mal schnellere Übertragung, grössere Datenraten und tiefere Reaktionszeiten ermöglicht. Es ist klar, dass es wirtschaftlich gesehen grosses Interesse an der neuen Technologie gibt, die zum Beispiel selbstfahrende Autos möglich machen soll. Zu den Strahlenbelastungen und deren langfristigen Auswirkungen liegen jedoch (noch) keine verlässlichen Erkenntnisse vor.

Offenbar gibt es allerdings je nach Technologie erhebliche Unterschiede in der Strahlenbelastung. Das Telefonieren mit dem Handy am Ohr führt mit dem 3G- und 4G-Standard zu tieferer Strahlenbelastung im Kopfbereich als der frühere 2G-Standard. Die Leistung bei 3G und 4G wird viel effizienter geregelt, sodass im Durchschnitt nur ein Bruchteil der maximalen Sendeleistung des mobilen Geräts notwendig ist. Dies, obwohl mehr Daten übermittelt werden können. Aber auch wenn die Forschung bisher noch keine alarmierenden Befunde geliefert hat, gibt es doch deutliche Hinweise, dass die Strahlenbelastung Auswirkungen auf das Gehirn haben und somit ein Gesundheitsrisiko darstellen könnte, mindestens langfristig. Deshalb sind Kinder, deren Hirn noch im Wachstum begriffen ist, besonders zu schützen.

Auswirkungen auf die Gedächtnisleistung

Im Rahmen einer Nationalfonds-Studie konnte eine Auswirkung auf die Gedächtnisleistung bei Jugendlichen im Alter zwischen 12 und 17 Jahren aufgezeigt werden. In kognitiven Tests wurde bei knapp 700 Jugendlichen eine Verschlechterung beim Erinnern von abstrakten Figuren nachgewiesen. Da 80 % der untersuchten Jugendlichen mit dem Handy am rechten Ohr telefonierten, war das visuelle, figurale Gedächtnis betroffen, eine Funktion der rechten Hirnhälfte. Auf der linken Gehirnseite, wo sich das verbale Gedächtnis befindet, war der Effekt aufgrund der kleinen Anzahl von links telefonierenden Versuchspersonen weniger aussagekräftig. Aber auch wenn die Effekte in der Studie gering waren und noch weiter überprüft werden müssen, geben sie doch Anlass zur Besorgnis. Deshalb ist es durchaus sinnvoll, sich vor Strahlenbelastungen, die im Zusammenhang mit dem mobilen Telefonieren entstehen, zu schützen.

Tipps zum Schutz vor der Strahlenbelastung

Die Strahlendosis des eigenen Geräts ist in der Regel höher als diejenige der Handysendemasten und kann mit relativ einfachen Massnahmen reduziert werden. Befolgen Sie die untenstehenden Hinweise, und sorgen Sie dafür, dass auch Ihre Kinder und Jugendlichen sie einhalten.

- **Smartphone weg vom Kopf.** Vermeiden Sie es, länger mit dem Handy am Ohr zu telefonieren. Um einer Schädigung vorzubeugen, sollte sich das Gerät möglichst weit weg vom Hirn befinden. Schon ein Abstand von 10 cm vermindert die maximale Belastung um den Faktor 10.

- **Benutzen Sie das Handy mit Kopfhörern.** Die Strahlenbelastung des Hirns ist sowohl bei Kopfhörern mit Kabel als auch bei kabellosen Kopfhörern mit Funkverbindung (Bluetooth) rund 10- bis 20-mal kleiner.

- **Schreiben statt telefonieren.** Jugendliche sind, mindestens für Eltern, am Handy oft nicht erreichbar und schreiben lieber Textnachrichten. Dabei sind sie meist wesentlich schneller als Erwachsene. Die telefonische Nichterreichbarkeit ist zwar manchmal ärgerlich, hat aber auch einen positiven Aspekt, weil das Handy nicht am Ohr ist.

- **Telefonieren bei gutem Handyempfang.** Achten Sie auf eine gute Verbindungsqualität, denn dann ist die Strahlung erheblich schwächer. Ist die Verbindung dagegen schlecht, muss das Handy verschiedene Sendezellen kontaktieren und mit erhöhter Leistung arbeiten – die Strahlung verstärkt sich.

- **Nutzen Sie das Handy vor allem ausserhalb von Gebäuden, oder verwenden Sie, falls verfügbar, ein lokales Netzwerk (WLAN).** Innerhalb eines Gebäudes werden die Funkwellen gedämpft, sodass das Handy mit erhöhter Sendeleistung arbeiten muss.

- **Nutzen Sie das Handy, wenn Sie sich nicht oder wenig bewegen.** Zug- und Autofahren oder alles, was schnelle Bewegung mit sich bringt, bedeutet in der Regel für das Gerät, dass es ständig neue Sendezellen anpeilen muss. Die Sendeleistung und damit die Strahlenbelastung reduziert sich bei stationärem Gebrauch um rund 45 %.

SAR-WERT – WAS IST DAS?

Hinweise auf die Strahlung gibt der sogenannte SAR-Wert (spezifische Absorptionsrate), der die Energie bezeichnet, die durch das sendende Handy vom Körpergewebe aufgenommen wird. Der Wert ist je nach Smartphonemodell sehr unterschiedlich. Je niedriger er ausfällt, desto besser. Ein Wert von 1,0 wird als hoch, einer zwischen 0,6 und 1,0 als mittel und einer unter 0,6 als gering eingestuft.

Die Hersteller müssen den Wert auf der Handy-Verpackung deklarieren. Entsprechende Werte und Vergleiche sind auch im Internet zu finden. Geben Sie zum Beispiel als Suchbegriffe «Handy SAR-Wert» ein oder gehen Sie auf die Website www.bfs.de (Deutsches Bundesamt für Strahlenschutz). Hier können Sie Marke und Modell Ihres Smartphones eingeben und erhalten den entsprechenden Wert. ■

Wenn keine Gespräche geführt oder Daten übermittelt werden, sendet ein eingeschaltetes Mobiltelefon nur alle paar Minuten ein Signal, um mitzuteilen, wo es sich gerade befindet. Je mehr man sich fortbewegt, desto häufiger geschieht dies. Im Ruhezustand ist die Strahlenbelastung demnach sehr gering. Das Gerät auf dem Nachttisch oder den ganzen Tag im Hosensack zu haben, scheint also unproblematisch, ausser man reist über grosse Distanzen (z. B. im Zug) und es sind Apps aktiv, die auch bei Nichtgebrauch regelmässig Daten austauschen. Diese Funktion, die «Automatische Hintergrundaktualisierung» heisst, kann allerdings abgestellt oder deaktiviert werden. Beim iPhone finden Sie das unter «Einstellungen», «Allgemein» und «Hintergrundaktualisierung»; hier können Sie die Hintergrundaktualisierung für jede App einzeln abstellen. Bei Android-Handys öffnen Sie ebenfalls die Einstellungen, wechseln zu «Konten» und deaktivieren hier die Hintergrundaktualisierung. Das Abschalten dieser Funktion hat den weiteren Vorteil, dass sich die Akkulaufzeit verlängert und im Hintergrund kein Datenvolumen verbraucht wird.

Rahmenbedingungen und Regeln

Medien üben auf Menschen einen unvergleichlichen Sog aus. Da sind klare Rahmenbedingungen für eine gesunde Nutzung schon fast zwingend. Welche Regeln braucht es für welche Altersstufen? Und welche Haltung ist hilfreich für den Umgang mit digitalen Medien? Diesen Fragen geht das vorliegende Kapitel nach.

Nicht alle brauchen Regeln für den Umgang mit digitalen Medien. Es gibt Menschen, die sich besser steuern können und im Griff haben. Sie spüren, was sie für ihr Gleichgewicht brauchen, und haben stärkere psychische Widerstandskräfte, die man auch als «Resilienz» bezeichnet. Viele Menschen und vor allem Kinder brauchen jedoch Regeln für eine gesunde Nutzung, da sie häufig über zu wenig Selbstdisziplin und Selbststeuerung verfügen. Dies trifft auch auf Menschen zu, die psychisch weniger stabil, leichter ablenkbar und insgesamt verletzlicher sind, zum Beispiel bei einer Aufmerksamkeitsdefizit-Hyperaktivitätsstörung (ADHS, siehe Seite 99), bei der die Konzentration erschwert ist und eine erhöhte Unruhe und Sprunghaftigkeit gegeben sind. Sie und andere spontane, risikofreudige Menschen sind inneren Impulsen stärker ausgeliefert. Das Schlechter-widerstehen-Können dieser Impulse nennt man in der Psychologie ein Impulskontrollproblem; es bringt ein Suchtrisiko mit sich. Manche Personen können generell mit Krisen schlechter umgehen oder Bedürfnisse schlechter aufschieben. Sie wollen oder müssen diese sofort befriedigen. Der Anspruch, Bedürfnissen sofort nachzukommen, entspricht zudem auch einem gesellschaftlichen Trend.

Auch Erwachsene und Kinder, die ängstlich oder weniger selbstbewusst sind und soziale Schwierigkeiten haben, finden sich häufiger unter den problematischen und abhängigen Nutzenden. Für Menschen mit diesen zum Teil genetisch bedingten Belastungen sind Regeln für den Umgang mit den neuen Medien besonders relevant. Sie brauchen klare Strukturen, die ihnen helfen, besser mit medialen Ablenkungen und Verführungen zurechtzukommen.

Im Umgang mit Kleinkindern sind Regeln für Erwachsene ebenfalls zentral. Wissenschaftler befürchten, dass eine intensive Handynutzung der Eltern den Aufbau der so wichtigen stabilen Eltern-Kind-Beziehung beeinträchtigt. Grund genug für Eltern, sich Regeln zu geben, um die Jüngsten möglichst gut zu schützen.

Allgemeine Empfehlungen

Für den Handygebrauch gibt es gewisse allgemeingültige oder Knigge-Regeln, die allerdings sehr unterschiedlich gehandhabt werden. So gilt es meist als unhöflich, am Esstisch zu telefonieren oder überhaupt das Handy hervorzunehmen. Doch es ist oft zu beobachten, dass diese Regel, die ja den direkten, ungestörten Kontakt mit anderen Menschen schützen soll, nicht eingehalten wird.

 SELBSTCHECK: Aktuelle und wünschenswerte Regeln

Machen Sie sich kurz Gedanken zu folgenden Punkten, und notieren Sie sie:
- Welche Handyregeln halten Sie persönlich ein?
- Welche Regeln finden Sie zwingend?
- Welche Regeln wären aus Ihrer Sicht zusätzlich nützlich?
- Was denken Sie: Welche Regeln würde sich Ihre Umgebung, Ihre Familie von Ihnen wünschen?

Es gilt, sich jeweils zu überlegen, ob einschränkende Regeln für eine bestimmte Situation wirklich sinnvoll sind. Mit der Zustimmung des Gegenübers gemeinsam ein paar Fotos anzuschauen scheint wenig problematisch. Eingegangene Messages zu ckecken braucht mindestens eine gute Begründung.

Regeln werden insgesamt recht unterschiedlich gehandhabt. Von Familie zu Familie gibt es Unterschiede, die auch noch je nach Kultur variieren.

Welche Regeln sind Ihnen wichtig? Welche sind zwingend, und welche Überschreitungen halten Sie für vertretbar?

TIPP Wenig hilfreich sind komplizierte Vorgaben, die kaum einzuhalten sind. Starten Sie mit wenigen klaren Regeln. Das macht es einfacher, sie umzusetzen.

Regeln für Kinder und Jugendliche

Im Umgang mit Kindern ist das Wichtigste, dass Eltern frühzeitig daran denken, überhaupt Regeln aufzustellen. Eltern sollten sich überlegen, wie die Kinder mit Medien umgehen sollen, bevor diese zur Verfügung stehen. Machen Sie sich also rechtzeitig Gedanken, und legen Sie die wesentlichen Punkte fest, bevor die Kinder Geräte (vor allem ein Smartphone) benutzen.

Regeln für Kinder sollen nicht nur einfach, sondern auch gut erklärt und begründet sein. Noch leichter gehts, wenn die Regeln für eine ganze Gruppe gelten, zum Beispiel in der Schule.

TIPP Einfache Regeln sind besser als komplizierte, wenige Regeln sind besser als viele. Daneben gilt: So wenig wie möglich, so viel wie nötig. Auch wenn die Regeln einfach und klar sind, gibt es noch genug zu diskutieren ...

Übrigens: Auch Eltern sollten Regeln einhalten. Sie und weitere Bezugspersonen haben eine wichtige Vorbildfunktion. Es wirkt wenig überzeugend, wenn die Kinder kein Handy bei Tisch haben dürfen, die Eltern aber während des Essens Anrufe beantworten.

Worauf ist bei der Umsetzung von Regeln zu achten?
Regeln sollen eine klare Linie vorgeben. In der Realität ist es jedoch oft so, dass manche Situationen nicht genau geregelt sind. Dann braucht es Absprachen. Vor allem bei Jugendlichen ist neben einer klaren Haltung auch immer wieder Flexibilität nötig. Es braucht ab und zu eine Ausnahme, die aber nicht zur Regel werden darf. Das kann geschehen, wenn Jugendliche unangenehme Einschränkungen zu umgehen versuchen.

INFO Regeln sollen eine klare Linie aufzeigen und möglichst gut eingehalten werden. Es ist sinnvoll, sie regelmässig zu überprüfen und anzupassen. Bei Jugendlichen ist eine klare Haltung und das gleichzeitige Finden von Kompromissen eine wichtige Erziehungs-leitlinie.

Regeln und Konsequenzen

Es ist normal, dass Abmachungen anfänglich gut funktionieren, die Disziplin jedoch mit der Zeit nachlässt. Auch wenn die Regeln nur zu Beginn, möglicherweise nur wenige Male, eingehalten werden, ist dies als positiver Versuch zu sehen. Wenn Sie die Chance für ein Lob nicht verpassen wollen, warten Sie nicht zu lange, und tun Sie dies am Anfang. Das ist sehr wichtig und motiviert für weitere Schritte. Nur mit Loben geht es allerdings meistens nicht. Es braucht auch Konsequenzen, die am besten vorgängig abgemacht werden. Mit anderen Worten: Belohnungen und Bestrafungen, die möglichst sinnvoll sind. So kann zum Beispiel die Handyzeit erhöht werden, wenn Regeln konsequent befolgt werden, oder auch dementsprechend gekürzt. Eine Familie erklärte, nachdem es am Wochenende dauernd Streit um die Nutzung gab, den Sonntag zum medienfreien Tag.

> **TIPP** *Achten Sie darauf, dass die Regeln für Sie nicht anstrengender und einschränkender sind als für diejenige Person, die die Regel einhalten soll.*

In der Therapie ist das Einhalten von Regeln immer wieder ein Thema. Welche Regeln wurden eingehalten, welche positiven Schritte sind zu beobachten? Vielleicht besteht anfänglich die Veränderung auch nur darin, dass der Streit weniger eskaliert als früher. Therapeuten und Therapeutinnen helfen den Ratsuchenden, sich nicht gleich auf das zu stürzen, was wieder nicht funktioniert hat, sondern gelungene Schritte zu sehen und zu benennen.

> **TIPP** *Geizen Sie nicht mit Anerkennung und Belohnungen für das Einhalten von Regeln, auch wenn dies nicht perfekt gelungen ist. Setzen Sie bei Nichteinhalten vorgängig abgemachte Konsequenzen um. Falls das gar nicht funktioniert, müssen neue, umsetzbare Konsequenzen abgemacht werden.*

In der Therapie wird die positive Auswirkung von Belohnungen genutzt. Es wird immer auch auf das fokussiert, was funktioniert hat und was Kinder oder die ganze Familie gut machen. Anerkennung ist nicht zu unterschätzen beim Überwinden der anstehenden Probleme. Jugendliche schätzen lobende Worte, auch wenn sie sich noch so cool geben und etwas misstrauisch sind.

Damit die Anerkennung auch gut ankommt, gilt es, ein paar Punkte zu beachten. Denn es gibt viele Möglichkeiten, die Wirkung der positiven Rückmeldungen gleich wieder zunichtezumachen – etwa indem man diese nur als Vorspann zum Ausholen für eine Salve von Kritikpunkten benutzt.

> **HINWEIS** *Es geht nicht nur um die Regeln selber, sondern auch um den Stil, wie man darüber diskutiert. Wichtig dabei sind Fairness und das Einhalten oder Wiederfinden von gegenseitigem Respekt.*

Und noch etwas: Regeln sollten zu den Menschen, die sie umsetzen müssen, das heisst zu ihrer Kultur, passen. Nur wenn Regeln mit den Haltungen und Werten der Familien übereinstimmen, werden sie umsetzbar und wirksam sein.

Einen Mediennutzungsvertrag erstellen

Solche Verträge, die man auch einfach «Abmachungen» nennen kann, können Verschiedenes regeln; zum Beispiel wann und wie lange welche Geräte genutzt werden dürfen. Eine der wichtigsten, aber auch schwierigsten Regeln betrifft die Frage, wie lange am Abend die Internet- oder TV-Nutzung möglich sein soll. Darf das Handy vor dem Einschlafen noch zum Musikhören benutzt werden? Das wäre immer noch wesentlich vernünftiger als das Spielen eines Ego-Shooter-Games vor dem Einschlafen. Gibt es medienfreie oder handyfreie Zeiten? Einschränkungen und Freiräume sollen gemeinsam diskutiert und möglichst auch zusammen bestimmt werden. Dabei sind vor allem zwei Punkte zu beachten:

■ Die Kinder sollen ihrem Alter entsprechend angehört werden und ihre eigenen Vorstellungen und konkreten Vorschläge einbringen können.

■ Die Eltern versuchen, die Regeln zusammen mit den Kindern auszuhandeln. Sie sollen jedoch am Ende entscheiden, was gelten soll, da sie letztlich auch die Verantwortung tragen.

Interessanterweise machen Jugendliche selber oft recht strenge Vorschläge für die eigene Nutzung, wenn wir im Rahmen der Therapie Abmachungen aushandeln.

Für die Missachtung der Regeln sollen Konsequenzen formuliert werden. Das kann etwa heissen, dass die Mediennutzung eingeschränkt wird oder dass ein oder mehrere medienfreie Tage folgen. Gut wäre, gleichzeitig zur Einschränkung Alternativen anzubieten, zum Beispiel gemeinsam Zeit zu verbringen, ein Brettspiel zu machen, zu kochen. Meist müssen sich beide Seiten Mühe geben, damit Regeln umsetzbar werden.

Abmachungen können in einem einfachen, von Hand geschriebenen Vertrag festgehalten werden, den alle unterschreiben.

Regeln für die Handynutzung

Regeln für die Handynutzung ergeben sich oft aus dem Alltag. Es ist aber sinnvoll, im Voraus Abmachungen zu treffen. Hier ein paar einfache Punkte, die sich für einen Vertrag eignen. In den Kästchen können Sie abhaken, welche Regeln bei Ihnen gelten sollen und Sie in einen allfälligen Vertrag aufnehmen möchten.

☐ Während der gemeinsamen Mahlzeiten wird aufs Handy verzichtet.

☐ Persönliche Kontakte haben Vorrang vor dem Handykonsum.

☐ Alle Beteiligten verpflichten sich, das Handy in einem Gespräch wegzulegen, wenn das vom Gegenüber gefordert wird.

☐ Nachts wird das Handy auf Flugmodus gestellt oder aus dem Zimmer gelegt.

☐ Es werden im öffentlichen Internet keine Angaben über Namen, Adresse, eigene Handynummer usw. gemacht.

☐ Es werden keine beleidigenden Inhalte an andere oder über andere verschickt.

☐ Wenn die Eltern anrufen oder schreiben, melden sich die Kinder oder Jugendlichen möglichst bald zurück.

☐ Die Kinder akzeptieren, dass Eltern die Handynutzung einschränken, wenn Regeln nicht eingehalten werden.

☐ Die Eltern respektieren die Privatsphäre der Kinder. Ohne triftigen Grund wird das Handy nicht durchsucht.

☐ Wenn Kinder sich bei den Eltern melden, wenn sie Beleidigungen im Internet erfahren oder in eine schwierige Situation geraten, werden sie von den Eltern unterstützt.

Es gibt Muster von Medienverträgen im Internet und die Möglichkeit, solche Verträte online zu erstellen. Unter www.mediennutzungsvertrag.de finden Sie verschiedene Regelvorschläge, die ausgewählt und zusammengestellt werden können.

TIPP *Am besten hängen Sie die Vereinbarung an einem für alle gut sichtbaren Ort auf, wie zum Beispiel an der Kühlschranktüre.*

In der Beratung bevorzuge ich selber erarbeitete Nutzungsverträge. Diese sind meist handschriftlich verfasst und unterzeichnet, somit sehr persönlich und genau auf die entsprechende Familie ausgerichtet. Um es nochmals zu wiederholen: Regeln sollten zusammen mit den Kindern und Jugendlichen ausgehandelt werden, wobei die Eltern das letzte Wort haben. Wenn Jugendliche an der Ausarbeitung beteiligt waren, können sie Regeln besser einhalten. Regeln sollen von Zeit zu Zeit überprüft und bei Bedarf neu ausgehandelt und angepasst werden.

Kinder und Jugendliche setzen sich grundsätzlich mit verschiedenen Argumenten für mehr Handlungsspielraum ein, und Eltern wollen im Allgemeinen die Grenzen enger ziehen. Die Lösung liegt meist irgendwo dazwischen. Dabei ist es gut, wenn die Eltern wissen, was ein durchschnittlicher Konsum in der entsprechenden Altersgruppe ist und was empfohlen wird (siehe Kapitel «Zahlen und Fakten», Seite 24).

Für Eltern ist es oft schwierig, einzuschätzen, wie streng oder tolerant sie in Bezug auf die Mediennutzung sind. Meist finden die Kinder die Eltern sowieso zu streng. Vielleicht kennen Sie das: «Alle in der Klasse dürfen und haben schon …!» Nehmen Sie dies zum Anlass, mit anderen Eltern oder der Lehrperson zu klären, wie es wirklich ist.

Es gibt sehr strenge Eltern. Beispielsweise wollte ein Vater seinem jugendlichen Sohn in der Oberstufe kein Smartphone erlauben. Der Junge beklagte sich, dass er sich unter Freunden ausgeschlossen fühle, da er nicht mitkriege, was sie kurzfristig planten. Das Angebot der Eltern, ein altes Handy zum Telefonieren zu haben, lehnte er ab. Ein altes Gerät ist offenbar unter Jugendlichen die grössere Schmach, als gar keins zu haben. Solche starken Einschränkungen sind allerdings die Ausnahme. Meist ist das Umgekehrte anzutreffen: Eltern erlauben zu früh und ohne klare Abmachungen und Einschränkungen ein Smartphone.

Regeln erfüllen ihren Zweck nur dann, wenn sie eingehalten und kontrolliert werden. Wenn das nicht mehr der Fall ist, lösen Sie die Vereinbarung besser auf und machen klar, dass die Verantwortung bei den Jugendlichen liegt.

Meine Haltung zu Medien: kritisch oder tolerant?

Die eigene Haltung den Medien gegenüber beeinflusst unser Verhalten. Grundsätzlich gibt es Menschen, die offener für technische Entwicklungen und demzufolge auch gegenüber digitalen Medien sind, und solche, die zurückhaltender sind. Eine positive Einstellung ermöglicht eher eine Offenheit für verschiedene Anwendungen und deren Nutzen. Eine skeptische bis ablehnende Haltung erschwert dies. Gleichzeitig haben kritische Haltungen den Vorteil, dass unüberlegtes, möglicherweise gefährliches bis schädigendes Verhalten vorbeugend verhindert wird oder weniger wahrscheinlich ist.

Aus diesen Gründen ist es sinnvoll, sich Gedanken über die eigene Haltung zu machen. Bin ich im Vergleich zum Durchschnitt sehr skeptisch gegenüber neuen Medien? Oder bin ich sehr offen bis unkritisch gegenüber den medialen Entwicklungen? Besonders wichtig ist dies natürlich, wenn Sie Kinder haben. Sie sollten in diesem Fall nicht nur Ihre eigene Haltung einschätzen, sondern sich auch mit dem anderen Elternteil abstimmen, damit Sie am gleichen Strang ziehen. Eine gemeinsame Haltung den Kindern gegenüber erleichtert die Einführung und Durchsetzung von Nutzungsregeln erheblich. Doch nicht nur Eltern, sondern auch andere Erziehungs- und Fachpersonen sollten sich überlegen, wie medienkritisch oder -freundlich sie sind. Wenn Sie in einem Team arbeiten, sind ähnliche Haltungen ebenfalls sinnvoll.

SELBSTCHECK: Selbst- und Fremdeinschätzung zur eigenen Medienhaltung

Damit Sie eine Einschätzung in Bezug auf die eigene Haltung vornehmen können, finden Sie unten verschiedene Skalen. Am einen Ende der Skala geht es um eine medienkritische, am anderen Ende um eine medientolerante Haltung. Die beiden Pole oder Extremhaltungen bedeuten:

Medienkritische Haltung. Medien sind gefährlich und schädlich. Je weniger sie genutzt werden, desto besser. Die Nutzung sollte klar geregelt, eingeschränkt und kontrolliert werden. Vor allem Kinder müssen geschützt werden. Mediennutzung von Kleinkindern und Minderjährigen sollte von der Gesellschaft stark reguliert oder verboten werden.

Tolerante Medienhaltung. Medien sind für die gesellschaftliche Entwicklung, aber auch für die Entwicklung der Kinder sehr wichtig. Je früher und häufiger Kinder damit umgehen lernen, desto besser. Sie sollen spätestens in der Schule lernen, Medien zu nutzen, und einen möglichst freien Zugang dazu haben. Nur so machen sie Erfahrungen mit einer guten Nutzung. Dementsprechend sollten Kinder Bildschirmgeräte und Smartphones der neuesten Generation haben.

Setzen Sie nun auf den untenstehenden Skalen da ein Kreuz, wo Sie sich selber sehen. Sie können auch den Partner oder die Partnerin einstufen und sich von ihm oder ihr ebenfalls einschätzen lassen. In der Psychologie spricht man in diesem Fall von Fremdeinschätzung. Ein anschliessender Austausch über die Einschätzung und die Gründe dafür ist interessant. Er kann Eltern helfen, mindestens in den wichtigsten Punkten eine gemeinsame Haltung zu finden.

Selbsteinschätzung der Eltern

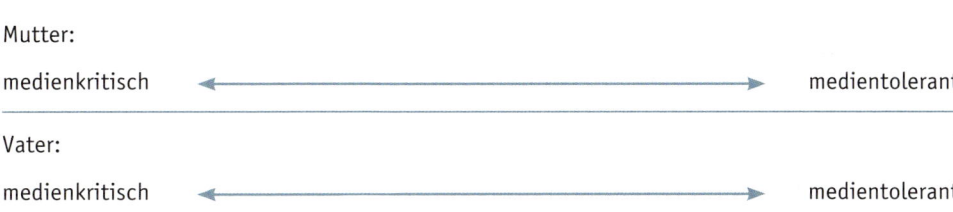

Mutter:

medienkritisch ←————————————————————→ medientolerant

Vater:

medienkritisch ←————————————————————→ medientolerant

Interessant ist es auch, wenn Sie das eigene Kind einstufen oder Ihre Kinder eine Einschätzung Ihrer Haltung als Eltern vornehmen lassen. Das kann natürlich auch im Gespräch erfolgen. Oft finden die Kinder die Haltung der Eltern grundsätzlich in Ordnung und verstehen, dass es Regeln braucht. Trotzdem gibt es immer wieder Auseinandersetzungen darüber, was den Eltern viel Geduld und Nerven abverlangt.

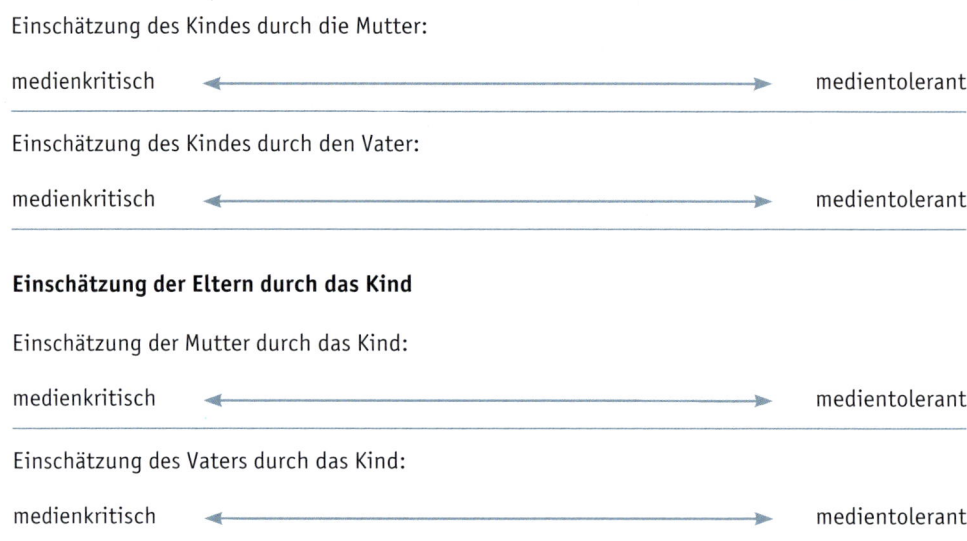

Einschätzung des Kindes durch die Mutter:

medienkritisch ⟵—————————————⟶ medientolerant

Einschätzung des Kindes durch den Vater:

medienkritisch ⟵—————————————⟶ medientolerant

Einschätzung der Eltern durch das Kind

Einschätzung der Mutter durch das Kind:

medienkritisch ⟵—————————————⟶ medientolerant

Einschätzung des Vaters durch das Kind:

medienkritisch ⟵—————————————⟶ medientolerant

Einerseits ist es wichtig, dass Eltern eine medienkritische Haltung einnehmen und auch die daraus entstehenden Konflikte mit den Kindern aushalten können. Andererseits kann zum Beispiel die Haltung, dass ein Handy vor dem Alter von 15 Jahren nicht nötig sei, genauso problematisch sein, wie wenn Eltern dem Kind ein Gerät zur Verfügung stellen, sobald es dies wünscht. Beide Extrempositionen haben mitunter negative Auswirkungen auf die Entwicklung des Kindes. Sind die Eltern sehr streng, können die Kinder zu wenig lernen, mit Medien umzugehen, und haben möglicherweise Mühe, den Kontakt zu Gleichaltrigen zu pflegen. Sind Eltern dagegen allzu sorglos, besteht die Gefahr, dass Kinder durch Medien überfordert werden. Zudem ist es schwieriger, engere Grenzen zu setzen, nachdem sich ein Kind an eine uneingeschränkte Nutzung gewöhnt hat.

Keine Grenzen sind oft das grössere Problem als etwas zu strenge. Kinder sind aufgrund ihrer Hirnentwicklung und der hormonellen Veränderungen schon genügend auf einer Achterbahn und brauchen deshalb einen stabilen Rahmen. Jugendliche benötigen klare Grenzen, an denen sie sich reiben und gegen die sie sich auflehnen können. Das ist für die Eltern eine strenge und meist unpopuläre Aufgabe, aber sie gehört zur Erziehung in der Pubertät und fördert mindestens längerfristig eine gute Beziehung. Ziel dabei ist, dass Jugendliche ihren eigenen Weg und ihre Identität finden und Schritt für Schritt lernen, Verantwortung für sich selber zu übernehmen und selbständig zu werden. Viele Eltern erleben das auf die Dauer als ermüdende Auseinandersetzung, auf die sie gerne verzichten könnten. Und sie geht oft länger als befürchtet – und ist trotzdem schneller vorbei, als man denkt.

> **TIPP** *Suchen Sie als Eltern eine gemeinsame Haltung zur Mediennutzung, dann ziehen Sie am gleichen Strick. Das hilft Ihnen, Regeln durchzusetzen, und den Kindern, die Regeln einzuhalten. Im Zweifelsfall ist es besser, zu strenge als gar keine Regeln zu haben.*

Eltern wissen weniger über die Mediennutzung ihrer Kinder, als sie glauben

Grundsätzlich zeigen Eltern und ihre Kinder ein ähnliches Medien- und Freizeitverhalten. Diese Tendenz hat sich zwischen 2015 und 2017 noch verstärkt (MIKE-Studie 2017). Das heisst, dass Eltern eine wichtige Vorbildfunktion haben und gefordert sind, ihre Kinder bei den ersten Schritten mit digitalen Medien zu begleiten.

Was **Online-Inhalte** angeht, gelingt das mindestens bei Kindern im Alter von 8 bis 10 Jahren recht gut. So erklärten rund 80 % der Kinder, dass ihre Eltern bestimmen oder zumindest kontrollieren, was sie machen. Knapp 40 % der Eltern surfen mindestens einmal die Woche gemeinsam mit ihrem Kind. 75 % der Mütter und Väter von 4.- bis 6.-Klässlern gaben überdies an, dass sie ziemlich oder sehr genau wüssten, was ihr Kind online macht.

Die Kinder ihrerseits gaben an, dass dies nur zu rund 60 % zutreffe. Auch darüber, wie die Kinder das Handy **nachts nutzen,** sind die Eltern nicht genau im Bild: 30 % der Kinder gaben an, dass das Handy nachts nicht im Schlafzimmer sein dürfe – bei den Erwachsenen waren es 40 %. Rund jeder zehnte Primarschüler gab an, das Handy auch zu nutzen, wenn er eigentlich schlafen sollte. Bei den 12- bis 13-Jährigen erreicht dieser Wert gar einen Drittel.

Ähnliches zeigte sich im Übrigen bezüglich der **Nutzungsdauer.** Praktisch alle Eltern gaben an, dass sie Regeln aufgestellt hätten und die Kinder kontrollieren würden. Bei den 6- und 7-Jährigen gab knapp ein Viertel und bei den 6- bis 13-Jährigen knapp ein Drittel jedoch an, dass sie das Internet so lange nutzen könnten, wie sie wollten. Bei den 12- und 13-Jährigen gab dies sogar jeder zweite an.

Tatsache ist demzufolge, dass die Eltern mehr über den Konsum ihrer Kinder zu wissen glauben, als dies tatsächlich der Fall ist. Oder anders gesagt: Die Kinder haben mehr Möglichkeiten, als die Eltern glauben.

Was können technische Möglichkeiten leisten und was nicht?
Um gesunde Gewohnheiten zu unterstützen, gibt es verschiedene technische Möglichkeiten, die sehr nützlich sein können. Dazu gehören zum Beispiel die im Kapitel «Mein persönliches Medienverhalten» beschriebenen Anwendungen *Digital Wellbeing* und «Bildschirmzeit» (siehe Seite 21). Doch Faszination und Sog der Smartphones werden weiter zunehmen. Schon heute sind Fussgänger, Velo- und Autofahrer abgelenkt, sodass es in Zukunft weitere Tools wird geben müssen, um Nutzende vor gefährlichen Situationen zu warnen.

Die zwei oben erwähnten Apps zeigen einerseits, wie das Gerät genutzt wird (Monitoring), und ermöglichen andererseits, das Smartphone bezüglich Nutzung einzuschränken, indem zum Beispiel gewisse Apps gesperrt werden oder die Nutzung des Internets zeitlich eingeschränkt wird.

Technische Hilfsmittel sind generell nützlich, um sich ein Bild der eigenen Nutzung zu machen und sich selber den Zugang zu erschweren; mit anderen Worten, die Hürde für den Gebrauch von ungünstigen Anwendungen und Zeitfressern zu erhöhen. Doch die Entscheidung, uns selber zu beschränken und die Nutzung besser zu steuern, können uns technische Einschränkungen nicht abnehmen. Überfordert die Selbstbestimmung oder liegt eine Sucht vor, kann die Technik die innere Ambivalenz, vom unerwünschten Verhalten Abschied nehmen zu wollen, aber nicht zu können, nicht lösen. So war zum Beispiel ein Informatiker bei uns im Zentrum für Spielsucht, Radix Zürich, in Therapie, der sich mit einer Schutzsoftware vor den für ihn gefährlichen Anwendungen bewahren wollte. Er entdeckte dauernd neue Lücken in der Software und schloss sie. Letztlich war die sicherste und nachhaltige Lösung, dass er den Laptop über Nacht weit weg von zu Hause in einem Schliessfach verstaute. Es zeigte sich auch in anderen Fällen, dass es eine gute Lösung ist, Geräte, die für den Nutzer ein Risiko bedeuten, räumlich weit weg aufzubewahren.

INFO *Technische Möglichkeiten sind nützlich, um sich ein Bild von der eigenen Nutzung zu machen, die Nutzungsdauer zu beschränken und den Zugang zu ungünstigen Anwendungen zu erschweren oder zu verunmöglichen. Letztlich ersetzen sie jedoch nicht die eigene Verantwortung für das Weglegen oder Abstellen des Handys und somit für eine selbst kontrollierte Nutzung.*

Wie kann ich die Nutzung technisch kontrollieren?

Es gibt die Möglichkeit, den Zugang zu gewissen Anwendungen und die Datenmenge vom Anbieter des Handyabos einschränken zu lassen. Dabei ist das Problem allerdings, dass dies jeweils nur den Zugang über die Handynummer betrifft. Sobald der Nutzer, die Nutzerin Zugang zu einem WLAN hat, funktioniert dies nicht mehr. Der Zugriff ist dann auf alles möglich, was die entsprechenden WLANs zum Beispiel in Cafés, Hotels oder auch in den Schweizer Postautos zulassen.

TIPPS *Informieren Sie sich im Internet, indem Sie nach folgenden Begriffen suchen: «Filter Apps», «Internetsecurity», «Parental Control» oder «Kindersicherung».*
Beachten Sie, dass es grundsätzlich zwei Internetzugangsmöglichkeiten gibt, an die Sie denken müssen:
a) Zugang über das Handynetz
b) Zugang über WLAN zu Hause, in Hotels, Einkaufszentren usw.

Technische Kontrollmöglichkeiten werden stetig weiterentwickelt und sind einem dauernden Wandel unterworfen. Wenn Sie sich im Informatikbereich nicht gut auskennen, kann es eine grosse Herausforderung sein, gute und sicher funktionierende Möglichkeiten zu finden. Empfehlenswert und notwendig sind diese Schutzmassnahmen vor allem bei Kindern bis ca. zwölf Jahre. Es ist einfacher und weniger nervenaufreibend, wenn Sie frühzeitig eine Fachperson beiziehen.

Kontaktieren Sie Ihren Anbieter, indem Sie seine Hotline nutzen oder einen Verkaufsshop aufsuchen. Die Anbieter kennen das Problem und können meist weiterhelfen. Sie verfügen selber über Filterprogramme und sperren verschiedene sogenannte Dienste wie erotische Telefonnummern oder illegale Angebote.

Technische Möglichkeiten mit Erziehungsabsicht

Apps wie *Ignore no more* (Android-Handy) erlauben der Erziehungsperson, das Handy der Kinder zu deaktivieren, wenn diese nicht antworten. *Familonet* (Android-Handy, iPhone) erlaubt die Ortung anderer Familienmitglieder. Bei kleinen Kindern kann das hilfreich sein, bei grösseren ist dies nur mit gegenseitigem Einverständnis sinnvoll.

Falls Sie befürchten, dass die Kinder Informationen über sich preisgeben, die sie nicht preisgeben sollten, gibt es zudem die Möglichkeit, im Internet einen Alarm einzurichten *(Google Alerts)*. Sie erhalten dann eine E-Mail, wenn zum Beispiel der Name Ihres Kindes im Internet auftaucht.

Die Gefahr bei diesen technisch beeindruckenden Möglichkeiten besteht darin, dass sie den Eltern ein Druckmittel an die Hand geben, wenn diese sich damit das wichtige Austragen der Konflikte ersparen möchten. Doch technische Massnahmen sollten eine Ergänzung zur Auseinandersetzung sein und diese nicht ersetzen. Sie sollten regelmässig diskutiert und angepasst werden.

INFO *Technische Schutzmassnahmen sind bei Kindern bis rund 12 Jahre sinnvoll. Jugendliche ab etwa 13 Jahren sind meist so clever, dass sie die Einschränkungen der Eltern umgehen können. Wenn Sie mehr darüber wissen möchten, wie das geht, suchen Sie im Internet unter «Kindersicherung knacken» oder «hacken». Sie werden für die meisten Schutzmassnahmen entsprechende Anleitungen finden. Wie in den Medien immer wieder zu lesen ist, schaffen es Jugendliche auch, grosse und als sicher geltende Computersysteme zu hacken.*

TIPP *Mit Jugendlichen und jungen Erwachsenen suchen Sie am besten den Dialog über die Nutzung und tragen entsprechende Konflikte aus. Dabei ist das Ziel nicht nur, die Nutzung zu klären, sondern möglichst fair zu sein und zu zeigen, wie man respektvoll mit Konflikten umgeht (mehr dazu im Kapitel «Die Mediennutzung wieder ins Gleichgewicht bringen», Seite 159).*

Kontrolle oder Vertrauen?

Wie weit sollen und dürfen andere kontrolliert werden? Diese Frage kann sich bei einem Partner oder weiteren Angehörigen und bei Kindern stellen. Das Thema drängt sich meistens dann auf, wenn eine Nutzung eindeutig negative Auswirkungen auf Beziehung, Familie, Arbeitsleistung und Pflichterfüllung hat. Dies ist bei Erwachsenen etwa der Fall, wenn Männer bzw. Väter zu viel gamen oder Pornos konsumieren oder wenn Frauen bzw. Mütter zu oft am Handy sind, damit sie auf Social Media nichts verpassen. Auch bei Verhaltenssüchten wie Glücksspiel- oder Kaufsucht ist Kontrolle ein Thema.

Insbesondere Smartphones bieten viele Informationen, die die weitgehende Kontrolle einer Person ermöglichen. Wie weit davon Gebrauch gemacht werden soll und darf, ist keine einfache Frage und sollte mit den Beteiligten gemeinsam und möglichst zeitlich befristet abgemacht werden.

INFO *Handytechnologie mit dem GPS (Global Positioning System), das jederzeit Standort und zurückgelegte Wegstrecken übermitteln kann, erlaubt grundsätzlich die dauernde Kontrolle einer anderen Person. In speziellen Situationen kann das sinnvoll sein, zum Beispiel um den Standort von dementen Eltern oder Menschen mit psychischen Behinderungen, die sich schlecht orientieren können, zu kennen. Legal ist dies aber nur, wenn diese ihr Einverständnis dazu geben.*

Regeln und die Kunst der Erziehung

Eltern möchten ihre Kinder schützen und behüten und sie gleichzeitig zu selbständigen und selbstbewussten Menschen erziehen – ein Dilemma, das sich besonders bei der Frage zeigt, wie viel Kontrolle und Vertrauen in Sachen Medien angebracht sind.

Im Internet sind die Überwachungs-Apps für Eltern als «Glucken-Apps» für Helikopter- oder, neuer, Drohnen-Eltern verschrien. Es gibt aber gute Gründe, bei Kindern und Jugendlichen eine gewisse Kontrolle auszuüben, auch wenn kein ernsthaftes Problem vorliegt. Dies auch aufgrund der Erkenntnis, dass Eltern weniger über den Konsum der Kinder wissen, als sie glauben (siehe Seite 133). Weitere Gründe können sein, dass Kinder am Morgen müde sind, die Schule vernachlässigen und sich zurückziehen, denn dies könnten Hinweise darauf sein, dass sie heimlich online sind. Grundsätzlich darf und soll gerade bei Kindern und jüngeren Jugendlichen die Einhaltung von Abmachungen und Regeln kontrolliert werden. Dabei gilt es natürlich, das richtige Mass zu finden. Seltenes Nichteinhalten von Regeln rechtfertigt noch kein regelmässiges Kontrollieren. Ferner ist es keine günstige Ausgangslage, wenn Kontrolle aus Angst oder Neugier entsteht – auch wenn dies verständlich ist.

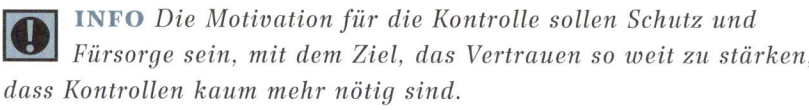 **INFO** *Medienexperten sind sich einig, dass Kontrollen nicht heimlich erfolgen, sondern angekündigt oder mitgeteilt werden sollen. Die Ankündigung kann zum Beispiel so lauten: «Wir werden gelegentlich nachts mal vorbeischauen, ob du wirklich schläfst oder mit einem Gerät online bist.» Oder: «Wir möchten mal zusammen mit dir deine Bildschirmzeiten auf deinem Gerät anschauen.» Dabei ist darauf zu achten, dass «Bildschirmzeit» bzw. Digital Wellbeing (siehe Seite 21) nicht deaktiviert wurde, was Jugendliche in dieser Situation gerne mal machen.*

Tipps für Kontrollen bei Kindern und jüngeren Jugendlichen

- Vereinbaren Sie mit Ihrem Kind gemeinsame Kontrollen.
- Versichern Sie, dass es um die Medienzeit und nicht um grundsätzliches Misstrauen geht.
- Überprüfen und diskutieren Sie Sicherheitseinstellungen in den sozialen Medien.
- Versprechen Sie Ihrem Kind, dass es immer zu Ihnen kommen kann, wenn ein Problem entsteht, und dass Sie es deswegen nicht kritisieren werden. Natürlich sollten sie dann dieses Versprechen auch einhalten, selbst wenn das nicht so einfach ist.

INFO *Die Motivation für die Kontrolle sollen Schutz und Fürsorge sein, mit dem Ziel, das Vertrauen so weit zu stärken, dass Kontrollen kaum mehr nötig sind.*

Insgesamt braucht es vor allem bei Jugendlichen mit zunehmendem Alter mehr Vertrauen. Ferner ist es beim Nichteinhalten von Regeln wichtig, dass Eltern dies nicht nicht als persönliche Kränkung oder Respektlosigkeit verstehen.

EIN VATER ENTZOG SEINEM 15-JÄHRIGEN SOHN, nachdem er ihn nachts beim Gamen erwischt hatte, das Handy gleich für Monate. Der Vater empfand das Verhalten des Sohnes als totalen Vertrauensbruch, da abgemacht war, dass der Jugendliche das Handy nur auf dem Zimmer haben dürfe, wenn er in der Nacht nicht spiele.

Der Vater war hier eindeutig zu streng. Er hätte durchaus seinen Ärger und die Enttäuschung ausdrücken können. Es wäre jedoch sinnvoll gewesen, dem Sohn eine zweite Chance zu geben. Gleichzeitig hätte er mit ihm zum Beispiel vereinbaren können, dass er das Handy für einige Tage abgeben muss, falls er nochmals erwischt würde. Oder dass er stattdessen zu Hause eine Woche lang den Tisch abräumen soll. Es ist sinnvoll, wenn hier die Strafe auf das Verhalten des Gamers zugeschnitten ist, ihn beispielsweise aus seinem Rückzugszimmer bringt und sozial einbindet.

Versuchen Sie, Regelverletzungen zwar ernst zu nehmen, aber auch flexibel zu bleiben und kein generelles Exempel zu statuieren, das Sie dann möglicherweise doch nicht umsetzen. Suchen Sie immer wieder das Gespräch, um dem offenen Austausch über Inhalte, Sinn und Motivation der Mediennutzung eine Chance zu geben.

TIPP Sprechen Sie mit den Kindern darüber, was sie im Internet machen. Mit folgenden Formulierungen bringen Sie einen Austausch in Gang:
- *Was fasziniert dich?*
- *Was ist nützlich?*
- *Wozu brauchst du ...?*
- *Was ist gefährlich? Was würdest du nie machen oder ist verboten?*
- *Kennst du jemanden, der Medien gut und clever nutzt, und jemanden, der ein Problem damit hat?*
- *Wie beurteilst du das bei uns?*
- *Woran erkennt man den Unterschied zwischen guter und problematischer oder süchtiger Nutzung?*

Es ist normal, wenn Eltern sich immer wieder mal Sorgen um ihre Kinder machen. Kinder brauchen Regeln, die sie schützen, um sich sicher zu verhalten – ähnlich wie im Strassenverkehr. Und es ist sinnvoll, dass jemand an sie denkt oder auch etwas Angst um sie hat, wenn sie die Herausforderungen des digitalen Zeitalters meistern müssen.

INFO *Etwas Angst und Sorge um Kinder und Jugendliche ist normal und gesund. Ebenso ist es normal, dass es immer wieder Auseinandersetzungen um die Mediennutzung gibt. Gleichzeitig haben Kinder jedoch ein Recht darauf, Fehler zu machen und daraus zu lernen, damit sie mit der Zeit ihre Selbständigkeit auch in der Mediennutzung entwickeln können.*

Viele Eltern schildern das Etablieren von Regeln für die Mediennutzung als immer wiederkehrende Auseinandersetzung, ja gar als nervenaufreibenden Kampf. Letztlich müssen jedoch Kinder und vor allem Jugendliche selbständig Erfahrungen machen und Herausforderungen alleine bestehen können. Dies gelingt natürlich besser, wenn man an sie glaubt und es ihnen grundsätzlich zutraut. Kurz gefasst besteht die Kunst bei der Erziehung darin, eine klare Linie zu finden, Positives zu sehen und zu loben, Grenzen zu setzen, flexibel zu bleiben und immer wieder Vertrauen zu schenken.

Empfehlungen: vom Baby über den Jugendlichen bis zum Erwachsenen

Was, wie oft und wie lange? Diese Fragen in Sachen Mediennutzung beschäftigen nicht nur Eltern. Auch wenn in diesem Kapitel generelle Empfehlungen zu finden sind, gilt es immer, auch die individuelle Situation zu berücksichtigen.

Kinder nutzen Medien immer früher – das ist eine Entwicklung, die zwar pädagogisch nicht wünschenswert oder mindestens umstritten ist, sich aber auch nicht aufhalten lässt. Verantwortungsvolle Eltern sind dadurch verunsichert: Wie weit sollen sie sich anpassen und wie weit den eigenen Vorstellungen folgen?

Informationen und Hinweise darauf, was bei Gleichaltrigen üblich ist, sind nützliche Grundlagen für die Entscheidungsfindung (siehe «Zahlen und Fakten», Seite 24). Die Informationen in diesem Kapitel basieren auf den aktuellen Erkenntnissen der Medienerziehung, sie ersetzen allerdings nicht die persönliche Einschätzung, Auseinandersetzung und das Gespräch mit Kindern und Jugendlichen. Letztlich müssen und können Eltern aufgrund des Entwicklungsstandes, der Medienkompetenz, der (psychischen) Ausgeglichenheit und Stabilität ihrer Kinder selber entscheiden, was sie für richtig halten. Dies auch dann, wenn diese Entscheidung von den Kindern oder vom Umfeld infrage gestellt wird. Auf jeden Fall ist es besser, die Eltern bestimmen rechtzeitig Leitlinien und lassen den Dingen nicht einfach ihren Lauf, da es im Nachhinein sehr schwierig ist, engere Grenzen zu setzen.

Medien im Baby- und Kleinkindalter

Von der ersten indirekten Mediennutzung sind Babys schon bei der Geburt betroffen. Hebammen berichten, dass Smartphones im Gebärsaal bisweilen ein Problem sind, da sich einzelne Eltern beim Warten auf die Geburt verpflichtet fühlen, erreichbar zu sein …

Auch später im Säuglingsalter macht das Smartphone dem Kind immer öfter die Aufmerksamkeit von Mutter oder Vater streitig. Das ist problematisch, denn werden die Eltern häufig vom Bildschirm abgelenkt, nehmen sie die Signale der Babys nicht mehr gleich gut wahr. Bei über 80 Nutzungen des Smartphones pro Tag kann es schnell passieren, dass der Kontakt zum Baby beeinträchtigt ist. Häufige Unterbrechungen des Eltern-Kind-Austauschs können den Bindungsaufbau erschweren. Das schnelle Reagieren auf Signale des Babys, intensiver Blickkontakt, das Hören der Stimme und Berührungen sind wichtig für die frühe Eltern-Kind Beziehung. Verlässliche und stimmige Reaktionen der Eltern sind die Basis für eine sichere Bindung und entscheidend für eine gesunde Entwicklung der Kinder.

 ACHTUNG *Babys und Kleinkinder sollen Vorrang haben! Das Smartphone kann warten.*

Auch Kleinkinder spüren, wenn Bezugspersonen auf das Smartphone zuverlässiger reagieren und ihm mehr Aufmerksamkeit schenken als ihnen. Gesunderweise reagieren sie und wehren sich, indem sie stören und alles Mögliche unternehmen, um wieder die Nummer eins zu sein. Grundsätzlich ist das den meisten Eltern klar, und die Babys kriegen die Aufmerksamkeit, die sie brauchen. In einzelnen Fällen haben Mütter ihr Kind aufgrund intensiver Nutzung sozialer Medien jedoch erheblich vernachlässigt. Eine Mutter meldete sich in unserer Praxis, weil sie dies bei sich selber bemerkte. Sie erkannte, dass sie anders mit dem Handy umgehen musste und ihr dies nur mit fachlicher Unterstützung gelingen würde.

TIPP *Lesen Sie mehr zum Thema in der Broschüre «Digitale Medien als Spielverderber für Babys», herausgegeben von Maria Luisa Nüesch (zu erwerben beispielsweise über www.spielraum-lebensraum.ch).*

Insgesamt heisst das alles aber nicht, dass Eltern mit Kleinkindern kein Handy nutzen sollen. Oft fehlt beispielsweise dem Elternteil, der das Kind den ganzen Tag betreut, in der ersten Zeit der Kontakt zu anderen Erwachsenen. Da kann das Handy helfen, sich weniger einsam oder isoliert zu fühlen. Solange intensive Zeiten mit dem Kleinkind im Zentrum stehen und auf ein Problem des Kindes rechtzeitig eingegangen wird, sind Eltern auf gutem Weg.

Medien und Vorschulkinder

Hier finden Sie Hinweise zur Mediennutzung von Vorschulkindern im Alter von vier bis sechs Jahren. Vor dem Alter von vier Jahren sollten Kindern Internet und Handyspiele nicht angeboten werden – oder möglichst wenig.

■ Im Vorschulalter sollten Kinder möglichst mit realen Spielen lernen. Sie brauchen in erster Linie direkte Lebens- und Beziehungserfahrungen.

■ Ab dem fünften Lebensjahr können ausgewählte, altersgerechte Medienangebote dazukommen. Es gibt eine Vielzahl von kindgerechten und pädagogisch wertvollen Angeboten für Bildschirmmedien, die Spass bereiten. Die Auswahl erfordert jedoch Zeit und Interesse. Geben Sie in einer Suchmaschine «Kindergerechte Apps» ein. Auch finden Sie zum Beispiel Zusammenstellungen unter klick-tipps.net.

■ Eltern sollen den Medienkonsum begleiten oder mindestens in der Nähe sein, um auftauchende Fragen des Kindes direkt zu besprechen.

■ Auffälliges Verhalten kann durch die Begleitung beobachtet und erkannt werden. Dies ist wichtig, weil es Störungen im Kindesalter gibt, die ein auffälliges Medienverhalten mit sich bringen, zum Beispiel eine Aufmerksamkeitsdefizit- und Hyperaktivitätsstörung (ADHS, siehe Seite 99) oder eine Autismusspektrumsstörung. Konzentriert sich Ihr Kind zum Beispiel auf den Bildschirm, ist aber im persönlichen Kontakt wenig aufmerksam, sollten Sie dies mit der Kinderärztin besprechen.

Oft ist zu beobachten, dass Eltern den Kindern das Handy oder ein kleines Tablet geben, damit sie ruhig sind, etwa während eines Restaurantbesuchs. Das Handy als Babysitter ist generell keine gute Idee. Es gibt allerdings keine Regel ohne Ausnahme, zum Beispiel wenn die Betreuungsperson einen wichtigen Anruf machen muss. Solange es um kindergerechte Inhalte geht und die Beschäftigung mit dem Bildschirm insgesamt wesentlich kürzer ausfällt als der direkte Kontakt mit dem Kind, ist das in Ordnung.

Reif fürs erste Handy?

Was in Sachen Handybesitz und -nutzung als normal und tolerierbar empfunden wird, ist kulturell unterschiedlich. Eltern mit Migrationshintergrund kaufen ihren Kindern oft schon früh ein Smartphone, weil sie möchten, dass ihr Kind ebenso gut ausgerüstet ist wie andere. Da 72 % der Kinder das erste Handy von den Eltern bekommen, entscheiden diese über den Zeitpunkt. Weitere 12 % der Kinder erhalten das Gerät von einer anderen Person, und 10 % haben es selbst erspart. Natürlich kann man sich beliebt machen, wenn man dem Kind spontan ein Handy kauft. Das rächt sich jedoch später möglicherweise und ist nicht nur bei getrennt lebenden Eltern eine Entscheidung, die sie gemeinsam treffen sollten.

Das Angebot an Kinderhandys ist breit: Von Attrappen über Lernspielzeuge bis zum internetfähigen Kindergerät gibt es eine grosse Auswahl. Schliesslich sind Kinder über den Anbieter als zukünftige Kunden eine wichtige Zielgruppe.

Schon Kleinkinder sind fasziniert von den bunten, bewegten Inhalten der Bildschirme. Auch wenn sie das Gerät nicht verstehen oder einordnen können, nehmen sie wahr, dass ein Gegenstand, dem die Erwachsenen so viel Aufmerksamkeit schenken, wichtig sein muss. Die Anziehungskraft der Geräte ist gross, sodass die Kinder – wie auch eine Studie zeigt – jedes Jahr mehr Geräte, Zubehör, Spiele usw. möchten. Der Druck, ein Gerät für die Kinder anzuschaffen, nimmt mit steigendem Alter zu. Jedes zweite sechsjährige Kind wünscht sich ein Handy, und ein Viertel der Sechs- und Siebenjährigen besitzt bereits eines. Grundsätzlich gilt: Je jünger das Kind ist, desto weniger Funktionen und desto mehr Schutz braucht es.

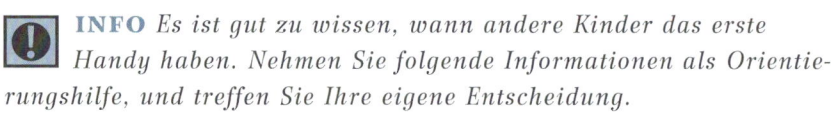 **INFO** *Es ist gut zu wissen, wann andere Kinder das erste Handy haben. Nehmen Sie folgende Informationen als Orientierungshilfe, und treffen Sie Ihre eigene Entscheidung.*
- *Das erste Handy haben die meisten Kinder zwischen dem 9. und 11. Lebensjahr.*
- *Bei den Primarschülerinnen und -schülern besitzt jedes zweite Kind ein eigenes Handy.*
- *25 % der 6- und 7-Jährigen haben ein eigenes Handy, bei den 10- und 11-Jährigen sind es 60 % und bei den 12- und 13-Jährigen 77 %.*

– Bei den 12- und 13-Jährigen haben nur 23 % kein eigenes
Handy.

Als Eltern werden Sie aufgrund dieser Zahlen also bereits in der Primarschule, definitiv aber in der Oberstufe unter Druck kommen, ein Gerät
anzuschaffen oder zulassen zu müssen. Eine wichtige Frage, die sich stellt,
ist: Wozu soll das Kind das Handy brauchen? Grundsätzlich nutzen jüngere Kinder (6- bis 9-Jährige) das Handy eher zum Telefonieren, während
bei 10- bis 13-Jährigen der Gebrauch von Textnachrichten und Social
Media zunimmt. Deshalb ist ein Internetzugang für ältere Kinder wichtig
und für Teenager meist zwingend.

INFO *Wenn das Kind nicht zum Aussenseiter werden soll,*
ergibt ein Handy gegen Ende des Primarschulalters mit ent-
sprechenden Schutzmassnahmen grundsätzlich Sinn.

Wichtig ist, dass sich Eltern schon vor dem Kauf Gedanken darüber machen, wie sie ihr Kind auf den Gebrauch des Geräts vorbereiten. Bereits
vor dem ersten Handy kann auf dem Smartphone oder Tablet der Eltern
geübt werden.

TIPP *Machen Sie bereits vor dem Kauf Regeln bezüglich der*
Nutzung ab. Je früher die Eltern klare Bedingungen aufstellen
und konsequent einfordern, desto einfacher ist es später im Jugend-
alter. Und denken Sie daran, dass es einfacher ist, Einschränkungen
aufzuheben, als neue einzuführen.

Checkliste: Ist Ihr Kind reif für das erste eigene Smartphone?

Wenn die meisten der folgenden Kriterien erfüllt sind, ist Ihr Kind von der
Entwicklung her grundsätzlich bereit für das Gerät.

Ihr Kind
- kann sich auch ohne elektronische Geräte beschäftigen und pflegt
  Freundschaften.
- kann begründen, warum es ein eigenes Handy möchte oder benötigt.
- kennt Funktionen und Möglichkeiten eines Smartphones.

- ist bereit und fähig, sich an Nutzungsregeln und Medienpausen zu halten.
- hat bereits begleitete Erfahrungen mit dem Internet gemacht und kann Werbung von anderen Inhalten unterscheiden.
- weiss, dass ein Smartphone Kosten verursacht, insbesondere durch In-App-Käufe.
- versteht die Bedeutung von privaten Daten, schützt sie durch entsprechende Einstellungen und ist vorsichtig beim Versenden von Fotos und Videos.
- kennt Risiken wie Online-Sucht, Cybermobbing, Fake News, Hassreden und Pornografie. Es weiss um deren negative Wirkungen und kann sich davor schützen oder diese Inhalte meiden.
- weiss, dass es sich bei unangemessenen Kontakten und Inhalten bei den Eltern melden darf und soll, ohne dass es kritisiert wird.

Beim Kauf ist zu beachten, dass höchstmögliche Sicherheitseinstellungen angewählt sind, zum Beispiel Kinderschutz-Apps, Sperrung der 0900-Nummern über den Anbieter usw. Weitere Infos über Sicherheitseinstellungen auf dem Smartphone finden Sie unter www.schau-hin.info.

Bei Smartphones und Computern gibt es sogenannte Administratorenrechte. Nur die Person, die über diese verfügt, hat Zugriff auf gewisse Einstellungen und kann das Gerät entsprechend einrichten. Nehmen Sie beim Kauf die Passwörter für diese Rechte zu sich. Sie können damit festlegen, wie Ihr Kind das Handy nutzen kann, und Sie können einzelne Anwendungen wie Games oder Social Media usw. einschränken.

PREPAID ODER FLATRATE?

Aufgrund der Nutzung stellt sich die Frage, welche Art von Handyvertrag sich am besten eignet. Es empfiehlt sich, mindestens am Anfang einen Prepaid-Vertrag abzuschliessen. So lernen die Kinder, dass und wie viel ein Handy kostet. Aus dem gleichen Grund ist es sinnvoll, dass Kinder die Handykosten mit dem Taschengeld zahlen oder sich mindestens daran beteiligen. ■

 TIPP *Da das Thema in ständigem Wandel ist, ist es notwendig, sich über die aktuellen Möglichkeiten zu informieren,*

sich von Fachpersonen beraten zu lassen und sich mit anderen Eltern auszutauschen. Denn die Geräte wurden für Erwachsene entwickelt und bringen auch dementsprechende Möglichkeiten und Risiken mit sich.

Hier zusammengefasst nochmals das Wichtigste:
- Administratorenrechte und Passwörter gehören in die Hände der Eltern.
- Regeln bezüglich Nutzung sollen vor dem Kauf abgemacht werden.
- Schutzmöglichkeiten für die Nutzung sollen, wenn nötig mithilfe einer Fachperson, installiert werden.

Welche Inhalte in welchem Alter?

Wie schon erwähnt, sollen Regeln dem Entwicklungsstand, der psychischen Stabilität und Selbststeuerungsfähigkeit des Kindes angepasst werden. Die folgenden allgemeinen Empfehlungen berücksichtigen verschiedene Quellen* sowie eigene Erfahrungen und geben Hinweise für eine altersgerechte Nutzung. Machen Sie sich ein eigenes Bild, und wenden Sie diejenigen Regelungen an, die in Ihren Augen sinnvoll sind.

Die Angaben unten beziehen sich gesamthaft auf folgende Medien: Internet, Smartphone, Tablet, mobile Spielkonsolen und TV. Dabei handelt es sich um Maximalwerte, die nicht regelmässig überschritten werden sollten:
- bis 1 Jahr → kein Bildschirm (WHO)
- bis 7 Jahre → 30 Minuten pro Tag begleitet
- bis 9 Jahre → 1 Stunde pro Tag begleitet
- bis 12 Jahre → 1,5 Stunden pro Tag
- ab 12 Jahren → gemeinsam Regeln erstellen

In der Zusammenarbeit mit Eltern sind die folgenden einfachen Regeln entstanden, die ab der Primarschule gedacht sind:

---

* Weltgesundheitsorganisation (WHO), nationale Plattform «Jugend und Medien», Hinweise von Suchtpräventionsstellen und von Schweizer Anbietern (Salt, Sunrise, Swisscom, UPC), die in der Branchenmedienschutzinitiative (asut) zusammengeschlossen sind.

- So viele Stunden, wie ich für andere Freizeitaktivitäten aufwende.
- Höchstens so viele Medienstunden pro Woche, wie ich Jahre alt bin.

Hier noch die Faustregel «3-6-9-12», die sich nicht auf die Dauer, sondern auf das Alter der Nutzenden bezieht:

- Bis 3 Jahre   →   kein Bildschirm
- Bis 6 Jahre   →   keine eigene Spielkonsole
- Bis 9 Jahre   →   kein Internet
- Bis 12 Jahre   →   kein unbeaufsichtigtes Internet

INFO *Der Rahmen, den diese Faustregel vorgibt, ist durchaus sinnvoll, auch wenn er heute bereits nicht mehr die statistischen Durchschnittswerte abbildet. Als verantwortungsvolle Eltern müssen Sie sich jedoch nicht nach dem Durchschnitt richten, sondern danach, was Sie für sinnvoll halten und was Sie selber verantworten können. Es ist davon auszugehen, dass in Zukunft noch jüngere Kinder Medien nutzen werden.*

Passiv oder aktiv und kreativ?

Nicht allein die Nutzungsdauer, sondern auch die Art und Weise, wie jemand Medien konsumiert, ist entscheidend. Ist die Nutzung kreativ und für das reale Leben sinnvoll, ergänzt sie reale Kontakte? Es ist ein grosser Unterschied, ob es sich um einen relativ passiven Konsum handelt oder ob Jugendliche die Medien kreativ nutzen, Filme machen, programmieren und in virtuellen Gruppen aktiv sind, die sich auch im richtigen Leben treffen.

TIPP *Kreativ zeigen sich etwa Gamer und Gamerinnen beim sogenannten Cosplay, indem sie sich wie ihre Lieblingsspielfiguren verkleiden. Die Kostüme werden vielfach liebevoll selber hergestellt und sind an Gaming-Messen zu bewundern. Der Besuch einer solchen Messe zusammen mit den Kindern bietet sich an, um sich ein Bild über die aktuellen Entwicklungen auch im Lernspielbereich zu machen und darüber zu diskutieren. Mit den Begriffen «Cosplay Messe» finden Sie entsprechende Veranstaltungen.*

Inhalte und Anbieter

Neben den unglaublich faszinierenden und bereichernden Informations-, Unterhaltungs- und Kommunikationsmöglichkeiten gibt es im Internet auch grauenhafte, abscheuliche und verstörende Inhalte. Das kann in verschiedensten Bereichen der Fall sein. In der Beratungspraxis zeigen sich am häufigsten bei Games, Social Media und Pornografie Inhalte, die Probleme verursachen und ein grosses Suchtpotenzial mit sich bringen.

In diesen Bereichen sind vor allem professionelle Anbieter tätig, die ethisch sehr unterschiedliche Grenzen setzen. Gleichzeitig sind Nutzerinnen und Nutzer aktiv, die selber Inhalte produzieren und meist das Ziel verfolgen, möglichst viel Aufmerksamkeit auf sich zu lenken. Vielfach werden kreative, originelle und spannende Ideen umgesetzt. Daneben gibt es private Anbieter, die um jeden Preis auffallen und sich vom nahezu unendlichen Meer von Konkurrenten abheben möchten. Dies geschieht oft mit einem kommerziellen Hintergrund; so zum Beispiel bei sogenannten Influencern, Nutzenden, die ihr Leben mit ganz persönlichem Stil darstellen und dabei meist Produkte bewerben. Auffallen kann man aber auch mit ungesunden, negativen und destruktiven Ideen, wie dies bei Suizidforen der Fall ist oder bei solchen, die krankhaftes Abmagern propagieren.

INFO *Inhalte werden vor allem von professionellen, wirtschaftlich orientierten Anbietern produziert. Gleichzeitig gibt es Amateure, die möglichst viele Nutzerinnen und Nutzer auf sich aufmerksam machen wollen. Das kann auf sehr kreative, aber auch auf negative Art und Weise geschehen.*

Um schnell und vorausschauend beurteilen zu können, ob ein Angebot nützliche oder schädliche Inhalte bietet, braucht es einiges an Erfahrung und Medienkompetenz. Bei vielen Angeboten ist es schwierig oder fast unmöglich, auf den ersten Blick oder Klick zu erkennen, ob die Inhalte nutzbringend sind und die legalen Grenzen einhalten oder ob es sich um negative und illegale Inhalte handelt.

Dazu kommt, dass Qualität und Glaubwürdigkeit eines Inhalts schwer zu überprüfen sind. Leichter fällt dies bei herkömmlichen Medien wie TV-Sendern, Zeitungen und Buchverlagen oder auch bei sehr bekannten Internetanbietern wie Wikipedia, Online-Zeitschriften oder Angeboten von Schulen und Universitäten.

Wichtige Schutzfaktoren für Kinder

Menschen, auch Kinder, werden im Leben mit aggressiven, beängstigenden, berauschenden, zufälligen, erotischen, verzaubernden und irritierenden Ereignissen und Begebenheiten konfrontiert. Sie müssen lernen – und sind dazu auch in der Lage –, damit umzugehen, solange sie sich in einem gewissen Rahmen bewegen.

Märchen mit zum Teil furchterregenden und unheimlichen Inhalten wie etwa «Der Wolf und die sieben Geisslein», «Hänsel und Gretel», «Der Struwwelpeter» usw. haben schon Generationen vor uns ohne Schädigungen verdaut. Es ist also möglich, gewalthaltige Geschichten zu verarbeiten. Kinder lernen anhand der Märchen, wie man grausame Ereignisse übersteht und unversehrt davonkommt. Wie gut das gelingt, ist jedoch individuell. Kinder sind unterschiedlich robust oder ängstlich und müssen auch dementsprechend unterschiedlich beschützt werden.

INFO *Es liegt im Naturell des Einzelnen, wie unbeschadet er schwierige Einflüsse oder Ereignisse übersteht. In der Fachsprache spricht man von «Resilienz» und meint damit die Fähigkeit, Belastungssituationen zu bewältigen und dabei gesund zu bleiben.*

Ein weiterer Faktor, der bei der Widerstandskraft des Menschen eine Rolle spielt, ist das soziale Umfeld. Psychologisch gesehen sind verlässliche, stabile und gut einschätzbare Beziehungen ausschlaggebend, vor allem mit nahen Bezugspersonen wie Eltern, Geschwistern und Freunden. Gute Bindungen und Beziehungen sind also ein wichtiger Schutzfaktor.

INFO *Neben persönlichen Faktoren wie der psychischen Robustheit (Resilienz) und einem altersentsprechenden Entwicklungs-*

stand ermöglichen verlässliche Beziehungen oder Bindungen, schwierige, nicht altersgerechte, belastende Erlebnisse besser zu verdauen.

Bei Märchen oder anderen Geschichten, die vorgelesen oder erzählt werden, besteht meistens eine verlässliche Beziehung mit der erzählenden Person. Diese kann abschätzen oder beobachten, wie erträglich die Geschichte für den kleinen Zuhörer, die kleine Zuhörerin ist, und Fragen gleich beantworten. Ähnlich verhält es sich bei der frühen Internetnutzung, die deshalb begleitet werden sollte. Vielfach nutzen Kinder das Internet jedoch schon früh ohne eine erwachsene Person. Häufig werden zum Beispiel mit Kollegen nicht altersgerechte Games gespielt. Dass beim gemeinsamen Spielen ein Austausch über einen Chat- oder mit einem Sprachkanal wie zum Beispiel Teamspeak stattfindet, hat eine stabilisierende Wirkung. Trotzdem ist es wichtig, mit jungen Gamern über ihre Erfahrungen zu sprechen, sich dafür zu interessieren, was genau sie fasziniert, was sie gefährlich finden oder was sie allenfalls ängstigt (mehr Informationen dazu im Kapitel «Mediennutzung ändern», Seite 160).

Selbständig mit Risiken umgehen können

Kinder üben im Nichtschwimmerbecken, um im tiefen Wasser schwimmen zu können. Das ist sinnvoll, da Eltern später oft nicht dabei sind, wenn es wirklich gefährlich wird. Auch Jugendliche können und sollen wir nicht vor allen Gefahren schützen. Ihre Sicherheit ist am besten gewährleistet, wenn sie – im übertragenen Sinn – gelernt haben, selber zu schwimmen und auch im kalten Wasser und in Strömungen zurechtzukommen.

Das Gleiche gilt für das freie, weite, unüberschaubare Netz. Auch hier brauchen Kinder zuerst einen geschützten und geregelten Zugang. So sind sie besser für die Zukunft gewappnet, zum Beispiel wenn sie später Games für höhere Alterskategorien spielen und mit entsprechenden Inhalten konfrontiert sind.

 ACHTUNG *Die grösste Sicherheit für ein Kind besteht darin, dass es weiss, erkennt und spürt, was ihm guttut und was nicht.*

Kinder müssen wissen, dass sie sich melden dürfen und sollen, wenn etwas schiefgeht. Dass sie dies auch wirklich tun, setzt allerdings eine gute Beziehung voraus. Und wenn sie sich dann melden, sollen Erwachsene dies als Vertrauensbeweis verstehen und nicht mit Kritik und Belehrungen reagieren. Vielleicht denken Sie, dass dies selbstverständlich ist, aber im konkreten Fall ist das häufig nicht so einfach.

Empfehlungen zu Games und Social Media

Games, also Computer- und Handyspiele, sowie Social Media sind diejenigen Anwendungen, die für Jugendliche äusserst interessant und attraktiv, aber auch gefährlich sind. Deshalb gibt es von den Anbietern Altersempfehlungen, die jedoch weder verbindlich sind noch kontrolliert werden.

Jugendliche sind generell neugierige Wesen und möchten meist älter sein, als sie sind. Dies spiegelt sich auch bei der Mediennutzung wieder. Für Jungs ist es attraktiv und gilt als mutig, Games zu spielen, die erst ab 18 Jahren zugelassen sind. Das kann vor allem bei langer Spieldauer zu Problemen führen.

Bei den Mädchen sind soziale Netzwerke beliebter. Auch sie unterliegen jedoch der Versuchung, sich älter zu geben, als sie sind. Das kann ebenfalls Schwierigkeiten mit sich bringen, die im Kapitel «Social Media, Serien, Surfen» genauer beschrieben sind (siehe Seite 29).

Selbst wenn Empfehlungen oft nicht eingehalten werden, ist es doch sinnvoll, wenn Eltern und Gamer diese kennen. Das bietet eine bessere Ausgangslage, um sich der Risiken bewusst zu sein und gemeinsam darüber zu diskutieren.

Computerspiele
Hinweise und Einstufungen mit systematischen Altersempfehlungen finden sich vor allem bei Computerspielen. In den meisten Fällen sind es Bewertungen durch Organisationen, die durch die Computer- oder Game-Industrie finanziert werden, aber nicht von einer unabhängigen Stelle geprüft sind. Leider finden sich bis heute keine Hinweise zur Suchtgefährdung entsprechender Spiele, obwohl dies von Suchtfachleuten seit Längerem gefordert wird.

In Europa ist die Plattform PEGI (Pan European Game Information) am bekanntesten. Eine weitere bekannte Organisation, die Spiele einstuft, ist die USK (Unterhaltungssoftware Selbstkontrolle); sie ist in Deutschland verbreitet.

INFO *Alters- und Inhaltskennzeichnungen wie PEGI sind eine gute Orientierungshilfe und sollten beim Kauf eines Spiels beachtet werden. Die Einstufungen geben jedoch keine Hinweise in Bezug auf die Suchtgefährdung.*

Social Media und Risikoabschätzung

Steve Jobs, Mitbegründer von Apple, liess seine kleinen Kinder nicht mit dem damals neuen iPad spielen. Zu Hause sei der Technologiegebrauch klar begrenzt, vertraute er 2010 einem Journalisten an. Die Kinder von Bill Gates erhielten erst als 14-Jährige Mobiltelefone, und Apple-Chef Tim Cook liess seinen Neffen nicht auf soziale Netzwerke. Gemäss einem Artikel der *New York Times* von 2014 begrenzten Top-CEOs von Technologiefirmen bei ihren Kindern bereits damals den Gebrauch von digitalen Geräten strikt. Das ging so weit, dass Kinderbetreuer per Arbeitsvertrag dazu angehalten wurden, in Gegenwart der Kleinen keine Handys zu benutzen, weil sich dies negativ auf die Kinder auswirken könnte.

Social Media mögen harmlos erscheinen, aber sie bergen neben dem Suchtpotenzial auch andere Risiken. Nicht nur dass Einladungen, auf Sex-Angebote einzusteigen, breit gestreut werden, sondern oft suchen auch fremde Menschen mit unklaren Absichten den Kontakt.

Knapp ein Drittel der 12- bis 13-Jährigen und die Hälfte der 18- bis 19-Jährigen haben im echten Leben schon Personen getroffen, die sie über das Internet kennengelernt haben. Ältere Jugendliche planen solche Treffen zu Datingzwecken, das heisst um Gleichaltrige kennenzulernen.

Die Möglichkeit, dass sich jüngere Jugendliche mit einer Person, von der nur ein möglicherweise gefälschtes Internetprofil bekannt ist, treffen könnten, muss verantwortungsvolle Eltern besorgen. Das Risiko manipulativer Absichten oder eines Missbrauchs durch Internetbekanntschaften, deren Identität nicht überprüfbar ist, ist zu gross.

ACHTUNG *Erstmalige Treffen mit Internetbekanntschaften sollten zum persönlichen Schutz nur im öffentlichen Raum stattfinden. Jugendliche, vor allem solche unter 16 Jahren, sollten für Erstbegegnungen immer von Erwachsenen begleitet werden.*

Risikoabschätzung für Eltern

Wenn Ihr Kind einen Account auf Instagram, Snapchat, Facebook usw. anlegen möchte, stellt sich die Frage, wie Sie reagieren sollen. Sich mit dieser Problemstellung auseinanderzusetzen ist heute ein Muss für Eltern und Erziehungspersonen. Versuchen Sie, das Thema ruhig und möglichst neutral anzugehen. Zudem ist es interessant zu erfahren, welche Möglichkeiten die digitalen Medien bieten – das hält auch Sie als Eltern fit in Bezug auf neuere Entwicklungen.

Tipps

- Informieren Sie sich über entsprechende Social Media und Alterslimiten. Reagieren Sie nicht sofort mit einem Verbot, sondern diskutieren Sie die Risiken.
- Schätzen Sie Ihr Kind aufgrund Ihrer Erfahrungen ein. Wie ist sein Entwicklungsstand? Wie gut kann sich das Kind selber kontrollieren? Ist es impulsiv, leicht ablenkbar, hyperaktiv? Wie leicht verliert es sich und vergisst die Zeit? Ihre Erfahrung ist wichtig und soll in den Entscheid mit einfliessen. Erklären und begründen Sie diesen. Das Kind kann ihn so besser verstehen und leichter annehmen.
- Lassen Sie sich erklären, wozu das Netzwerk wichtig ist und wie es genutzt wird. Befragen Sie auch andere Jugendliche darüber.
- Vereinbaren Sie verbindliche Regeln, am besten schriftlich. Ihr Kind soll keine persönlichen Daten (z. B. Geburtsdatum, Wohnort, Schule) preisgeben, darf keine Kontaktanfragen von Fremden annehmen und keine Fotos von sich posten.
- Besprechen Sie mögliche Risiken wie zum Beispiel Cybermobbing oder Sexting und wie man diese vermeiden kann.
- Sprechen Sie auch darüber, dass es vorkommen kann, dass sehr nett erscheinende Menschen Kinder bedroht und dazu erpresst haben, etwas zu tun, was diese nicht wollten. Dazu kann auch gehören, dass die

fremde Person den Kindern das Versprechen abnehmen wollte, den Eltern nichts davon zu erzählen.

■ Unterstützen und ermutigen Sie Ihr Kind, zu Ihnen zu kommen, wenn ihm etwas seltsam vorkommt, es schikaniert wird oder es sonst etwas Unangenehmes erlebt.

■ Sagen Sie Ihrem Kind, dass Sie ihm zutrauen, richtig und gut mit den Risiken umzugehen. Erinnern Sie sich und das Kind daran, welche Hürden und Schwierigkeiten es sonst schon mit Erfolg gemeistert hat.

Denken Sie daran, dass es im Alltag immer einfacher ist, Fehler zu kritisieren. Wenn Sie Gesundheit und Selbstsicherheit fördern möchten, ist das Erkennen und Loben von Positivem aber sehr wichtig, wenn nicht sogar entscheidend.

EMPFEHLUNGEN ZU ALLEN ALTERSSTUFEN: VOM KLEINKIND BIS ZUM ÄLTEREN MENSCHEN

Empfehlungen für Jugendliche und deren Mediennutzung gibt es schon seit Längerem. Dass auch Menschen im fortgeschrittenen Alter im Zusammenhang mit risikoreicher Mediennutzung ein Thema sind, ist recht neu und wenig erforscht. Es wird uns in Zukunft mehr beschäftigen. Deshalb finden Sie hier Hinweise für die Nutzung bis ins höhere Alter.

Kleinkinder

■ Kleinkinder sollten viel im direkten Kontakt und Körperkontakt sein. Das schafft eine sichere Bindung und damit eine gute Voraussetzung für eine spätere gesunde Mediennutzung.

■ Kleinkinder sollten möglichst wenig Bildschirmzeit haben, und wenn, dann nur begleitet. Technische Geräte wirken schon in diesem Alter wie ein Magnet. Daher ist die Haltung der Eltern, dass das Kind Medien nicht unbeaufsichtigt nutzen darf, sehr wichtig.

■ Eltern oder nahe Bezugspersonen haben auch bei der Handynutzung eine Vorbildfunktion. Sie sollen zeigen, dass menschlicher Kontakt grundsätzlich Vorrang hat, sodass Kinder nicht mit dem Handy konkurrieren müssen.

Kindergarten und Primarschule

■ In diesem Alter ist begleiteter und stark geregelter Medienkonsum mit technischen Schutzmassnahmen und beschränktem Internetzugang angezeigt.

- Es braucht Regeln, insbesondere bezüglich Smartphonenutzung, und ein altersgemässes Abo mit allfälliger Beteiligung an den Kosten aus dem eigenen Sackgeld.
- Reden Sie mit dem Kind über Dauer und Inhalt der Nutzung.
- Fordern Sie Ihr Kind dazu auf, sich zu schützen, und diskutieren Sie die Frage «Was ist gut für mich und was nicht?».

Oberstufe, Mittelschule, Lehre
- Möglichst klare Regeln mit einem hohen Anteil an Selbstbestimmung zur Nutzung sämtlicher Geräte
- Chancen und Gefahren gemeinsam diskutieren, um persönliche Möglichkeiten und Risiken zu klären
- Falls die Sensibilisierung und Fähigkeit zum Selbstschutz fehlen, braucht es mehr Unterstützung und entsprechende gemeinsam festgelegte Regeln. Genügt das nicht, ist die Unterstützung durch eine Fachperson empfehlenswert.

Auch bei Volljährigkeit sollen Eltern auf Regeln bestehen, wenn Jugendliche noch zu Hause wohnen oder finanziell unterstützt werden, besonders wenn sie sich keine Grenzen setzen können oder ihre Pflichten vernachlässigen. Damit ist vor allem gemeint, dass sie keine Hausaufgaben machen und zu spät oder nicht mehr in die Schule oder den Lehrbetrieb gehen.

Hochschule, Fachhochschule
Erfahrungsgemäss haben manche Studentinnen und Studenten Mühe, diszipliniert zu lernen, wenn sie lange keine Prüfungen haben. Gerne lassen sie sich durch Medien ablenken und beginnen intensiv zu konsumieren, was lange nicht bemerkt wird, da sie sowieso vor dem Computer sitzen. Weil sie das Lernen aufschieben, bestehen sie dann Prüfungen nicht. In der Praxis habe ich mehrfach erlebt, dass Studierende nur noch pro forma an die Uni gingen und dies den Eltern nicht mitteilten. Folgende Hinweise sind hilfreich:
- Regeln zur Struktur des Lernens und der Mediennutzung aufstellen
- Einschränkung des Medienkonsums zugunsten von regelmässigem Sport hilft bei einer geregelten Tagesstruktur.
- Ablenkungen minimieren, um sich auf das Studium konzentrieren zu können
- Falls das selbständige Lernen auch aufgrund weiterer Probleme eine Überforderung darstellt, die Studienberatung aufsuchen

Wenn Eltern, die Studierende mitfinanzieren, keine klare Rückmeldung über das Bestehen von Hürden im Studium (Prüfungen, Arbeiten abgegeben usw.) erhalten, sollten sie aufmerksam werden. Es kann sein, dass der Student, die Studentin Hilfe braucht, auch wenn er oder sie sich das nicht gerne eingesteht. In diesem Fall ist das Aufsuchen einer Studien- oder Sucht-beratungsstelle angezeigt.

Erwachsene

Bei Erwachsenen fördern folgende Empfehlungen eine gesunde Nutzung:

■ Geräte für eine effiziente Nutzung einrichten. Ablenkende Pop-ups, Töne und zeit-fressende Anwendungen reduzieren, um Stress zu vermindern

■ Sich selber durch eigene Regeln schützen

■ Gewohnheiten prüfen und wenn nötig ändern

■ Reaktionen des Umfeldes zur Mediennutzung beachten und ernst nehmen

■ Falls nötig, technische Schutzmassnahmen für eine bessere Selbststeuerung einrichten

Reife Erwachsene

Wenn Pensionierte alleine sind und nach einem erfolgreichen Berufsleben keine ent-sprechende Bestätigung mehr finden, können auch sie Gefahr laufen, die Kontrolle über die Mediennutzung zu verlieren. In der Praxis zeigen sich Fälle, bei denen ältere Menschen im Zusammenhang mit zwielichtigen Angeboten im Internet – zum Beispiel bei Börsen-geschäften oder im Zuge von Romance Scams (siehe Seite 85) – Geld überwiesen haben. Dies kann zu einer erheblichen Schmälerung des Altersguthabens führen.

Empfehlungen für Betroffene:

■ Vertrauen Sie fremden Personen im Internet nicht.

■ Werden Sie misstrauisch, sobald Geldforderungen auftauchen, auch wenn sie noch so gut begründet und verlockend scheinen.

■ Sprechen Sie mit Ihren Angehörigen oder einem guten Freund darüber, wenn Sie in eine problematische Situation geraten sind.

Für Angehörige:

■ Seien Sie aufmerksam, wenn ein betagter Elternteil plötzlich höhere Ausgaben hat oder unerwartet Finanzprobleme auftauchen.

■ Sie als Nachkommen sind gefordert, das Problem zu klären. Da ist Solidarität unter Geschwistern gefragt, was eine Herausforderung sein kann.

■ Klären Sie offene Fragen, und helfen Sie mit Einwilligung des Betroffenen, Finanzen zu sichern. Wenn das nicht gelingt und nur noch der Gang zur Kindes- und Erwachsenen-schutzbehörde (Kesb) bleibt, ist dies für Angehörige besonders anspruchsvoll.

■ Holen Sie sich dafür falls notwendig fachliche Unterstützung.

Die Mediennutzung wieder ins Gleichgewicht bringen

Selbständig etwas anpacken und verändern, sich selber besser steuern – das ist Selbsthilfe im besten Sinn. Wie Sie selber etwas bewirken können, welche Hürden und Hindernisse gegebenenfalls auf Sie zukommen und wie Sie diese am besten meistern, damit befasst sich dieses Kapitel. Falls Sie alleine überfordert sind, erfahren Sie, wie Sie sich die Unterstützung der Familie sichern oder mit fachlicher Hilfe wieder auf Kurs kommen.

Mediennutzung ändern: So gelingt es

Vielleicht haben Sie aufgrund von Kapitel 1 oder 2 bei sich oder einer nahestehenden Person einen Veränderungsbedarf in der Mediennutzung erkannt und sind motiviert, etwas zu unternehmen. Vielleicht sind Sie auch direkt zum vorliegenden Kapitel vorgestossen. Wenn Sie sich nun Gedanken machen, wie eine solche Veränderung gelingen könnte, dann sind Sie hier genau richtig.

Möglicherweise haben Sie schon früher erste Versuche zur Veränderung unternommen. Da Sie diesen Ratgeber lesen, ist anzunehmen, dass Sie gemäss eigenem oder dem Verständnis der Umgebung zu wenig erfolgreich waren. Sie haben jetzt die Chance, es besser zu machen oder mindestens ein paar Schritte weiterzukommen. Doch zunächst einmal geht es darum, ein paar Dinge über das Ändern von Gewohnheiten zu verstehen. Dazu gehört auch, dass Sie über mögliche Schwierigkeiten und zu erwartende Stolpersteine Bescheid wissen und sich realistische Ziele setzen. Hinweise, Ratschläge und Leitlinien zeigen anschliessend den Weg zu einer gelingenden Veränderung auf. Und schliesslich stellt sich die Frage, was die Anzeichen für neue Verhaltensweisen sind, und Sie erfahren, woran Sie einen Erfolg Ihres Engagements erkennen.

Blicken Sie im folgenden Selbstcheck kurz zurück, und reflektieren Sie Ihr bisheriges Vorgehen.

SELBSTCHECK: Bisherige Veränderungsversuche

Stellen Sie sich kurz folgende Fragen:
- Welche Schritte haben eine Veränderung in eine gute Richtung gebracht?
- Was haben Sie ausprobiert, das nicht hilfreich war oder nicht zum Erfolg geführt hat?

Druck und Mitbeteiligung des Umfelds

Das Internet ist ein Zeitfresser. Meist beginnt es mit einer Suchmaschine, die schon weiss, was Sie vor allem interessiert. Bald landen Sie bei einer Anwendung, die Sie speziell fesselt, oder Sie surfen von einem Thema zum nächsten. Das lenkt ab – und kann auch sinnvoll sein, solange es keine Probleme verursacht. Wieso auch etwas ändern, wenn bisher alles ganz gut gegangen ist? Der Mensch ist letztlich ein Gewohnheitstier und geht gerne bekannte, bewährte und bequeme Pfade.

Vielleicht gab es bei der Nutzung aber auch ein paar unangenehme Nebenwirkungen, zum Beispiel den Zeit- oder Schlafverlust, die Sie zu wenig ernst genommen haben und die zu Schwierigkeiten führten. Dann ist es Zeit, etwas zu unternehmen. Innerlich ist Betroffenen meist schon länger klar, dass ein Schritt in eine gesündere Richtung ansteht. Drohen unangenehme Konsequenzen, hilft dies zusätzlich, diese Notwendigkeit zu erkennen. Und nimmt der Druck von mehreren Seiten zu, kommt Bewegung in das Ganze.

 INFO *Gewohnheiten werden meist erst dann geändert, wenn Druck von aussen kommt und die Notwendigkeit erkannt ist.*

Nahestehende Menschen im Umfeld reagieren auf ein ungünstiges Verhalten, allen voran Partner, Eltern, aber auch Geschwister, Freunde usw. Oft erleben Betroffene diese Reaktionen als unnötig und übertrieben. Aber sie sind wichtig und meist gut gemeint. Die Menschen im Umfeld stellen eine Ressource dar, zum einen emotional, weil sie die Betroffenen gern haben, und zum anderen rein faktisch, weil das Zusammenleben oder die häufigen Begegnungen Gelegenheit bieten, Konflikte zu klären und Veränderungen zu unterstützen. Betroffene mit Angehörigen, zum Beispiel Jugendliche, haben Glück, da jemand auf ihr Problem aufmerksam wird und reagiert. Menschen, die alleine leben, können sehr viel tiefer abrutschen, bevor überhaupt jemand dies bemerkt.

INFO *Es ist ein Glück, wenn Betroffene engagierte Angehörige haben, da so jemand rechtzeitig auf Schwierigkeiten aufmerksam wird und reagieren kann.*

Der Schlüssel zur Veränderung

Wenn der Veränderungsbedarf dringend wird, heisst das oft, dass das Verhalten bereits länger nicht verändert werden konnte. Daran sind Menschen in der Umgebung mitbeteiligt. Vielleicht sind sie sogar im einen oder andern Punkt Mitverursacher und haben unbewusst das negative Verhalten ausgelöst, zu lange zugelassen oder es unwissentlich verstärkt. In der Fachsprache nennt man dieses Phänomen auch «Co-Abhängigkeit».

Zum Beispiel werden einem süchtigen Nutzer Getränke und Essen zum Computer gebracht, weil er sonst zu wenig trinkt, sich schlecht ernährt. Oder Kinder, die stören, werden mit einem Spiel ruhiggestellt. Sie lernen schnell, dass sie das Handy kriegen, wenn sie nur lange genug aufsässig sind. Vielleicht läuft es auch in der Partnerschaft nicht gut, und der Bildschirmkonsum wird geduldet, um sich die Auseinandersetzung mit unangenehmen Themen zu ersparen.

 INFO *Das Verhalten der Umgebung hat immer einen Einfluss und ist vielfach entscheidend. Genauso wie unerwünschtes Verhalten zugelassen oder unbewusst vielleicht gar gefördert wird, können Menschen im Umfeld auch gesunde Veränderungen bewirken. Man könnte gar sagen, dass letztlich die Beziehung zu den Liebsten oder lieb gewordenen Menschen der Schlüssel zur Veränderung ist.*

Vor- und Nachteile intensiver Nutzung

Alle Veränderungen bringen Vor- und Nachteile mit sich. Da wir die Vorteile, das Angenehme in der Gegenwart, nicht gerne aufgeben, fallen uns Veränderungen so schwer. Das Vertraute aufgeben für etwas, was in der Zukunft ein Vorteil sein könnte, den wir aber noch nicht erleben? Das bedeutet zuerst einen Verlust und die Ungewissheit, ob das Neue besser oder mindestens gleich gut funktioniert.

Am Anfang, wenn wir etwas erlernen, sind wir ja meist etwas ungeschickt und unsicher, bis sich das neue Verhalten eingespielt hat und die Vorteile spürbar werden.

 INFO *Dass man beim Sich-Verabschieden von einer geliebten, aber schädlichen Gewohnheit oder Abhängigkeit hin- und her-*

*gerissen oder, fachlich ausgedrückt, ambivalent ist, ist unangenehm,
aber normal. Insbesondere bei einer Sucht ist es typisch, dass Menschen am einen Tag überzeugt sind, dass sie genug haben und etwas
verändern wollen, während sie am nächsten Tag wieder Lust haben,
zu konsumieren, und dies auch tun.*

Um diese Phasen des Hin- und Hergerissenseins, die normalerweise mehrmals auftauchen, zu überwinden, ist es wichtig, sich darüber Klarheit zu
verschaffen, welches die kurz- und langfristigen Vor- und Nachteile des
gegenwärtigen unerwünschten und des zukünftigen angestrebten Verhaltens sind. Das in der Tabelle aufgeführte Vierfeldermodell bietet eine
Hilfestellung dafür.

VIERFELDERMODELL MEDIENKONSUM

Beispiel eines Jugendlichen, der Smartphone und Computer exzessiv nutzt und den Gebrauch einschränken will oder muss

	Vorteile, Nutzen	Nachteile, Schaden
Viel Handy, Computer Gegenwart, kurzfristig	■ Nie langweilig ■ Immer auf dem Laufenden ■ Virtuelle Anerkennung ■ Alltag vergessen können	■ Stress und Konflikte mit Angehörigen ■ Müde, sportlich passiv, ungesund ■ Treffen mit Freunden vernachlässigt
Weniger Handy, Computer Zukunft, langfristig	■ Bessere Schul-und Arbeitsleistung ■ Aktiver mit Freunden, Sport ■ Erfolg für die Zukunft	■ Weniger wissen, was läuft ■ Nicht ausweichen können ■ Neue Rolle finden müssen

Die Einschätzung der Lage und der angestrebten Veränderungen ist sehr
individuell und von der persönlichen Situation abhängig. Deshalb finden
Sie auf der nächsten Seite als Übung dasselbe Modell mit Vorschlägen
zum Ankreuzen und mit leeren Feldern zum Ausfüllen. Indem Sie diese
Übung machen, meistern Sie nicht nur eine Herausforderung, sondern tun
auch etwas für Ihre Veränderungsmotivation.

SELBST- ODER FREMDCHECK: Vor- und Nachteile der gegenwärtigen Mediennutzung

Sie können den Check für sich selber machen oder auch für eine andere Person, für die eine Veränderung aus Ihrer Sicht notwendig ist. Um Ihnen das Ausfüllen der Felder zu erleichtern, finden Sie in den Spalten ein paar weitere Beispiele zu kurz- und langfristigen Vor- und Nachteilen.

	Vorteile, Nutzen	Nachteile, Schaden
Gegenwart, kurzfristig: intensive Medien- nutzung Art des Mediums: ….	☐ Ablenkung ☐ Unterhaltung ☐ Entspannung ☐ keine Langeweile ☐ Probleme vergessen oder mindestens verschieben ☐ eine eigene Welt haben ☐ eine kurzfristige Belohnung erhalten ☐ Anerkennung bekommen ☐ etwas zu sagen haben ☐ ernst genommen werden ☐ virtuelle Freundschaften ☐ … ☐ …	☐ Streit mit dem unmittelbaren Umfeld ☐ die Zeit in der virtuellen Welt vergeht zu schnell, und es bleibt zu wenig Zeit für andere Beschäftigungen ☐ Freunde und Familie werden vernachlässigt ☐ Leistung nimmt ab – demzufolge Probleme in der Schule oder am Arbeitsplatz ☐ … ☐ …
Zukunft, langfristig: gesunde Medien- nutzung	☐ mehr Zeit für das reale Leben ☐ Erreichen von Zielen in der realen Welt, die Zeit und Ausdauer erfordern, zum Beispiel Erfolg in Beruf und Schule ☐ besseren Kontakt mit Freunden, in der Partnerschaft, Familie ☐ weniger Stress mit dem Umfeld ☐ bessere Gesundheit aufgrund von mehr Bewegung, gesundem Essen ☐ … ☐ …	☐ Verlust des Ranges, Status und der Kompetenz in der virtuellen Welt ☐ Fehlen sofortiger intensiver virtueller Befriedigung ☐ Verlust von virtuellen Beziehungen und Anerkennung, vor allem in sozialen Medien ☐ Langeweile oder Leerzeiten ☐ … ☐ …

Zwei, drei Schritte vor – und einen zurück

Nicht nur Erwachsene, sondern auch Kinder und Jugendliche geben lieb gewonnene Gewohnheiten nur ungern auf. Doch Entwicklungen im Leben erfordern Veränderungen. Wenn diese notwendig erscheinen oder unausweichlich werden, geht es in der Regel nach dem Prinzip «Zwei Schritte vor, einen zurück». Vorsätze fassen und die Veränderung anpacken, bis wir plötzlich wieder im alten Muster landen – wer kennt das nicht? Das ist normal, und der Rückschritt ins alte Vertraute zeugt oft von Angst oder Unsicherheit gegenüber Neuem, Unbekanntem. Der Schritt zurück – der Fachbegriff dafür lautet «Regression» oder bei einer Sucht «Rückfall» – kann im günstigen Fall als Verarbeitung des Neuen verstanden werden. Im schlechten Fall zeigt er eine Überforderung an. Das heisst, dass es mehr Zeit, Unterstützung und weitere Versuche braucht, bis die Veränderung gelingt. Krisen oder Krankheiten – dazu gehört auch die Sucht – zu überwinden verlangt der betroffenen Person, aber auch deren Umfeld Geduld und Ausdauer ab.

INFO *Nach dem Überwinden einer Krise, einer Krankheit oder eines Rückfalls erfolgt oft ein grosser und wichtiger Entwicklungsschritt, und eine stabilere Veränderung oder Neuorientierung wird möglich. Das ist bei Erwachsenen bei Lebenskrisen zu beobachten, vor allem aber bei Kindern und Jugendlichen.*

Wer schafft es alleine, und wer braucht Unterstützung?

Es gibt Menschen, die eine Veränderung selber zustande bringen, wenn sie erst eingesehen haben, dass etwas nicht gut ist für sie. Ihnen genügen Hinweise, Erkenntnisse oder Regeln, wie sie im Kapitel «Medien gesund nutzen» (Seite 111) zu finden sind. Oft verfügen diese Menschen über eine gute Selbststeuerung und eine gewisse Selbstdisziplin. Leider fehlt Internetsucht-Betroffenen genau dies, und es gelingt nur rund einem Viertel von ihnen, sich ohne fremde Einflüsse aus der Abhängigkeit zu lösen. Dem Grossteil jener, die sich gerne im Meer der virtuellen Möglichkeiten verlieren, ist es nicht möglich, das alleine zu verändern. Sie brauchen Menschen aus dem Umfeld, die Hinweise geben, motivieren, positive Schritte erkennen und daran glauben, dass es zu schaffen ist.

Und was können Menschen im Umfeld tun?

Nahestehende Menschen erzielen die grösste Wirkung, wenn sie Veränderungen wünschen und fordern. Die günstige Voraussetzung, die sie in der Regel mitbringen, nennt man Freundschaft oder auch Liebe. Dieser entscheidende Motivationsfaktor alleine genügt jedoch meist nicht.

> **TIPP** *Nahestehende und lieb gewonnene Menschen sind vor allem dann hilfreich, wenn sie sanft, aber bestimmt eine Veränderung einfordern.*

Ohne herzlichen, aber bestimmten Druck droht die Gefahr, dass sich Betroffene bald wieder gehen lassen und ins alte Muster zurückfallen. Diesen Druck nicht als Angriff, sondern als hilfreich und richtig zu verstehen, ist für Betroffene allerdings schwierig. Und obwohl sie in guten Momenten erkennen, dass sie diesen Druck brauchen, reagieren sie in der entsprechenden Situation immer wieder wenig einsichtig oder ungehalten. Es ist wichtig, dass Angehörige sich dessen bewusst sind, sich davon nicht abschrecken lassen und dranbleiben.

> **TIPP** *Zuwendung und Druck: Das muss kein Widerspruch sein. Im Gegenteil, Wertschätzung für die Person und Druck zur Änderung des süchtigen Medienverhaltens ist grundsätzlich der Wegweiser oder gar der Schlüssel zur Lösung der Probleme. Misstrauen Sie als Angehörige der Sucht und allem, was damit verbunden ist, aber vertrauen Sie dem betroffenen Menschen als Person.*

Betroffene haben oft Schuldgefühle und verurteilen sich innerlich, was das ohnehin schon schwache Selbstwertgefühl zusätzlich belastet. Um dem zu begegnen, ist etwa die folgende Haltung hilfreich: «Ich habe zwar Fehler gemacht und war nicht ehrlich mit mir selber, aber ich bin kein schlechter Mensch und versuche, dies jetzt zu ändern.» Oder: «Auch wenn ich die Ziele aus den Augen verloren habe und vom Kurs abgekommen bin, jetzt packe ich es an, und ich kann auf jeden Schritt, den ich mache, um gesund zu werden, stolz sein.»

Betroffene sollten also Verständnis für sich selber aufbringen oder von aussen erhalten, wenn sie eigene Fehler erkennen und versuchen, immer wieder von Neuem Veränderungen anzustreben.

Konkrete Schritte: Checkliste zum Erfolg

Die Ursachen dafür, dass die Kontrolle über die Mediennutzung verloren geht, sind von Person zu Person verschieden. Auch die Wege, die schliesslich zu einer Verhaltensänderung führen, gestalten sich unterschiedlich. Trotzdem gibt es allgemeingültige Hinweise und Tipps, wie die Herausforderung anzupacken und erfolgreich zu bewältigen ist. Sie finden sie im vorliegenden Kapitel.

Im Folgenden finden Sie eine Anleitung, die Schritt für Schritt Ihr Veränderungspotenzial ausschöpfen soll. Wenn Sie dranbleiben, werden Sie mit Sicherheit einen gewissen Erfolg haben. Dieser kann auch nur darin bestehen, dass Ihnen bewusster wird, was Sie abhängig macht oder wie Sie Ihre eigenen Bemühungen boykottieren. Sie werden auch Schritte machen, die mindestens kleine Veränderungen ermöglichen; auf diese können Sie aufbauen oder immer wieder zurückgreifen.

In vier Schritten zur Veränderung

Die ersten drei Schritte befassen sich damit, Ihre persönliche Ausgangslage zu erfassen, damit Sie darauf aufbauen können:
- Als Erstes geht es darum herauszufinden, welches Ihre persönlichen Risiken sind.
- Im zweiten Schritt werden realistische Ziele formuliert, die innert nützlicher Frist erreichbar sind.

- Im dritten Schritt gehen Sie der Frage nach, welche der bisher unternommenen Schritte erfolglos waren und welche schon eine Verbesserung mit sich brachten.
- Der vierte Schritt schliesslich dreht sich um die Frage, was zum Erfolg führt, und er beinhaltet um konkrete Hinweise zur Veränderung.

Nach der Analyse in den ersten drei Schritten stehen also im letzten Schritt fünf konkrete Punkte zur Veränderung im Zentrum, und es geht darum, wie diese im Alltag umgesetzt werden können.

Erster Schritt: Persönliche Risiken

Welches bei Ihnen die grössten Zeitfresser, Ablenker oder gar Süchtigmacher sind, ist Ihnen vermutlich bereits klar (siehe Ampelmodell, Seite 20). Sie wissen also bereits, bei welchem Verhalten Sie schnell die Kontrolle über die Zeit und möglicherweise auch über die konsumierten Inhalte verlieren. Letztlich wird es darum gehen, den Konsum der problematischen Nutzung zu kontrollieren. Dabei stellt sich die Frage, ob das Ziel ist, weniger Zeit dafür einzusetzen, oder ob ganz auf die gefährliche, ungesunde Anwendung verzichtet werden soll.

Notieren Sie, welches Verhalten, das Sie mit dem Ampelmodell gefunden haben, geändert werden soll. Halten Sie fest, ob es um eine Reduktion der Nutzung geht oder ob die Abstinenz von der Anwendung das Ziel sein soll.

Zweiter Schritt: Realistische Ziele

Wenn klar ist, was geändert werden soll, ist es wichtig, ein Fernziel zu haben, das beschreibt, wohin es letztlich gehen soll. Nehmen wir an, Ihr Ziel lautet, nur halb so viel Zeit mit Medien wie mit anderen Menschen zu verbringen oder realen Kontakten immer den Vortritt gegenüber Medien zu gewähren. Um dieses Fernziel zu erreichen, braucht es Zeit – und es braucht realistische Zwischenziele, einzelne, überprüfbare Schritte, die innert nützlicher Frist erreichbar sind, etwa innerhalb der nächsten zwei Wochen oder ein bis zwei Monate. Ein solches Zwischenziel kann zum Beispiel sein, an ein bis zwei Tagen in der Woche auf die unerwünschte Nutzung zu verzichten, die Nutzungsdauer zu verkürzen oder die Nutzung selber rechtzeitig beenden zu können, sodass abends früher Schluss ist oder es weniger Streit gibt.

TIPP *Die Ziele sollen möglichst realistisch und konkret sein und regelmässig, zum Beispiel wöchentlich, überprüft werden. So sind auch kleine positive Schritte feststell- oder messbar, was für die weitere Veränderungsmotivation entscheidend ist.*

Bei der Auswertung der kleinen Schritte ist es auch sinnvoll, sich zu überlegen, weshalb Schritte erfolgreich waren oder weshalb sie nicht gelungen sind. Erfolge sollten in einer für Sie geeigneten Form belohnt oder mindestens anerkannt werden. Sie können zum Beispiel für jeden Tag, an dem Sie das Ziel erreicht haben, ein Zeichen in die Agenda machen. Oder tun Sie in der Zeit, die Sie eingespart haben, zur Belohnung einfach nichts, und machen Sie es sich auf dem Sofa bequem.

Dritter Schritt: Was nicht zum Erfolg führt

Menschen wissen schon von klein auf recht gut, was nicht zum Erfolg führt. Aufgrund der unglaublich vielen Fehlschläge zum Beispiel beim Gehen-, Sprechen- oder Kletternlernen wissen Kinder, dass es viele Fehltritte und Misserfolge gibt, bis es endlich klappt. Und sie haben gelernt, Fehler so weit als möglich zu vermeiden.

Das Vermeiden von Fehlern hat grosses Potenzial, das auch bei der Veränderung der Mediennutzung eingesetzt werden soll. Deshalb besteht der dritte Schritt darin, zu überlegen, welche Veränderungsversuche Sie schon unternommen haben, die bisher nicht erfolgreich waren oder nicht funktioniert haben. Anders gesagt: Finden Sie heraus, wo Sie jeweils in die Einbahnstrasse eingebogen sind, aus der es kein Zurück gab, oder wie Sie in eine Sackgasse geraten sind. Dazu finden Sie eine kurze Übung in der Tabelle auf Seite 170.

Bisherige erfolglose Massnahmen

Tragen Sie in der folgenden Tabelle links die Bereiche ein, in denen etwas geändert werden soll. Bezogen auf das Ampelmodell (siehe Seite 20) sind das vor allem die roten Bereiche. Rechts tragen Sie Ideen oder vergangene Versuche ein, die nichts gebracht haben. Zum Beispiel: Eltern berichten, dass bei ihrem Sohn Druck und Strafen nur negativ gewirkt haben. Oder jemand nimmt sich vor, das Handy nachts neben dem Bett zu haben, ohne es aber in der Nacht zu benutzen, was nicht funktioniert, da dies offenbar eine Überforderung ist.

Problematische Nutzungen:	Massnahmen, die nichts gebracht haben:
....	....
....	....
....	....
....	....
....	....
....	....

Nochmals: Wir sind sehr erfahren darin, zu wissen, was nicht zum Erfolg führt. Wir haben also eine breite Auswahl von Möglichkeiten zur Hand, die eine Situation verschlechtern.

 INFO *Generell negativ wirkt: Ohnmacht und Schuldgefühle zu verbreiten, sich selber und anderen Vorwürfe zu machen, Negatives in den Vordergrund zu rücken oder der meist unrealistische Vorsatz, etwas nie mehr zu tun.*

Aussagen oder Denkweisen, die es zu vermeiden gilt
Wenn es um eine betroffene Person geht, die einem nahesteht:
- Das süchtige Verhalten als persönlich gegen uns gerichtet verstehen
- Vorwürfe machen, dass sich nichts verändert habe und es «immer das Gleiche» sei
- Aussagen wie: So schaffst du das nie, du musst jetzt endlich … usw.
- …

Als betroffene Person zu sich selber:
- Ich schaffe das nie.
- Ich bin selber schuld an der Misere.
- Ich muss unbedingt für immer aufhören.
- …

Vorwürfe helfen nicht, im Gegenteil, sie verschlechtern die Situation meist. Wenn wir uns selber Vorwürfe machen, werten wir uns ab und reden uns ein, dass wir es nicht schaffen, dass wir nichts wert sind usw.

Vorwürfe in der Form von Du-Botschaften («Jetzt hast du es schon wieder getan!») führen direkt in die Sackgasse oder zu einer Eskalation. Demzufolge sind sie nach Möglichkeit zu vermeiden. Besser ist es, wenn Angehörige die Mitteilung in Form einer Ich-Botschaft anbringen können, zum Beispiel:

- Ich mache mir Sorgen, wenn das so weitergeht.
- Ich bin verzweifelt und wütend, dass sich nichts verändert.

Wenn Sie die hier beschriebenen Fehler unterlassen oder nur schon weniger oft machen, ist dies ein wichtiger Schritt in die richtige Richtung.

Vierter Schritt: Was führt zum Erfolg?
Hier sind fünf Punkte zur konkreten Veränderung aufgelistet.

Punkt 1: Sich nicht ablenken lassen. Digitale Medien lenken ab und verführen, indem sie auf sich aufmerksam machen. Folgende Hinweise sollen helfen, Geräten weniger Aufmerksamkeit zu schenken und sich vermehrt auf anderes zu konzentrieren.

Tipps:

- Geräte weniger attraktiv machen. Je weniger die Geräte auf sich aufmerksam machen können, desto einfacher ist es, sie nicht zu benutzen. Also: Bild- und Tonsignale ausschalten, Pop-ups und Benachrichtigungen deaktivieren, Kontroll- und Sperr-Apps nutzen oder die Geräte anderen zur Aufbewahrung abgeben.
- Störende oder verführende Geräte ausserhalb des Sichtfelds platzieren. Je weiter weg ein Gerät ist und je höher die Hürde, es zu nutzen, desto besser können Sie dem Impuls, es in die Hand zu nehmen, widerstehen. Zudem vermindert ein Handy auf dem Tisch erwiesenermassen die Konzentrationsfähigkeit.
- Konzentration auf reale Pendenzen, Arbeit und Sonstiges, das zu erledigen ist, bevor Medien ins Spiel kommen.
- Sich durch Menschen vom Medienkonsum ablenken lassen und nicht umgekehrt.

Punkt 2: Stress vermindern, Langeweile aushalten. Sowohl Stress wie auch Langeweile können dazu führen, dass Medien exzessiv genutzt werden.

Messages per Mail, SMS oder WhatsApp, die beantwortet werden sollen, können zu Stress führen. Vielfach hat dies mit dem eigenen Anspruch zu tun, sofort auf digitale Mitteilungen reagieren zu müssen. Aber auch andere Stressfaktoren wie Konflikte und Überforderungen können dazu beitragen, dass das Abtauchen in die Medien als entspannende Ersatzlösung attraktiv wird.

Langeweile oder Leerzeiten gibt es im Medienzeitalter bei intensiver Nutzung kaum mehr. Somit sind wir aus der Übung geraten, damit umzugehen. Leerzeiten sind ungewohnt, gelten als unproduktiv, und es fällt uns zunehmend schwerer, sie auszuhalten. Sie sind eine Irritation und führen dazu, dass oft und schnell zum Handy gegriffen wird.

Tipps:

- Stress reduzieren durch Prioritätensetzung bei der Mediennutzung. Überlegen Sie bei eingehenden Messages kurz, ob sie a) wichtig und b) dringend sind. Nur wenn beides zutrifft, reagieren Sie sofort. Wichtiges, das nicht dringend ist, kann warten. Zudem genügt es zum Beispiel bei Mails, sie nur einmal am Tag zu beantworten.
- Entspannungsmomente in den Alltag einbauen. Versuchen Sie, sich kurze Auszeiten zu nehmen. Generell wirken folgende Massnahmen positiv: Pausen geniessen, den eigenen Körper spüren, tief durchatmen, sich bewegen usw.
- Langeweile nutzen und geniessen. Versuchen Sie, Leerzeiten mit Gedanken und Träumen zu füllen, die Umgebung wahrzunehmen, auf reale Kontakte zu achten oder an kurz- und langfristige Pläne zu denken. Vielleicht müssen Sie auch das Nichtstun zuerst etwas aushalten.

Punkt 3: Tag-Nacht-Rhythmus einhalten, Schlaf finden. Das reale Leben ist nerviger und anstrengender, weniger bunt und freudvoll, wenn es an Schlaf mangelt. Interaktive Medien können einen abends lange wachhalten, auch wenn die Müdigkeit da wäre.

Tipps:

- Frühzeitig zu Bett gehen. Mindestens 30 Minuten vor dem Schlafen den Bildschirmkonsum einstellen. Medien beunruhigen und beschäftigen je

nach Inhalt auch noch nach dem Abschalten. Wenn es beim Einschlafen nicht ohne Medien geht, ist Musikhören besser.
■ Genug lang und regelmässig schlafen. Bewegung und Sport helfen, dass der Körper am Abend müde ist und schlafen will.

Punkt 4: Reale Erlebnisse wählen. Wenn Menschen in der Realität Freundschaft, Aufmerksamkeit, Unterhaltung, Anerkennung und Erfolg finden, sind Medien weniger verführerisch. Fehlen diese Dinge, finden sich in der virtuellen Welt bequem die vermissten passenden Puzzlesteine. Und ist die intensive Mediennutzung einmal zur Gewohnheit geworden, ist die Hürde, wieder reale Freuden und Unternehmungen zu pflegen, höher. Folgende Hinweise helfen, wieder mehr vergnügliche Realität zu erleben.

Tipps:
■ Sich im Vergleich mit virtuellen Kontakten mehr Zeit für echte Kontakte mit Familie und Freunden nehmen. Wenn dazu die Eigeninitiative fehlt, mindestens Vorschläge, Aufforderungen oder Einladungen von Freunden und Bekannten annehmen.
■ Aufmerksam, freundlich und zuvorkommend zu Menschen sein; das bringt entsprechende Reaktionen und Freude zurück.
■ Aktivitäten wie Ausgang, Kino, Sport, Kochen oder auswärts Essen pflegen und für die Zukunft planen.

Punkt 5: Sich selber pflegen. Es ist wichtig, sich selber körperlich zu spüren, sich selber belohnend auf die Schulter klopfen, wenn auch nur eines der Vorhaben in den vier vorgängig beschriebenen Punkten gelungen ist. Sie können zum Beispiel Folgendes tun:
■ sich bewegen, am besten im Freien, mit Sport, Spazieren usw.
■ entspannen, indem Sie nichts tun oder ein paar Körperübungen machen
■ ein warmes Bad nehmen
■ etwas Feines zum Essen kochen
■ sich selber wahrnehmen, annehmen und wertschätzen mit den Fehlern und Unvollkommenheiten, die jeder Mensch hat

Sinnliche Erfahrungen – gemeint ist die Wahrnehmung mit allen Sinnen – gibt es in bester Originalqualität nur in der realen Welt.

TIPP *Ergänzend finden Sie sinnvolle Tipps und Anregungen im Netz. Interessante Möglichkeiten bieten sich vor allem für Jugendliche auf YouTube. Es gibt hier auch junge Menschen, die zum Beispiel unter dem Stichwort «Smartphonesucht» in attraktiven Kurzfilmen «Tipps für Schüler» geben.*

Welcher der Punkte ist mir persönlich am wichtigsten?
Die Reihenfolge und Gewichtung der einzelnen Punkte ist individuell unterschiedlich. Unten finden Sie eine Liste, in der Sie Ihre persönlichen Massnahmen mit eigenen Ideen und Prioritäten eintragen können.

MASSNAHMEN UND WUNSCHLISTE

Was nehmen Sie aus den bisherigen Hinweisen mit? Auf welche Punkte möchten Sie vermehrt achten, was möchten Sie verändern?

Veränderung der Nutzung:	Massnahmen, Ideen, die helfen (könnten)

Woran Sie merken, dass Sie erfolgreich sind

Nach einer Weile ist ein konkreter Erfolgs-Check der Veränderung angezeigt. Welches sind positive, wenn auch vielleicht kleine Veränderungen?

Oft steht das, was noch nicht oder wieder nicht gelungen ist, im Vordergrund. Meist ist mindestens das Umfeld sehr erfolgreich darin zu erkennen,
was nicht funktioniert hat. Jugendliche äussern oft, dass ihre Eltern mit
den erreichten Schritten nie zufrieden seien. Deshalb ist es so wichtig,
genau zu beobachten, was sich bereits getan hat. Idealerweise ist das auch
nicht einfach ein unbestimmtes Gefühl, sondern die Veränderung kann
mit konkreten Beobachtungen oder Facts belegt werden. Beim Smartphone beispielsweise lässt sich mit den entsprechenden Anwendungen,
etwa «Bildschirmzeit» (siehe Seite 21), einfach messen, wofür wie viel Zeit
aufgewendet wurde. Eine positive Veränderung kann auch darin bestehen,
dass es weniger Streit um die Nutzung gibt oder dass der Streit nicht mehr
so heftig ist. Ebenfalls eine Errungenschaft ist es, wenn man bei gemeinsamen Mahlzeiten etwas länger ungestört am Tisch sitzen kann.

TIPP *Sind positive Veränderungen festzustellen, freuen Sie*
sich darüber. Halten Sie einen Moment inne, und denken Sie an
alle Bemühungen, die Sie bis hierher unternommen haben. Loben
Sie sich oder Ihren Angehörigen dafür, und nähren Sie die Hoffnung,
dass eine Veränderung zu schaffen ist.

Wenn bisher nicht genügend Erfolg zu vermelden ist

Wenn keine befriedigenden positiven Veränderungen sichtbar wurden,
sind verschiedene Gründe denkbar. Es kann etwa sein, dass Sie den dritten
Schritt, «Was nicht zum Erfolg führt», nicht gründlich genug angegangen
sind. Lesen Sie in diesem Fall zuerst die nächsten Zeilen, bevor Sie den
entsprechenden Absatz (Seite 169) nochmals durchgehen. Sie verstehen
dann noch besser, wie viel Erfolgspotenzial dieser Schritt in sich birgt.

Warren Buffet, einer der erfolgreichsten Finanzanalysten und Investoren,
gilt als genialer Stratege. Angesprochen auf seinen Erfolg, meinte er jedoch,
dass er keineswegs eine geniale Strategie verfolgt habe. Er habe lediglich
konsequent versucht, möglichst wenige Fehler zu machen. Wenn Sie also
täglich versuchen, bei der Mediennutzung nicht immer wieder die gleichen
Fehler zu machen, können Sie schon sehr erfolgreich sein.

Vielleicht gibt es aber auch andere Gründe, die dem Erfolg im Wege stehen:

■ Es kann sein, dass Sie einfach noch Zeit brauchen, bis Sie bereit für eine Veränderung sind. Betroffene von Verhaltenssüchten – auch solche, die das Problem erfolgreich hinter sich gelassen haben – sagen oft, dass der Weg dorthin mehr Zeit brauchte, als sie gedacht hätten.

EIN JUNGER ONLINESÜCHTIGER MANN in meiner Praxis war fast ein Jahr zu Hause und ging nur ein- bis zweimal pro Woche aus dem Haus. Das war natürlich ein extremer, aber bemerkenswerter Fall mit einer aussergewöhnlich langen Durststrecke. Die Eltern verzweifelten fast, doch mit viel Geduld gelang dann plötzlich der Schritt, dass sich der junge Mann an eine Sprachschule im Ausland anmeldete. Unerwarteterweise meisterte er daraufhin zwei Monate lang das Leben im fremden Land selbständig.

■ Es kann auch sein, dass in Ihrem Leben zuerst noch ein paar andere Dinge passieren müssen, bevor Sie Ihr Verhalten konkret verändern können. Die Wege aus der Krise oder Sucht können sehr verschlungen sein und sind nicht immer planbar.

MANCHMAL GESCHEHEN VERÄNDERUNGEN überraschend, wie zum Beispiel bei einem jungen Gamer, der fast in jeder freien Minute vor dem Bildschirm sass und über das Internet eine junge Frau kennenlernte. Er verliebte sich, ging plötzlich wieder aus dem Haus und besuchte sie regelmässig, obwohl sie in einem anderen Stadtteil wohnte.

Sie haben alles versucht – aber es braucht noch mehr?

Was, wenn auch die Hinweise gleich oben keine ausreichende Erklärung bieten und sich bereits Resignation oder Verzweiflung breitgemacht haben?

Dann heisst das, dass es offensichtlich alleine nicht zu schaffen ist. Die Hürde ist zu gross, oder es spielen andere Ursachen eine Rolle, die zuerst angegangen werden müssen. Es kann auch sein, dass gegenwärtig die Kraft fehlt, die Veränderung anzupacken und durchzuziehen. Dann ist es ziemlich klar, dass es Hilfe von aussen braucht.

Aber wer könnte helfen? Gibt es Menschen, die Sie kennen, die Sie unterstützen könnten? Freunde oder Bekannte, die schon Ähnliches erlebt haben? Wenn es um Jugendliche geht: Kennen Sie andere Eltern, die das schon hinter sich haben?

Wenn solche Personen in Ihrem Bekanntenkreis fehlen oder keine Hilfe leisten können, brauchen Sie professionelle Hilfe. Mehr dazu erfahren Sie im Kapitel «Beratung und Therapie» (Seite 199).

Unterstützung in der Familie: Tipps für Eltern

In der Familie sind in aller Regel die engsten Bezugspersonen zu finden. Es gibt kaum Menschen, welche die von einer Sucht betroffene Person und ihre Geschichte besser kennen als Eltern und Geschwister. Gerade bei Medienabhängigen sind es Familienangehörige, die ihnen gefühlsmässig am nächsten stehen. Möglicherweise ist dies auf den ersten Blick aber nicht wahrzunehmen, da die Gefühle der Zuwendung von vielen Konflikten und Auseinandersetzungen überdeckt sind.

Von der Sucht eines Einzelnen sind meist alle in der Familie in irgendeiner Form betroffen. Gleichzeitig können auch alle etwas zur Veränderung beitragen.

Kann sich die ganze Familie auf einen gemeinsamen Kurs einigen, sind Veränderungen leichter zu erreichen, während ein Mitglied alleine oft weniger Chancen hat. Was in der Familie geschieht, wie sich der Umgang untereinander gestaltet und wie Konflikte gelöst werden, das alles spielt eine grosse Rolle. Es gibt viele wissenschaftliche Studien, die aufzeigen, dass ein guter Umgang mit Familienkonflikten und das Klima innerhalb der Familie wichtig sind für eine konstruktive Mediennutzung.

Gemeinsam eine Lösung finden

Wenn das Thema der problematischen Mediennutzung gemeinsam angegangen werden kann, lassen sich wichtige Fragen klären, was die Stimmung innerhalb der Familie verbessert. Konflikte können angesprochen und konstruktiv ausgetragen werden. Gleichzeitig sind Auslöser und Ursachen besser zu verstehen, und es können Lösungen gefunden werden. Es ist also wirkungsvoller, die im letzten Kapitel beschriebenen Veränderungsschritte miteinander anzugehen.

Die Bereitschaft aller, ihre Rolle innerhalb der Familie ein Stück weit zu verändern, macht es einfacher für Betroffene, sich ebenfalls ein neues Verhalten anzueignen und dieses zu festigen.

 INFO *Wenn alle in der Familie am gleichen Strick ziehen, können Veränderungsschritte wirksamer umgesetzt werden.*

Selbst wenn Sie als Elternteil alleine sind mit dieser Absicht, etwas zu ändern, ist es gut, wenn Sie das Thema anpacken. Wenn Sie engagiert handeln, sind die Chancen intakt, dass Sie Ihr Gegenüber überzeugen können, etwas zu unternehmen.

Wenn Sie an sich selber zweifeln oder den Eindruck haben, dass Sie einiges in der Erziehung Ihrer Kinder nicht gut gemacht hätten, müssen Sie wissen, dass Sie damit nicht alleine sind. Fast alle Eltern haben Probleme und Auseinandersetzungen mit den Kindern über den Medienumgang. Ein von Medien ungestörtes Familienleben gehört in den meisten Fällen der Vergangenheit an.

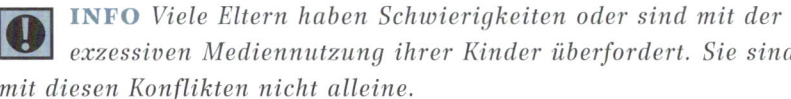 **INFO** *Viele Eltern haben Schwierigkeiten oder sind mit der exzessiven Mediennutzung ihrer Kinder überfordert. Sie sind mit diesen Konflikten nicht alleine.*

Wenn die Mediennutzung problematisch ist, hat dies immer verschiedene Ursachen (siehe Kapitel «Warum Menschen süchtig werden», Seite 97).

Mindestens ein Teil davon hat nichts mit Ihnen als Eltern zu tun. Und selbst wenn Sie Fehler gemacht haben, ist das kein Grund, mit sich ins Gericht zu gehen. Eltern müssen nicht perfekt sein, sondern sich lediglich darum bemühen, es so gut wie möglich zu machen.

Konflikte auf gute Art austragen

Wie Sie mit Konflikten und Streit umgehen, ist von zentraler Bedeutung. Das Wichtigste ist, dass Sie versuchen, mit den Kindern faire Auseinandersetzungen zu führen, sich für ihre Anliegen zu interessieren und auch immer wieder für Kompromisse offen zu sein.

Das heisst nicht, dass Sie immer nachgeben sollen! Sie als Eltern haben das Recht und die Verantwortung, Regeln festzulegen und Grenzen zu setzen. Problematischer ist häufig, dass Eltern zu spät, gar keine oder zu wenig klare Regeln vorgeben. Auch wenn Ihre Regeln nicht perfekt sind, ist das immer noch besser, als wenn keine da wären.

Kinder haben das Recht – und sie brauchen es auch –, sich aufzulehnen und Sie kritisieren zu dürfen, um ihren eigenen Weg zu finden. Natürlich gilt auch für sie, dass sie eine gewisse Fairness einhalten müssen. Idealerweise halten die Eltern Kritik und Widerspruch der Kinder sozusagen mit liebevoller und flexibler Konsequenz aus. Dazu braucht es Zuwendung, eine klare Haltung und immer wieder auch Flexibilität. Immerhin kommt bisweilen auch etwas an kindlicher Zuwendung zurück. Und vielleicht kommt irgendwann, meist erst Jahre später, anerkennendes Lob für die elterliche Erziehungsarbeit.

Ausgangslage anschauen, Probleme erkennen

Als Erstes geht es darum, nochmals zu klären, welche Schwierigkeiten innerhalb der Familie im Zusammenhang mit der Mediennutzung auftreten.

- Geht es um das Familienleben mit zu viel Streit und schlechter Stimmung am Familientisch?
- Geht es um Schulleistungen oder Absenzen?
- Werden Geschwister und Freunde vernachlässigt?
- Findet die Freizeit nur noch vor dem Bildschirm statt, kommt aktive Freizeit wie Sport und Ausgang zu kurz?

- Sind auch bei schönem Wetter die Läden im Zimmer geschlossen, damit ungestörtes Surfen oder Gamen möglich ist?
- Sind Sie sich als Eltern einig, dass eine Änderung nottut, oder denkt nur ein Elternteil so?

Bei allen Themen ist es hilfreich, wenn Eltern eine gemeinsame Haltung finden. Denn Eltern sind die wichtigsten Bezugspersonen und Ressource für Kinder und Jugendliche. Sie haben mehr Erfahrung und Weitsicht im Leben. Die Kinder brauchen und haben das Recht auf eine klare Position der Eltern. Dies ist je nach Familienmodell eine ansehnliche Herausforderung.

Als Eltern eine gemeinsame Linie finden

Oft gibt es unterschiedliche Ansichten darüber, wie der Medienkonsum in der Familie geregelt sein soll. In diesem Fall besteht das Ziel darin, den kleinsten gemeinsamen Nenner und eine entsprechende Haltung zu finden, hinter der beide Elternteile stehen können.

Ferner gilt es zu klären, inwieweit die Besorgnis über die Situation von beiden Elternteilen getragen wird. Dazu braucht es einen Austausch von Informationen über das Verhalten der Kinder, die Schulleistungen und eine Einschätzung der Auswirkungen des Medienverhaltens. Zum Beispiel könnten Sie gemeinsam prüfen, welchen der folgenden Punkte Sie beide zustimmen können:

- Der Medienkonsum ist zu hoch und ungesund.
- Die schlechteren Schulleistungen hängen mit dem Medienkonsum zusammen.
- Rechtzeitiges Abschalten und Zubettgehen abends könnte eine Verbesserung bringen.
- Die Situation ist ernst genug, dass eine Veränderung notwendig ist.
- Ein Gespräch mit der Lehrperson ist notwendig.
- Mehr Sport treiben oder Freunde treffen ist jetzt wichtig.

TIPP *Finden Eltern alleine keine einheitliche Linie, kann der kleinste gemeinsame Nenner in der Regel in wenigen Sitzungen in einer Erziehungsberatung gefunden werden.*

Getrennte Eltern

Was bei zusammenlebenden Elternpaaren schon nicht einfach ist, kann
für getrennte Eltern eine erhebliche Herausforderung sein. Es gelingt oft
nicht, eine deckungsgleiche, gemeinsame Linie zu finden. Das muss nicht
einmal ein Problem sein, wenn die einzelnen Haltungen transparent sind
und nicht zu sehr voneinander abweichen. Bei unterschiedlichen Haltungen sollte jedoch klar sein, was beim einen Elternteil gilt und was beim
anderen. Die Kinder können sich durchaus auf verschiedene Situationen
einstellen.

Alleinerziehende

Zum einen haben Sie als alleinerziehende Person einen Vorteil, da Sie die
Regeln alleine festlegen können. Zum andern ist es anstrengender, diese
alleine durchzusetzen. Da ist es hilfreich, wenn eine weitere, den Kindern
nahestehende Person wie ein Götti oder eine Gotte, ein Onkel, eine Tan-
te oder Grosseltern Sie in Ihrer Haltung unterstützen.

Regeln in der Familie gemeinsam aushandeln, festlegen und auswerten

Zu verschiedenen Regeln finden Sie im Kapitel 1 (Seite 42) einige Hinweise. Hier fünf Punkte, wie Sie Regeln in der Familie abmachen können,
wenn das Medienverhalten ausser Kontrolle geraten ist:

■ Legen Sie als Eltern ein bis zwei Regeln fest, die Ihnen am wichtigsten
sind, etwa, wann am Abend vor einem Schultag die Geräte abgeschal-
tet sein sollen, wann die Hausaufgaben gemacht werden sollen.

■ Sitzen Sie in einem guten Moment zusammen, möglichst nebeneinander,
und das Kind gegenüber. Mit dieser Sitzordnung unterstreichen Sie
Ihre gemeinsame Haltung. Sagen Sie, dass es Ihnen ernst ist, da Sie
beide über die gegenwärtige und zukünftige Situation besorgt sind.

■ Teilen Sie Ihren Vorschlag mit. Diskutieren Sie die Abmachungen, sodass die Sichtweise des Kindes oder der Kinder einbezogen wird und
Korrekturen möglich sind. Legen Sie die Regeln anschliessend schriftlich fest (siehe auch «Mediennutzungsvertrag», Seite 127).

■ Sprechen Sie über zu erwartende Schwierigkeiten und mögliche Lösungen.

- Legen Sie fest, wann Sie wieder zusammensitzen und die Einhaltung der Regeln besprechen, zum Beispiel nach zwei bis vier Wochen.
- Regeln, die nicht gut funktionieren, sollen angepasst werden.

 ACHTUNG *In der Familie sollen alle mitreden können, aber entscheiden sollen und müssen die Eltern.*

Veränderungen beobachten und auswerten

Neben allem, was erwartungsgemäss nicht funktioniert hat, ist es wichtig, dass Sie als Eltern beim Auswerten der Regeln etwas Positives finden. Anerkennung beim Erfüllen und Konsequenzen beim Nichteinhalten der Regeln sind hilfreich. Das Nichteinhalten der Medienregeln könnte zum Beispiel einen medienfreien Abend zur Folge haben. Für das, was funktioniert hat – auch wenn es wenig ist –, soll ein Lob ausgesprochen oder eine kleine Belohnung gegeben werden. Sie können die Belohnung auch von vornherein abmachen, etwa einen Kinobesuch, einen Ausflug usw.

 INFO *Mitbestimmung und die gemeinsame Diskussion über Regeln und andere Themen sind auch deshalb so wichtig, weil sich Kinder mit exzessivem Konsum in der realen Welt oft wenig zutrauen. Wenn sie hier mitreden dürfen, ist das ein Zeichen, dass es sich lohnt, sich in der realen Welt einzusetzen. Die Erfahrung, Einfluss nehmen zu können, stärkt das Selbstvertrauen und den Glauben, etwas bewirken zu können (Selbstwirksamkeit, siehe auch Seite 157).*

Gegenseitige Unterstützung und Wertschätzung

Zu erleben, wie Kinder gross werden und lernen, mit der Welt zurechtzukommen, ist wunderschön, aber auch anstrengend. Deshalb ist es wichtig, sich als Eltern gegenseitig für diesen Job wertzuschätzen und das auch ab und zu auszusprechen. Das hilft Ihnen, dranzubleiben und sich zu motivieren, auch die nächste Hürde gemeinsam zu nehmen. Die Kinder werden Ihnen irgendwann dafür dankbar sein. Und wenn sie es nicht sind, müsste Ihnen die Gesellschaft danken. Wenn Sie auch das nicht sehen, danke ich Ihnen im Namen vieler erwachsener Klientinnen und Klienten, die in der Therapie Rückschau auf den Einsatz ihrer Eltern gehalten haben.

Ganz bewusst ist hier die Rede von gegenseitiger Wertschätzung als Eltern. Denn dieser motivierende Anteil kann im Laufe der Jahre abhandenkommen. Wenn die Kinder älter werden und in der Pubertät sind, braucht es die gegenseitige Unterstützung der Eltern erst recht.

Tipps für Jugendliche

Erwachsen zu werden, dabei gesund zu bleiben und gute Perspektiven für die Zukunft zu schaffen, gehört zu den grössten Herausforderungen im Leben. Wenn dies geschafft ist, hast du eine der grössten Lebensprüfungen oder Lebensrisiken überstanden. Dies trifft sowohl auf Mädchen wie auf Jungen zu, auch wenn männliche Jugendliche in Bezug auf Medienabhängigkeit oft mehr auffallen.

Es gibt einige entscheidende Unterschiede, ob du bereits erwachsen oder erst in diese Richtung unterwegs bist. Letzteres bietet dir neue Möglichkeiten und Chancen. Mit Eltern umzugehen ist jedoch nicht durchwegs einfach, da es immer mal wieder unerwartete Schwierigkeiten gibt.

Deine Herausforderungen im Umgang mit den Eltern

Es ist normal, wenn dein Leben zwischen 13 und 18 Jahren einer Achterbahn gleicht. Das betrifft vor allem Gefühle und die Art, wie man andere Menschen erlebt. Dies hat mit der Entwicklung deines Hirns zu tun, das in dieser Zeit vollständig umgebaut wird, aber auch mit der körperlichen und hormonellen Entwicklung.

❗ ACHTUNG *Achterbahn Pubertät: Dieses Lebensalter bietet grosse Chancen und intensive Erfahrungen, aber auch schnelle Wechsel und Risiken in der virtuellen wie in der realen Welt.*

183

In diesen Jahren sind Trends oder das, was die anderen machen, besonders wichtig. Es ist normal, Aussergewöhnliches erleben zu wollen, doch das bringt Risiken mit sich. Das trifft auch auf das Medienverhalten zu. Vielleicht stellst du zu viele persönliche Infos ins Netz, und deine Daten sind nicht geschützt. Meist besteht aber das Problem eher darin, dass Social Media, YouTube oder Games sehr wichtig werden, wichtiger als alles andere, und so viel Zeit beanspruchen, dass der Rest des Lebens zu kurz kommt und du vieles vernachlässigst. Dies auch dann – oder vielleicht erst recht dann –, wenn deine Eltern der Ansicht sind, dass es zu viel des Medienkonsums ist, sie generell dagegen sind und dich dauernd kritisieren.

Gleichzeitig sind die Chancen im Jugendalter gross. Vieles kann sehr schnell ändern. Zum Beispiel, wenn du in eine neue Gruppe, eine neue Schule oder in die Lehre kommst, ein neues Hobby findest oder dich für Mädchen bzw. Jungs zu interessieren beginnst.

Neben diesen Chancen gibt es aber leider auch viele Umstände, die es besonders schwierig machen, die Mediennutzung zu verändern, wenn du zu viel online bist. Vor allem wenn dies schon längere Zeit, das heisst mehr als ein Jahr, der Fall ist.

Wer checkt es nicht oder: Woran liegt es?

Ein Umstand, für den du nichts kannst, ist die Hirnentwicklung. Derjenige Teil im Hirn, der für die Steuerung von Impulsen und das Planen und Umsetzen von Vorhaben zuständig ist – das sogenannte Frontalhirn –, ist noch nicht ausgereift und bringt noch nicht die Leistung, die es brauchen würde, um massvoll zu handeln.

TIPP *Wenn du über diesen Aspekt der Hirnentwicklung Bescheid weisst, fällt es dir vielleicht leichter, den eigenen Impulsen etwas kritischer gegenüberzustehen.*

Es kann schwierig sein, heute rechtzeitig ins Bett zu gehen, damit morgen alles besser läuft. Der Moment und das, was gerade jetzt passiert, ist oft wichtiger als die Folgen davon morgen oder übermorgen. Deshalb kann es auch anspruchsvoll oder gar unmöglich sein, die Mediennutzung selbständig zu ändern. Vor allem dann, wenn der Wille, etwas zu verändern, sehr stimmungsabhängig ist. Das ist der Grund dafür, dass es einen geregelten Tagesablauf und Strukturen von aussen braucht. Mit anderen

Worten, es braucht Eltern, Lehrer, Lehrmeister usw. Doch was, wenn die das auf eine kaum annehmbare Art rüberbringen?

Drei Gründe, weshalb du die Sache besser selber anpackst:

1. **Eltern checken es nicht.** Möglicherweise hast du Eltern, die mit dir überfordert sind oder selber Probleme haben. Sie verhalten sich unfair, ungerecht, kritisieren dich oft und sind für dich unberechenbar. Sie hören dir nicht wirklich zu und verstehen dich demzufolge auch nicht. Letztlich hast du auch kaum etwas zu sagen, wenn es darum geht, wie Medien genutzt werden sollen. Sie haben wenig Ahnung, was zum Beispiel das Handy für dich bedeutet und was du und deine Freunde online machen. Sie interessieren sich selten wirklich dafür, und wenn doch, stellen sie unmögliche Fragen. Wenn du am Handy bist, reagieren sie manchmal sehr unfreundlich und schimpfen, anstatt mit dir eine vernünftige Lösung zu suchen. Sie sind für dich unberechenbar, da sie manchmal sehr streng sind, dich aber in anderen Situationen online machen lassen, was du willst. Eigentlich ist es klar, dass sie überfordert sind und es nicht fertigbringen, vernünftig mit dir zu reden. Sie haben ein Problem und tun so, als ob das alleine nur deines wäre.

2. **Es selber nicht checken.** Deine Stimmung verhält sich wie eine Achterbahn. Es fällt dir schwer, Aufgaben zu machen und Pflichten oder To-dos zu planen und rechtzeitig zu erledigen. Auch ist es nicht deine Stärke, abzuschätzen, welche Auswirkungen es auf die Zukunft hat, wenn du heute nicht ans Morgen denkst. Da kannst du nicht mal viel dafür, da derjenige Hirnbereich, der dafür zuständig ist, eben erst richtig funktioniert, wenn man erwachsen ist. Jugendliche leben gerne im Moment, und das ist an sich auch gut so. Nur so kann man die Welt entdecken und Erfahrungen sammeln, die fürs Erwachsenwerden wichtig sind. Wenn es dir aber nicht gelingt, an die Zukunft zu denken und heute etwas für morgen zu tun, können die Folgen übel sein, zum Beispiel für deine berufliche Zukunft oder die Chancen, eine Freundin zu finden. Ich kenne das, da ich einige Jugendliche begleitet habe, die wegen des Gamens oder wegen YouTube von der Schule geflogen sind oder mit 25 Jahren noch kein Mädchen geküsst haben.

3. **Medienfaszination.** Du lebst in einer Zeit mit unglaublich spannenden technischen Möglichkeiten, die mit wenigen Klicks unkompliziert Kontakte, viel Spass und Unmengen an Informationen liefern. Medien

sind unterhaltsam, herausfordernd, verführerisch und dafür gemacht, Aufmerksamkeit zu erregen. Mit riesigen Datenmengen (Big Data) finden Anbieter heraus, an welchem Punkt das Risiko zunimmt, dass Nutzer weggehen. Genau an diesem Punkt passiert etwas Spannendes, damit die Leute dranbleiben. Du kennst das sicher aus TV-Serien. Apps, Games, Social Media usw. sind so programmiert, dass man möglichst lange dranbleibt und nur schwer abschalten kann. Oder etwas direkter gesagt: Medien sind geil und machen süchtig oder können mindestens süchtig machen. Du lebst also in einer Zeit, in der du dauernd von süchtig machenden Angeboten umringt bist. Da ist es nicht einfach, Mass zu halten. Früher war das anders, da technische Geräte für Jugendliche zu teuer waren und nur Erwachsene sie nutzen konnten oder durften. Es gab mehr Langeweile, und man musste etwas tun und mehr aus dem Haus gehen, um etwas erleben zu können.

Auf Erfolgskurs kommen

Das sind also die Gründe, weshalb deine Nutzung möglicherweise aus dem Ruder gelaufen ist. Dir ist langsam klar, dass du etwas ändern solltest, und du möchtest das auch. Wenn das so ist und du das Problem erkennst, hast du bereits einen ganz wichtigen Schritt gemacht.

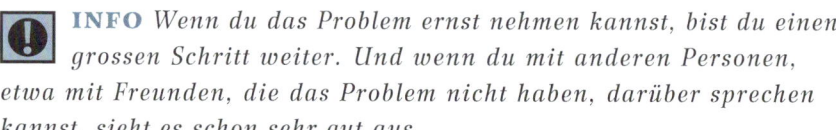 **INFO** *Wenn du das Problem ernst nehmen kannst, bist du einen grossen Schritt weiter. Und wenn du mit anderen Personen, etwa mit Freunden, die das Problem nicht haben, darüber sprechen kannst, sieht es schon sehr gut aus.*

Falls du bei dir Anzeichen einer Online-Sucht erkennst, zum Beispiel aufgrund eines Tests wie im Kapitel «Mein persönliches Medienverhalten» (siehe Seite 18), dann lautet die gute Nachricht: Du kannst etwas dagegen tun! Dazu brauchst du Geduld und Durchhaltewille, da eine Sucht meistens nicht von heute auf morgen verschwindet. Vielleicht helfen dir die folgenden Regeln und Tipps weiter. Es kann jedoch gut sein, dass du Unterstützung und Hilfe von aussen brauchst. Dazu gibts im nächsten Kapitel einige Hinweise (siehe Seite 188).

Checkliste und Tipps für Junge, die etwas ändern wollen

Es gibt in Sachen übermässige Mediennutzung viele Tipps, die du online finden kannst. Das kann nützlich, aber auch widersprüchlich sein, denn es besteht eventuell das Risiko, dass du von den Tipps auf YouTube direkt zu deiner Lieblingsnutzung wegdriftest. Manche technischen Hilfsmittel wie «Bildschirmzeit», *Digital Wellbeing* oder *Time well spent* kannst du ebenfalls nutzen. Sie können dich unterstützen und dir helfen, deine On-line-Zeiten zu kontrollieren. Letztlich musst du die Veränderung aber selber anpacken – das kann dir keine Technologie abnehmen.

Ich habe hier aufgrund unserer Erfahrungen in der Praxis wirkungsvolle Tipps für Jugendliche zusammengestellt. Dabei geht es als Erstes darum, dass du den Alltag einigermassen in den Griff bekommst, damit du in Schule und Lehre wieder auf Kurs kommst. Der wichtigste Grund dafür ist nicht etwa, dass deine Eltern dies wollen, sondern weil es für dich und die Möglichkeiten, die dir die Zukunft bieten kann, so entscheidend ist.

Erfolgs-Checkliste

1. **Nachts genug schlafen.** Wenn du nur eine einzige Massnahme umsetzen kannst, dann ist dies die beste. Sorge dafür, dass du abends rechtzeitig das Smartphone und andere Geräte ausschaltest oder, noch besser, sie aus dem Zimmer legst. Es gibt günstige Wecker, damit du ohne Handy aufwachen oder aufstehen kannst. Die Eltern unterstützen das meistens.

   Du musst einen guten Tag-Nacht-Rhythmus finden, und du solltest ungefähr acht Stunden ungestört schlafen.

2. **Selbstkontrolle, Regeln der Internetnutzung.** Du brauchst Selbstdisziplin und klare Ziele, um deine Zeit selber einzuteilen und nicht durch Geräte bestimmen zu lassen. Ein Problem vor allem bei Online-Süchtigen ist, dass sie innere Impulse schlechter kontrollieren können. Das bedeutet, dass sie auch der digitalen Versuchung schlechter widerstehen können. Deshalb ist es hilfreich, wenn du selbst dafür sorgst, dass du keinen oder nur eingeschränkten Zugang zu Smartphone und Computer hast. Das kannst du mit einer technischen Einschränkung tun, oder – was besser ist – du bittest deine Eltern, während einer bestimmten Zeit auf deine Geräte aufzupassen.

3. **Sachen, die du erledigen musst, anpacken.** Hausaufgaben, Bewerbungen usw. nicht aufschieben und möglichst vor der Mediennutzung erledigen. Nur so nimmt der Stress ab, der möglicherweise mit ein Grund dafür ist, dass du so viel Screen Time hast.
4. **Alternativen zum Online-Sein aufbauen und pflegen.** Aus dem Haus gehen, Sport machen, Freunde treffen (nicht absagen, wenn sie sich melden), mit den Eltern zusammen essen, diskutieren, Freizeit und Ferien planen ... Das sind wichtige Aktivitäten. Du brauchst alternative Tätigkeiten für die Zeit ohne Games und ohne soziale Netzwerke, sonst ist die Versuchung viel zu gross, dass du dich wieder vor den Bildschirm setzt.
5. **Sich selber belohnen und motivieren.** Für jeden Schritt, den du in die richtige Richtung machst, solltest du dich selber belohnen, indem du dir innerlich auf die Schulter klopfst oder dir etwas leistest, das dir Spass macht. Motivation ist wichtig – ohne gehts nicht, da die Veränderung schon schwierig genug ist.

Und wenn das alles nichts nützt?

Was aber, wenn das alles kaum etwas bringt, weil die Verlockung der Online-Nutzung viel zu gross ist? Wenn das Leben ohne den Online-Kick unvorstellbar, öde und langweilig ist? Wenn du dich beim Offline-Sein fragst, was das Ganze soll? Dir der Lebenssinn zu fehlen beginnt und du deprimiert bist? **Dann brauchst du Unterstützung von aussen.** Wenn du das akzeptieren kannst, hast du in dieser Situation schon bessere Karten. Dann stellt sich die Frage, wer dir helfen kann.

Wer kann dir helfen?
Wie sieht es mit deinen Eltern aus? Mit dir vertrauten Personen, Freunden, Tanten, Onkeln, Gotte, Götti, Grossmami usw.? Wenn es da weder Verständnis noch Hilfe gibt, ist der nächste Schritt angesagt: professionelle Hilfe. Das kann bei einer Schulsozial- oder Jugendarbeiterin oder beim Schulpsychologen sein. Informiere dich, wo es eine entsprechende Stelle gibt. Du kannst dich da beraten lassen, ohne dass es deine Eltern wissen müssen.

Auf Erfolgskurs – trotz Rückfallgefahr

Wenn die Leistung und die Präsenz wieder da sind, reale Kontakte wieder gepflegt werden und sich eine bessere Selbstkontrolle zeigt, dann ist der Erfolgskurs eingeschlagen. Zu Recht sind Freude und Lob für die gemachten Schritte angesagt. Der Job ist jedoch noch nicht getan. Denn möglicherweise wartet die Enttäuschung bereits beim nächsten Hindernis.

Endlich haben Sie die unkontrollierte Nutzung im Griff. Die Verunsicherung von Betroffenen und Angehörigen über den mehr oder weniger heimlichen und oft uneingestandenen Konsum nimmt ab. Möglicherweise geht diese Entwicklung mit dem Versprechen einher, dass dies nicht wieder vorkommen soll. Die Erinnerungen an rauschhaft Erlebtes sind in den Hintergrund getreten, das Suchtgedächtnis verblasst. Es hat sich jedoch nicht aufgelöst. Eine weitere Krise oder ein Rückfall auf dem Weg zu Stabilität und Heilung ist leider zu erwarten.

Suchtgedächtnis oder Erfolg macht nachlässig

Selbst wenn das neue Verhalten oder Muster einigermassen stabil scheint, kann das Risiko für einen erneuten exzessiven Konsum zunehmen; das Muster «Zwei Schritte vor, einer zurück» ist nichts als normal. Betroffene wollen davon meist wenig wissen. Sie glauben bald, das veränderte Verhalten im Griff zu haben, und sind ziemlich sicher, dass sie nicht in das alte Muster zurückfallen. Sie meinen oft, dass sie ihr Verhalten nun beherrschen und kontrolliert spielen, chatten, zocken könnten.

INFO *Betroffene selber glauben in selbstüberschätzender Weise recht schnell, das veränderte Verhalten im Griff zu haben. Dabei sind Rückfälle zu erwarten, und es braucht meist mehr Zeit und Durchhaltewille als ursprünglich erhofft.*

Die neue Sicherheit ist in den meisten Fällen eine Illusion. Erfahrene Sucht-
therapeuten rechnen mit unerwarteten Rückfällen und wissen, dass dies
kein Misserfolg ist, sondern eine Herausforderung bedeutet, noch Weiteres zu lernen. Es ist weniger entscheidend, ob es zu einem Rückfall kommt,
als vielmehr, wie man damit umgeht. Doch dazu später mehr. Aufgrund
dieser Erkenntnis ist es wenig sinnvoll, sich oder andere dafür zu kritisieren. Viel wichtiger ist es, wieder auf das ursprüngliche Ziel zu fokussieren
und in die Spur der Veränderung zurückzufinden. Es geht darum, für das
nächste Mal zu lernen. Möglicherweise muss auch das Ziel etwas angepasst
und damit realistischer werden.

Vielleicht waren Ihre Bemühungen über eine längere Zeit erfolgreich,
und Sie möchten dieses Buch nun beiseitelegen. Das ist gut nachvollziehbar, da nun das wirkliche Leben wieder in den Vordergrund rückt. Und
doch muss ich Sie davor warnen, die Lektüre vorschnell aufzugeben. Denn
wenn Sie sich in falscher Sicherheit wiegen, wirds richtig gefährlich.

Das Suchtgedächtnis ist zäh

Das Suchtgedächtnis ist sehr widerstandsfähig – rechnen Sie damit, dass
es sehr lange erhalten bleibt. Solange das Leben wieder im Gleichgewicht
ist und die problematischen Anwendungen auf Distanz gehalten werden,
gibt es kaum Schwierigkeiten. Doch oft braucht es wenig – unangenehme
Momente, eine Krise, Konflikte, eine ausweglose Situation oder auch nur
Langeweile –, und der alte Mechanismus taucht wieder auf.

Vielleicht kennen Sie das, wenn Sie aufgehört haben, zu rauchen oder
Süssigkeiten im Übermass zu essen. Irgendwann haben Sie wieder eine
Zigarette angezündet oder eine Schachtel Pralinen gekauft, im Glauben,
dass dies kein Problem mehr sei. Im Nu waren Sie wieder drin im unkontrollierten Verhalten. Wer einmal süchtig war, dessen Hirn hat sich insbesondere im Belohnungszentrum Mechanismen angeeignet, die sich nicht
so schnell zurückbilden – eben das Suchtgedächtnis. Diese Veränderungen
finden auch bei süchtigem Online-Verhalten statt.

Der innere Drang oder das Craving
Veränderungen im Belohnungssystem des Hirns, die mit Gamen oder anderen berauschenden Anwendungen aufgebaut wurden, sind sehr bestän-

dig. Diesem inneren Suchtanteil, den man als «Suchtteufel» bezeichnen könnte, sollte man lange oder gar für immer misstrauen.

 ACHTUNG *Genau dann, wenn alles kein Problem mehr zu sein scheint, ist erhöhte Vorsicht angezeigt. Denken Sie daran: Das Suchtgedächnis vergisst nicht so schnell.*

Angehörige und andere Menschen im Umfeld sollten das Misstrauen nicht auf den ganzen Menschen beziehen, der meist nur im Zusammenhang mit der Sucht schummelt, unberechenbar und unehrlich ist oder lügt. Auch für Betroffene selber ist es wichtig, dass sie der Sucht gegenüber misstrauisch sind, sich aber nicht als Person schuldig fühlen. Denn Sucht ist letztlich eine Krankheit und keine Charakterschwäche.

Frühwarnsystem bei Rückfallgefahr: erkennen, wenn die Lust wieder auftaucht

Impulse oder der Drang, wieder zu konsumieren (in der Fachsprache «Craving» genannt), sind nicht nur nachteilig. Denn Sie können sie als Frühwarnsystem oder Alarm nutzen.

Meist ist in solchen Momenten das Gleichgewicht im Leben auf irgendeine Art gestört. Das kann ähnliche Gründe haben wie die, die ursprünglich zur Sucht führten: ein ungelöster Konflikt, eine scheinbar aussichtslose Situation, etwas, das am Selbstwert nagt usw.

 SELBSTCHECK: Herausfinden, warum sich die Lust zurückmeldet

Wenn sich die Verführung wieder leise bemerkbar macht, ist der richtige Zeitpunkt gekommen, sich ein paar Fragen zu stellen:
- Weshalb gerade jetzt?
- Was ist schiefgelaufen?
- Bin ich unzufrieden, und wenn ja, womit?
- Was ist los, dass ich gerade jetzt Lust habe oder sich der Suchtteufel meldet?

Wenn Sie sich mit der Sucht auseinandergesetzt und die bisherigen Schritte erfolgreich (oder mindestens teilweise erfolgreich) umgesetzt haben, kennen Sie Risikosituationen. Sie können auch den Zusammenhang zwischen Konsum und möglichen Ursachen herstellen. Und Sie wissen, welche Massnahmen am besten helfen.

Deshalb können die richtigen Fragen und wenn möglich die Antworten darauf bewirken, dass die Unsinnigkeit und auch die Unnötigkeit des Verhaltens wieder klar werden. Damit ist die Gefahr bekannt. Wenn Sie so wollen, können Sie dem Suchtteufel für den Warnhinweis dankbar sein. Noch besser ist, wenn Sie sich selber für die richtige Erkenntnis zum richtigen Zeitpunkt danken. Wieder auf Kurs zu kommen ist jedes Mal ein Grund, stolz zu sein!

Digitale Auszeiten

Manchmal braucht es Distanz, eine Auszeit von den Medien oder mindestens von der gefährlichen Anwendung. Das kann vorbeugend sinnvoll sein, aber auch bei übermässigem Konsum. Mit einem *Digital Detox* – einer digitalen Entgiftung – soll das Bewusstsein hinsichtlich der Wirkung und des schädlichen Einflusses digitaler Medien geschärft werden. Gleichzeitig unterbricht man damit Gewohnheiten, um anschliessend einen gesünderen Umgang mit den Medien zu finden.

Auszeiten können je nach persönlichem Ziel sehr unterschiedlich aussehen. Das kann eine Abstinenz von ein paar Stunden, einem Wochenende oder einer ganzen Woche sein. Sie können eine Auszeit auf eigene Faust planen oder diese mit einem professionellen Anbieter durchführen – dazu mehr ab Seite 195. Doch was lässt sich mit der digitalen Abstinenz auf Zeit erreichen? Welche Erkenntnisse und Wirkungen sind zu erwarten?

Was bringt ein digitales Time-out?

In der Freizeit auf Medien zu verzichten ist nicht ganz einfach und kann das Leben erheblich verändern. Das ist nicht nur bei suchtartigem Verhalten so. Hinsichtlich der Gewohnheiten und der Verflechtung von realem und virtuellem Leben bedeuten Einschränkungen eine grosse Umstellung. Gleichzeitig wächst vielleicht das Bewusstsein, dass immer mehr reale Lebenszeit mit unkontrolliertem Internetkonsum verloren geht.

> **INFO** *Wenn es nach einem Time-out gelingt, durch eine bewusstere Nutzung eine Stunde unnötigen Konsums pro Tag einzusparen, bedeutet das auf zwei Wochen hochgerechnet einen geschenkten Tag!*

Entscheidend ist, dass die Einschränkung oder Auszeit freiwillig, das heisst aufgrund eigener Motivation, erfolgt. Die Erkenntnis, dass eine Veränderung notwendig, sinnvoll und ein Gewinn an Lebensqualität ist, gilt als grosser Motivationsvorteil. Die Freiwilligkeit ist entscheidend für die Frage, wie gut Einschränkungen umgesetzt werden können. Damit wächst auch die Chance, dass eine nachhaltige, positive Wirkung erzielt wird. Gegen etwas Motivation von aussen, etwa von Freunden oder einer Gruppe, ist nichts einzuwenden. Wenn das Time-out jedoch von aussen aufgezwungen wird, kann dies zu erheblichen Problemen führen.

> **ACHTUNG** *Ein digitales Time-out ohne Eigenmotivation hat nicht die gleiche Wirkung und kann gar gefährlich sein. Wenn ein Suchtproblem vorliegt, ist mit individuell sehr unterschiedlich gearteten Entzugserscheinungen zu rechnen. Denkbar sind beispielsweise Überreaktionen wie extrem aggressive Verhaltensweisen. Manchmal kommt es gar zu Drohungen, Werfen oder Zerstören von Gegenständen bis hin zu Suiziddrohungen. Daher ist bei Suchtverhalten vom Erzwingen eines plötzlichen, unvorbereiteten Time-outs, das man fachlich «kalten Entzug» nennt, abzuraten.*

Eltern von onlinesüchtigen Jugendlichen greifen manchmal zu dieser drastischen Massnahme, ohne sich bewusst zu sein, was sie damit auslösen können. Das führt bisweilen zu extremen Reaktionen, vor allem wenn die Auszeit nicht angekündigt, vorbereitet und gut begleitet wird. Verzichten Sie daher auf dieses Vorgehen. Mehr dazu lesen Sie im Kapitel «Beratung und Therapie», in dem es um professionelle Hilfe geht (siehe Seite 199).

Social Media und Time-out

In einer Facebook-Studie wurden in der Schweiz Betroffene gesucht, die für 300 Franken bereit waren, einen Monat lang auf ihren Account zu verzichten. Interessant dabei sind die Erkenntnisse der Teilnehmenden verschiedenen Alters, über die sie in Interviews berichteten:

- «Dem Dozenten zuzuhören, ohne auf Facebook eingeloggt zu sein, ist schon massiv was anderes.»
- « Ich war konzentrierter bei der Arbeit.»
- «Ich habe mich bei meinen Hausaufgaben nicht mehr so schnell ablenken lassen.»
- «Man ist oft gar nicht sich selber, sondern kreiert durch Aktivitäten im Stil von ‹Privatmarketing› ein Image von sich.»
- «Man hat ein schlechtes Gewissen, wenn man nicht dauernd drauf ist.» (Zur Erklärung: «Drauf sein» bedeutet auf Facebook eingeloggt sein.)

Die Erkenntnis verschiedener Nutzerinnen und Nutzer war nach der einmonatigen Pause, dass die gewonnene Zeit mit anderen Tätigkeiten gefüllt und weniger, dafür besser kommuniziert wurde. Sie beabsichtigten in der Folge, die Kommunikationsplattform weniger häufig, dafür sinnvoller zu nutzen. Tatsächlich reduzierte sich der Anteil derjenigen, die fast dauernd eingeloggt waren, von 24 % auf 8 %. Ein Time-out kann also tatsächlich positive Veränderungen im Sinne von «weniger Quantität, mehr Qualität» bewirken. Das heisst, dass die Mediennutzung weniger häufig, dafür gezielter erfolgt und dass die Offline-Lebensqualität zunimmt. Ob solche Veränderungen dauerhaft erhalten bleiben, ist unbekannt. In der Regel braucht es jedoch weitere Selbstreflexion und Anstrengungen, um eine gute Net-Life-Balance zu erhalten.

Smartphone: Kurz-Time-out

Kurz-Time-outs vom Smartphone machen in allen Momenten Sinn, die Ihnen wichtig sind und die Sie intensiv erleben möchten, so zum Beispiel

- während der gemeinsamen Mahlzeiten
- in Gesprächen, Sitzungen
- für intensive Arbeit
- beim Spielen mit Kindern
- …

Probieren Sie es aus! Wenn Sie Ihr Umfeld motivieren möchten, ebenfalls kurze Zeit auf das Smartphone zu verzichten, kann alleine schon die Mitteilung, dass Sie Ihr Handy jetzt auf lautlos stellen, eine Wirkung haben.

Formen digitaler Auszeiten

Welche Medienauszeit ist die richtige? Was passt für mich, für den Partner, die Kinder, die ganze Familie? Geht es um eine vollständige Abstinenz oder einen minimalen Verzicht? Digitale Time-outs können auch ohne professionelle Begleitung eine gute Erfahrung sein. Allerdings empfiehlt sich etwas Vorbereitung und das Beachten der wichtigsten Punkte, die unten aufgeführt sind.

Es ist sinnvoll, sich im Voraus zu überlegen, was mit der frei werdenden Zeit anzufangen ist. Insbesondere mit Kindern und Jugendlichen ist es hilfreich, andere attraktive Aktivitäten vorzusehen, denn einfach so werden Jugendliche nicht auf den Zugang zur digitalen Welt verzichten. Bei den meisten begleiteten Projekten wird das Handy abgegeben, damit man gar nicht erst in Versuchung gerät. Dieser Akt kann durchaus ein sinnvolles Ritual zu Beginn der medienfreien Zeit sein. Für den Notfall ist meist eine Festnetznummer verfügbar.

Wir sind dann mal offline

Eine Pause von digitalen Medien können Sie selbständig planen oder sie mit einem spezialisierten professionellen Anbieter durchführen. Selber organisierte Time-outs lassen sich auf Ihre eigenen Bedürfnisse zuschneiden. Allerdings sind diese Auszeiten mit entsprechenden Chancen und Risiken das grössere Abenteuer. Professionelle Anbieter sehen eine Tagesstruktur vor, es werden Gesprächs- und Reflexionsmöglichkeiten angeboten. Das ist der sichere Weg, wenn Sie nicht wissen, wie Sie auf den digitalen Verzicht reagieren werden.

TIPP *Falls Sie unsicher sind, ob Sie eine Auszeit alleine schaffen, oder wenn Sie Medien sehr intensiv nutzen, ist eine professionelle Begleitung die bessere Option.*

Digitale Time-outs auf eigene Faust

Auszeiten sind gerade in einem hektischen und stressigen Leben sinnvoll. Einige meiner Klientinnen und Klienten haben Sabbaticals dazu benutzt, Abstand vom täglichen Medienkonsum zu nehmen. Sie planten grössere Wanderungen und Touren, bei denen das Internet nur punktuell verfügbar war.

Es ist empfehlenswert, sich darauf vorzubereiten, da der Wechsel zwischen einem eng getakteten Alltag und einer ruhigen Zeit psychisch eine ordentliche Herausforderung ist. Ist die Auszeit in einer Gruppe oder in der Familie geplant, bietet ein gemeinsames Projekt, zum Beispiel auf einer Alp, eine gute Struktur.

❗ **TIPP** *Für eine digitale Auszeit lassen Sie digitale Geräte, bis auf eine Notfallverbindungsmöglichkeit, zu Hause. Informieren Sie Bekannte über Ihre virtuelle Abwesenheit. Nehmen Sie Bücher, Spiele usw. mit. Planen Sie sportliche, kreative oder andere Aktivitäten wie eine Wanderung oder ein Lagerfeuer, um der digitalen Einsamkeit spannende Alternativen entgegenzusetzen.*

Menschen reagieren unterschiedlich auf diese Art von Experiment. Daher ist es hilfreich, von sich selber zu wissen, wie man sich generell bei solchen Veränderungen verhält und diese verarbeitet.

flimmerpause.ch

Das Projekt «Flimmerpause» startete ursprünglich in Luzern und wird an verschiedenen Orten in der Deutschschweiz durchgeführt. Es wird von Suchtpräventionsstellen unterstützt und richtet sich an verschiedene Alterstufen vom Kindergarten bis zur Oberstufe.

Die Regel ist einfach: eine Woche lang in der Freizeit keinen Bildschirmkonsum – sei dies zu Hause oder in einem anderen Umfeld. Ziel ist ein bewussterer Umgang mit dem Bildschirm. Um dieses Ziel zu erreichen, sollen folgende Punkte beachtet werden:

- flimmerfreie Zeit gemeinsam mit der Schulklasse oder in der Familie planen
- detaillierte Regeln mit allfälligen Ausnahmen aushandeln
- über flimmerfreie, das heisst medienfreie Erfahrungen reden
- eigenes Medienverhalten erkennen

Das ist nicht nur für die Kinder eine Umstellung, sondern vor allem für Eltern eine Herausforderung. Das Mitmachen der Eltern oder der ganzen Familie ist Bedingung für eine gute Erfahrung. Kinder sollen die Erfahrung der bildschirmfreien Zeit schon früh machen, um die allzeitige Verfügbarkeit der Medien nicht als selbstverständlich zu erleben. Die Initianten sprechen davon, dass dies den Medienkonsum der Kinder nachhaltig verändern kann.

Auf der Website flimmerpause.ch sind weitere Informationen und Anleitungen zu finden.

Digitaler Minimalismus
«Digitaler Minimalismus» – so lautet der Titel eines Buches von Cal Newport, einem Informatikprofessor. Da er meint, dass es für viele Menschen schwierig sei, Gewohnheiten nach und nach zu verändern, und dass es im Alltag nicht möglich sei, ganz auf Medien zu verzichten, schlägt er vor, während 30 Tagen konsequent auf möglichst viele virtuelle Angebote zu verzichten. Dabei stellt sich natürlich vor allem die Frage, auf welche Anwendungen in der Freizeit verzichtet werden kann und auf welche nicht.

SELBSTCHECK: Auf welche Anwendungen kann ich verzichten?

Überlegen Sie kurz, auf welche Medien Sie im Alltag verzichten können und auf welche nicht.

Ziel nach 30 Tagen minimaler Nutzung wäre dann, zu evaluieren, welche Technologien tatsächlich einen Mehrwert fürs Leben darstellen, und diese Schritt für Schritt wieder ins Leben zu integrieren.

Digital Detox Camps

Disconnect to reconnect, übersetzt etwa «entkoppeln, um sich erneut zu verbinden» – das ist der Slogan, unter dem sogenannte *Detox Camps* angeboten werden. Ziel ist, den übermässigen Einfluss der Medien zu unterbrechen und wieder in Kontakt mit sich selber und anderen zu kommen.

Seit Längerem werden in den USA und inzwischen auch in der Schweiz moderne Ferienlager für Erwachsene angeboten, mit der Absicht, gemeinsam eine aktive, vollständig medienfreie Zeit zu verbringen. Vorsicht: Oft verbergen sich hinter dem Begriff auch konventionelle Angebote für Aufenthalte in Hotels oder Klostern.

In Deutschland werden seit 2016 unter www.camp-breakout.com verlängerte Wochenenden für Menschen zwischen 20 und 80 Jahren durchgeführt. Das Angebot wird als erstes «Digital-Detox-Ferienlager für Erwachsene» bezeichnet. Mit einem Team von acht Mitarbeitern ist eine ganze Reihe von Workshops vom Bogenschiessen über Axtwerfen bis zum Aquarellmalen verfügbar.

❗ ACHTUNG *Das Fehlen von digitaler Ablenkung kann zu emotionalen Stimmungsschwankungen, Unruhe und Schlafstörungen führen.*

Teilnehmende berichten, dass die sozialen Kontakte und der Austausch viel intensiver gewesen seien, als wenn sie Handy und Tablet dabei gehabt hätten. Die Zeit wird als bereichernd und bewusstseinsfördernd beschrieben.

Planen Sie nach einer solchen Erfahrung den Wiedereinstieg zurück ins Alltagsmedienleben sorgfältig. Für die gesunde, bewusstere Mediennutzung im Alltag sind ein paar persönliche Regeln hilfreich, die zum Beispiel kürzere Auszeiten oder das Ausschalten des Handys bei persönlichen Begegnungen vorsehen.

Digital Detox in der Klinik

Falls ein Mediensuchtproblem vorliegt, das nicht ambulant angegangen werden kann, gibt es in der Schweiz auch zunehmend Kliniken mit entsprechenden Programmen. Mehr dazu lesen Sie am Ende des nächsten Kapitels auf Seite 209.

Beratung und Therapie

Professionelle Hilfe in Anspruch zu nehmen ist ein kluger Schritt, wenn es alleine nicht zu schaffen ist. Am häufigsten melden sich besorgte Eltern von kaum einsichtigen und wenig motivierten Jugendlichen für die Beratung. Beim eher schambesetzten Thema Online-Sex und -Porno melden sich männliche Erwachsene selber. In diesem Kapitel lesen Sie, wie eine Therapie erfolgreich abläuft.

Wenn man sich eingestehen muss, dass man es alleine einfach nicht schafft, wird dies oft als Schwäche erlebt. Doch genau genommen ist es eine Stärke, der Realität ins Auge zu sehen. Trotzdem erfolgt eine Kontaktaufnahme mit Fachleuten in aller Regel erst, wenn es nicht mehr anders geht. Etwas Selbstüberwindung und Mut braucht es schon, sich bei einer Beratungsstelle zu melden.

BERATUNG ODER PSYCHOTHERAPIE: WAS IST DER UNTERSCHIED?

- Unter Beratung wird meist eine erste Abklärung und Hilfestellung verstanden, die durch verschiedene Fachpersonen erfolgen kann, zum Beispiel Sozialarbeitende, Psychologen und Psychologinnen, Erziehungsberatende oder Jugendarbeiterinnen und Jugendarbeiter.
- Therapie oder Psychotherapie wird durch Psychologen oder Ärztinnen mit psychotherapeutischer Zusatzausbildung angeboten. Sie kann je nachdem über die Grund- oder Zusatzversicherung der Krankenkasse abgerechnet werden. Nach einer diagnostischen Abklärung erfolgt meist eine tiefer greifende Behandlung.

Unter beiden Begriffen werden ähnliche Angebote gemacht. Der Begriff «Beratung» wirkt für Betroffene weniger besorgniserregend und wird deshalb auch oft für erste Konsultationen verwendet.

Hilfe in Anspruch zu nehmen ist eine Stärke

Meist haben Betroffene schon einiges unternommen, doch weiterzukommen erscheint fast unmöglich. Smartphones und Internet haben das Leben seit Längerem negativ beeinflusst, vieles wurde vernachlässigt, und die Freiheit, Medien zu benutzen oder nicht, ist verloren gegangen. Das Leben ist in eine Sackgasse geraten, aus der es keinen Ausweg zu geben scheint.

 INFO *Hilfe in Anspruch nehmen ist keine Bankrotterklärung, sondern zeugt von der Fähigkeit, einer Situation ins Auge zu schauen. Das beweist Mut und Klugheit.*

Es gibt Menschen, denen es weniger schwerfällt, Unterstützung zu holen. Meist haben sie schon erlebt, wie hilfreich das sein kann, vor allem wenn sie Eltern, Lehrpersonen oder andere wichtige Bezugspersonen hatten, mit denen sie eine gute Erfahrung machen konnten.

In der Regel ist es aber schwierig, Hilfe zu suchen. Die Schwierigkeiten werden verdrängt, Betroffene versuchen, gegen aussen ein Leben zu präsentieren, in dem sie alles im Griff haben. Auch in ausweglosen und schmerzhaften Situationen glauben Betroffene oft noch daran, dass die einzige Lösung darin bestehe, sich selber aus dem Sumpf zu ziehen. Oder sie hoffen, dass sich das Problem von selber löst. Vielleicht ist das auch ab und zu gelungen, oder sie haben es sich, im Nachhinein mindestens, so zurechtgelegt.

Für Eltern, die Hilfe brauchen
Spüren Sie Ohnmacht und Verzweiflung, und suchen Sie gemeinsam einen Weg? Plagen Sie sich mit dem Gedanken herum, dass Sie Fehler gemacht haben? Auch wenn dies der Fall sein sollte, ist das normal – es geht nicht ohne Fehler. Fast alle Eltern haben Schwierigkeiten in Sachen Medienumgang der Kinder. Das Beste, was man in dieser Situation tun kann, ist, sich Hilfe zu holen, um aus Fehlern zu lernen. Wenn Sie das schaffen, sind Sie für Ihre Kinder zudem ein gutes und menschlich kluges Modell.

Bedenken Sie, dass eine Sucht verschiedene Ursachen hat, von denen möglicherweise viele nichts mit Ihnen zu tun haben. Das können Sie sehen, wenn Sie im Kapitel «Konsum und Sucht» die Informationen zum Suchtdreieck durchgehen (siehe Seite 98). Es gibt Kinder, die aufgrund ihres

Charakters oder persönlicher Belastungen zur Risikogruppe gehören und mehr Probleme haben.

INFO *Alleine die Tatsache, dass Sie sich um Ihr Kind Sorgen machen und etwas ändern möchten, zeigt, dass Sie gute Eltern sind und mindestens jetzt versuchen, den richtigen Weg zu gehen.*

Therapie von Computerspiel- oder Social-Media-Sucht

Von einer Computerspielsucht sind am häufigsten männliche Jugendliche und junge Erwachsene zwischen 10 und 25 Jahren betroffen; bei der Social-Media-Sucht sind es eher Mädchen. Die beiden Bereiche vermischen sich jedoch zusehends, da auch in Games gechattet wird und auch auf Social-Media-Plattformen Spiele zu finden sind. Zudem sind bei beiden Anwendungen ähnliche Belohnungsmechanismen eingebaut (mehr dazu auf Seite 53).

In aller Regel sind Kinder und Jugendliche von sich aus kaum motiviert, eine Behandlung in Anspruch zu nehmen. Das ist im Jugendalter normal und nicht ungesund. Für diesen Schritt brauchen junge Menschen die Unterstützung der Eltern.

Verzweifelte Eltern würden ihre Kinder am liebsten zur Beratungsstelle schleppen, damit der Suchtberater, die Suchtberaterin ihnen beibringt, dass sie ein Problem haben. Das nützt jedoch kaum etwas, wenn Jugendlichen selber die Einsicht fehlt und sie die Therapie gleich wieder abbrechen. Auch deshalb ist die Mitarbeit der Eltern für eine nachhaltige Lösung in der Regel entscheidend. Doch dazu später mehr.

Anders ist es bei jungen Erwachsenen, zum Beispiel Studentinnen und Studenten, die sich selbständig für eine Beratung melden, meist aber nicht ohne Druck seitens der Eltern oder des Arbeitgebers. Sie zeigen eine gewisse Einsicht, dass sie ohne fremde Unterstützung nicht weiterkommen.

INFO *Es ist hilfreich und oft notwendig, dass Zuspruch und sanfter Druck aus dem Umfeld kommen. Es ist manchmal auch die Freundin oder ein Geschwister, die Betroffene motivieren können, etwas zu unternehmen, da die Mediensucht die Beziehung belastet.*

Wo sind die Social-Media-süchtigen Mädchen?

Forschungen zeigen, dass es etwa gleich viele süchtige Mädchen wie Jungen gibt. Trotzdem tauchen sie nur vereinzelt in Suchtberatungsstellen auf. Der Grund dafür ist bis anhin ein Rätsel.

Der süchtige Konsum von Mädchen ist weniger auffällig. In der Regel machen sie ihre Hausaufgaben pflichtbewusster als die Jungen, und ein alarmierender Leistungsabfall bleibt daher aus. Neuere Forschungen zeigen nun, dass Mädchen eher wegen anderer Beschwerden behandelt werden, die gleichzeitig mit einer Mediensucht zu beobachten sind. Das können Depressionen, Ess- und Angststörungen usw. sein. Sucht ist für Mädchen auch eher schambesetzt, während sich Jungen für dieses An- oder Über-die-Grenze-Gehen nicht schämen, sondern es als mutig erleben oder sogar stolz darauf sind.

Besorgte Eltern und wenig motivierte Jugendliche

Die häufigste Ausgangslage in der Beratung ist die, dass Eltern – vielleicht Sie – schon einige Zeit unter der Mediensucht des Jugendlichen leiden, dass dieser jedoch kein ernsthaftes Problem erkennt.

Nachdem die Schulnoten gesunken sind und möglicherweise der weitere Schulbesuch oder die Lehrstelle gefährdet ist, möchten Sie etwas unternehmen. Es gibt seit Längerem Konflikte um den Medien- und den Handygebrauch, und Sie haben schon einiges versucht. Die ganze Familie ist dadurch belastet, und meist geht es vor allem der Mutter wegen der Sorge um das Kind, aber auch weil Veränderungsversuche bis anhin gescheitert sind, schlecht. Für die Eltern ist das Thema sehr besorgniserregend und anstrengend, es belastet auch die Paarbeziehung.

Gemeinsam in die Therapie?

Es empfiehlt sich, dass mindestens die Eltern gemeinsam mit dem Jugendlichen zu einer ersten Sitzung kommen. Dies, weil Kommunikationsprobleme und Konflikte innerhalb von Familien mit der Online-Sucht verknüpft sind, wie verschiedene Studien zeigen. Zudem ist es ein gutes Zeichen, wenn sich die Eltern gleich zu Beginn der Therapie dem Jugendlichen gegenüber mit dem gemeinsamen Besuch durchgesetzt haben. Wenn eine Familie das Problem gemeinsam anpackt, ist das bereits ein erster Erfolg, weil die Betreffenden zeigen, dass alle bereit sind, einen Beitrag zu leisten. Wenn jedes Familienmitglied seine Sichtweise darlegen kann, lassen sich Ursachen und Auslöser besser verstehen, und Veränderungen sind schneller zu erreichen. Gemeinsam können Konflikte angegangen und geklärt werden, und Anerkennung und Wertschätzung werden wieder möglich. Das verbesserte und entspanntere Familienklima wiederum schafft gute Voraussetzungen für eine gesündere Mediennutzung.

INFO *Für ein Familienmitglied alleine ist es schwierig, sein Suchtverhalten abzulegen und eine neue Rolle in der Familie zu finden. Gemeinsam fallen Veränderungen leichter und sind nachhaltiger. Von der Sucht eines Einzelnen sind meist alle betroffen; ebenso können alle mithelfen, etwas zu verändern.*

Phänomen «Stecker raus»
Eltern sind manchmal geduldig oder lassen den Online-Konsum einfach zu – und werden dann irgendwann genervt und wütend. Das kann dazu führen, dass sie plötzlich einen radikalen Schritt machen und den Netz- oder Handyzugang unangekündigt kappen. Von einem solchen unvorbereiteten Totalentzug ist jedoch abzuraten, da er zu gefährlichen Eskalationen mit üblen Beschimpfungen und körperlicher Gewalt führen kann (siehe auch Seite 90). Das führt bisweilen so weit, dass gar die Polizei gerufen werden muss. Es ist demnach besser, den Konsum langsam und geplant einzuschränken. Wenn es für die Eltern trotz Unterstützung nicht mehr möglich ist, sich durchzusetzen, stellt sich die Frage nach einem stationären Aufenthalt.

Wie kann ich meinen Sohn, meine Tochter für die Therapie motivieren?

Voraussetzung ist, dass Eltern mindestens ein Stück weit am gleichen Strick ziehen (siehe auch das Kapitel «Als Eltern eine gemeinsame Linie finden», Seite 180). Bei Eltern, die zusammen leben, ist das einfacher als bei getrennten Paaren. Aber auch da ist es durchaus möglich, dass beide gemeinsam zur Therapie kommen – eine grosse Leistung, die für den weiteren Verlauf eine gute Ausgangslage schafft. Alleinerziehende haben es in der Regel schwerer, da sie sich bei Jugendlichen alleine durchsetzen müssen. Manchmal gelingt das für die gemeinsame Sitzung, und manchmal wird dies erst möglich, nachdem der alleinerziehende Elternteil – in der Regel die Mutter – zuerst allein zu einem Gespräch erschienen ist, in dem gemeinsam eine Strategie besprochen wurde.

Der Nutzen gemeinsamer Familiensitzungen wird anrufenden Müttern oder Vätern erklärt, nachdem sie die schwierige Situation geschildert haben. Meist berichten Eltern, dass es kaum mehr auszuhalten sei mit dem Jugendlichen, sich dieser an keine Regeln mehr halte und wütend und aggressiv werde, wenn man den Medienkonsum einschränke.

In der Praxis ermutige ich den anrufenden Elternteil, mit dem Partner bzw. der Partnerin und dem betroffenen Kind in eine erste Sitzung zu kommen. Zuerst sollten Sie sich als Eltern einig sein, dass Sie gemeinsam zum ersten Gespräch kommen. Wenn das klar ist, kündigen Sie Ihrem Sohn an, dass Sie in einem guten Moment gemeinsam mit ihm sprechen möchten. Bei diesem Gespräch teilen Sie dann mit, dass Sie als Eltern ein Problem hätten. Dieses könnten Sie aber nicht alleine, sondern nur mit ihm zusammen lösen. Deshalb sei es notwendig, dass er zur Beratung mitkomme. Liest sich wie ein Trick für Sie? Das kann sein, es funktioniert jedoch fast immer, wenn es den Eltern ernst ist, denn letztlich sind die Eltern dem Jugendlichen nicht egal.

TIPP *Für einen betroffenen Jugendlichen ist es einfacher, für die Eltern anstatt wegen seines Problems in die Therapie zu kommen. Machen Sie sich dies zunutze.*

Falls die gemeinsame Erstsitzung gelingt, ist dies ein wichtiges Signal für die weitere Arbeit, und Eltern gewinnen mit diesem Vorgehen wieder ein Stück weit an Autorität. Damit ist ein erster erfolgreicher Schritt gemacht.

Das Vier-Phasen-Modell für Familien

Wenn eine gemeinsame Therapie zustande kommt, erfolgt sie in vier Phasen (Vier-Phasen-Modell).

1. Initialphase
In der ersten Sitzung stellen sich alle anwesenden Familienmitglieder vor, und die Wünsche und Anliegen jedes Einzelnen werden aufgenommen.

Die Familie wählt das für sie wichtigste Thema aus, und es wird daran gearbeitet. Anschliessend werden erste einfache Regeln vereinbart, um den Konsum zu kontrollieren. Dazu können kleine Hausaufgaben mitgegeben werden.

In dieser Phase sollen das Suchtverhalten und damit die Therapiemöglichkeiten genauer eingeschätzt werden. Dementsprechend wird über die Form der weiteren Zusammenarbeit entschieden.

2. Motivationsphase

Konkrete Veränderungsschritte, zum Beispiel die Vereinbarung, rechtzeitig ins Bett zu gehen, werden besprochen. Jedes Mal, da dies klappt, soll als Erfolg gesehen werden. In den Sitzungen wird ein anderer Umgang mit Konflikten und gegenseitiger Respekt eingeübt, damit dies später zu Hause umgesetzt werden kann. Der Berater hilft, Positives wahrzunehmen und auszusprechen, was für weitere Schritte motiviert.

3. Vertiefungsphase

Tiefere Ursachen des Suchtverhaltens werden ergründet und die Rollen unter Geschwistern geklärt. Alternatives Freizeitverhalten wird gefördert und unterstützt, indem zum Beispiel der Vater alleine mit dem Jugendlichen etwas unternimmt.

Der Jugendliche kann in dieser Phase auch ein- bis zweimal unbegleitet zur Sitzung kommen, wenn er das möchte. Andernfalls kommt er jeweils mit den Eltern oder mit mindestens einem Elternteil. Das ist wichtig, da Jugendliche erfahrungsgemäss alleine zu wenig Disziplin aufbringen, um regelmässige Therapiesitzungen wahrzunehmen.

4. Stabilisierungs- und Abschlussphase

Hier erfolgen die Sitzungen in grösseren Zeitabständen. Es werden mögliche Rückfälle besprochen, Entwicklungsschritte gewürdigt. Oft treffen sich dabei die Vorstellungen aller Beteiligten über die Mediennutzung immer noch nicht ganz, aber positive Veränderungen zum Beispiel in der Schule sind deutlich sichtbar.

INFO *Ein erfolgreicher Prozess dauert in der Regel rund ein Jahr, mit ein bis zwei Sitzungen pro Monat. Er kann aber auch mehr Zeit in Anspruch nehmen.*

Der hier geschilderte Verlauf ist ideal, kann aber natürlich auch anders erfolgen. Dieses Modell ist lediglich eine erprobte und bewährte Behandlungsmöglichkeit. Eine Therapie soll immer auf die individuellen Gegebenheiten abgestimmt sein.

Therapie von Online-Sex- oder -Pornosucht

Für die Erkenntnis, dass der Konsum zur Sucht geworden ist, braucht es meist etwas Zeit. Diese Einsicht ist jedoch die Voraussetzung, um die notwendige Behandlungsmotivation aufzubringen. Oft sind auslösende Situationen entscheidend, etwa wenn Betroffene – bisher fast ausschliesslich Männer – von der Partnerin oder am Arbeitsplatz erwischt werden. Etwas Druck von aussen hilft, mit einer geeigneten Fachperson Kontakt aufzunehmen. So oder so ist es ein gesunder und kluger Schritt.

Betroffene stammen aus allen sozialen Schichten sowie Familien- und Beziehungskonstellationen. Das berufliche Spektrum reicht vom Handwerker bis zum Manager. Eine etwas andere Ausgangslage bietet sich bei jungen Männern, die intensiv Pornografie konsumieren und noch keine Paarsexualität erlebt haben. Häufig nutzen sie auch andere Internetangebote wie Computerspiele oder soziale Medien, sind im direkten Kontakt scheu und haben Mühe, offen über das Problem zu reden. Nutzende schämen sich generell für den Konsum, obwohl er sehr verbreitet ist. Meist haben sie noch nie psychologische Hilfe in Anspruch genommen, und es braucht Überwindung, eine Fachperson zu kontaktieren.

Was ist in einer Therapie zu erwarten?

Der Online-Pornokonsum und dessen Hintergründe sind das Kernthema, vor allem am Anfang der Behandlung. Es stellen sich Fragen wie: Wann und wie hat das alles angefangen? Dauert der Konsum an? Ist Abstinenz das Ziel? Was sind Auslöser? Welche Auswirkungen sind zu beobachten?

Am Anfang jeder Sitzung sollte der Drang, Pornos zu konsumieren, angesprochen werden, da das Verhalten schnell wieder ausser Kontrolle geraten kann. Rückfälle sind eher die Regel als die Ausnahme, und Betroffenen fällt es schwer, darüber zu reden.

Rückfälle, die übrigens besser als «Vorfälle» bezeichnet werden, bieten die Chance, auslösende Situationen zu identifizieren und sich so besser zu schützen. Leben Betroffene in einer Beziehung, sind negative wie positive Auswirkungen bei erfolgreichen Therapieschritten augenfälliger.

Für Partnerinnen sind Rückfälle, wenn sie davon wissen, immer eine Belastung, da sie diese oft als erneute Abkehr von der Beziehung wahrnehmen. Sie erwarten vielfach und hoffen, dass dies endlich und definitiv nicht mehr vorkommt. Betroffene neigen in dieser Situation dazu, dies zu versprechen. Das ist jedoch nicht empfehlenswert, da die nächste Enttäuschung für beide in der Regel vorprogrammiert ist und als weiterer Misserfolg erlebt wird.

 ACHTUNG *Sich selber oder der Partnerin Abstinenz zu versprechen ist eine Falle, die nicht therapieförderlich ist.*

Einbezug der Partnerin

Inwieweit soll die Partnerin einbezogen werden, und ist sie dazu überhaupt bereit? Kann der Betroffene mit ihr über die Erkenntnisse in der Therapie reden? Das sind weitere Themen in der Therapie.

Falls Paargespräche stattfinden – was wünschenswert ist –, sollten Angehörige von Anfang an über die hohe Wahrscheinlichkeit von Rückfällen informiert werden. Es ist wichtig, sich klar zu machen, dass der Therapieerfolg nicht darin besteht, keine Rückfälle mehr zu haben, sondern darin, anders mit den Rückfällen umzugehen.

 INFO *Es geht nicht nur darum, den Online-Pornokonsum zu beenden oder zu kontrollieren, sondern auch um die Frage, wie die Beziehungssexualität entwickelt werden kann. Daher wird in Paargesprächen auch die gemeinsame Sexualität mit den beiderseitigen Wünschen zum Thema.*

In den Einzelgesprächen treten im Laufe der Therapie frühe Erfahrungen im Zusammenhang mit der Sexualität wie auch andere wichtige Lebensthemen in den Vordergrund.

Oft kommen durch die Online-Sexabhängigkeit Menschen in Therapie, die sich sonst kaum mit psychologischen Themen in ihrem Leben auseinandersetzen würden. Sie lernen, mehr über sich zu sprechen, zu ihren Unzulänglichkeiten zu stehen und sich damit zu entlasten. Mit der Zeit schätzen sie die Möglichkeit, offen über Persönliches reden zu können.

Ein wichtiges Thema ist etwa der Bezug zum eigenen Körper und dessen Wahrnehmung. Unterschiede des Körperempfindens beim Pornokonsum und in der real gelebten Sexualität werden beleuchtet. Je besser ein Betroffener auf regelmässigen Pornokonsum verzichten kann, desto feinfühliger und intensiver wird in der Regel die Paarsexualität wahrgenommen.

INFO *Viele Nutzer erleben sowohl reale Sexualität wie auch Pornokonsum ohne negative Folgen. Das ist für Süchtige bzw. ehemals Süchtige vielfach nicht mehr möglich: Zu schnell gerät der Konsum wieder ausser Kontrolle und nimmt eine Eigendynamik an, die negative Auswirkungen auf die Beziehung und den Rest des Lebens hat. Deshalb kommen die meisten Klienten zum Schluss, dass für sie die vollständige Abstinenz die einzige nachhaltige Lösung darstellt.*

Betroffene, denen die Abstinenz gelingt, erleben dies als Befreiung, die das Wiederentdecken der eigenen sexuellen Begegnungs- und Genussfähigkeit ermöglicht. Mit etwas Entschlossenheit und Mut und entsprechender Hilfe können Betroffene und Angehörige Veränderungsschritte machen, die zu einer Verbesserung und zum Erfolg führen.

Beratungs- und Therapieangebote finden

Angebote für die Behandlung der Online-Sucht nehmen ebenso zu wie die Verhaltenssüchte selber. Bei vielen Beratungs- und Therapiestellen sind inzwischen entsprechende Angebote zu finden. Achten Sie darauf, ob dies auf der Website so vermerkt ist. Wie viel Erfahrung und spezialisierte Mitarbeitende verfügbar sind, ist allerdings allein aufgrund des Internetauftritts oft nicht schlüssig zu beurteilen. Ganz ähnlich ist dies im stationären Bereich. Scheuen Sie sich nicht, telefonisch Kontakt aufzunehmen und Ihre Fragen diesbezüglich zu stellen.

Beratung zur Online-Sucht bei Jugendlichen
Erste Anlaufstellen für Jugendliche und deren Eltern sind vielfach Schulsozialarbeitende, Schulpsychologische Dienste, Kinderärztinnen und Kinderärzte, Kinderpsychologinnen und -psychologen, Jugend-, Erziehungs-

und Familienberatungsstellen, Kinder- und Jugendpsychiatrische Dienste und Familientherapeutinnen und -therapeuten.

Die Angebote sind regional unterschiedlich und werden am besten über das Internet gesucht. Unverbindliche Anfragen zu Beratungs- und Therapiemöglichkeiten – also ohne dass man sich zu einer Sitzung verpflichten muss – sind jederzeit möglich.

Eine weitere Beratungsmöglichkeit stellt das Online-Beratungsportal von safezone.ch dar. Hier sind regionale Beratungsstellen vor Ort aufgelistet oder werden vermittelt.

Stationäre Angebote für Online-Süchtige

Stationäre Angebote sind in Suchtkliniken sowie in Kinder- und Jugendpsychiatrischen Kliniken verfügbar. Manche Kliniken haben spezielle Konzepte entwickelt, zum Beispiel die Klinik Selhofen in Burgdorf, die ein spezielles Programm für Online-Süchtige namens «Log-In» anbietet.

Kliniken für Jugendliche sind oft sehr ausgelastet. Jedoch sind bis anhin meist nur wenige jugendliche Online-Süchtige gleichzeitig in der Klinik, sodass vor allem gemischte Therapiegruppen mit Substanzabhängigen angeboten werden, was aber ebenfalls ein hilfreiches Angebot ist.

Für Erwachsene gibt es mehr Möglichkeiten. Die Universitären Psychiatrischen Kliniken Basel (UPK) verfügen über eine spezielle Abteilung für Verhaltenssüchte. Ein spezialisiertes Angebot macht auch die Privatklinik Meiringen. Die Aufzählung erhebt keinen Anspruch auf Vollständigkeit. Auch in weiteren Kliniken kann ein Aufenthalt je nach Situation und anderen psychischen Belastungen sinnvoll sein.

Beratungs- und Behandlungsangebote bei Online-Sexsucht und -Pornosucht

Verschiedene Männerbüros bieten gute Informationen, Beratungen und zum Teil auch Gruppen zum Thema an. Auch Sexualberatungsstellen oder Institute wie das Zürcher Institut für klinische Sexologie und Sexualtherapie (ZISS) sind kompetente Anlaufstellen. Bei Angeboten in Privatpraxen von Psychologen und Psychiatern sind Therapeutinnen und Therapeuten zu empfehlen, die Ausbildungen und Erfahrungen in diesem Bereich mitbringen. Falls Betroffene in einer Beziehung leben, ist zu prüfen, ob auch Paargespräche möglich sind.

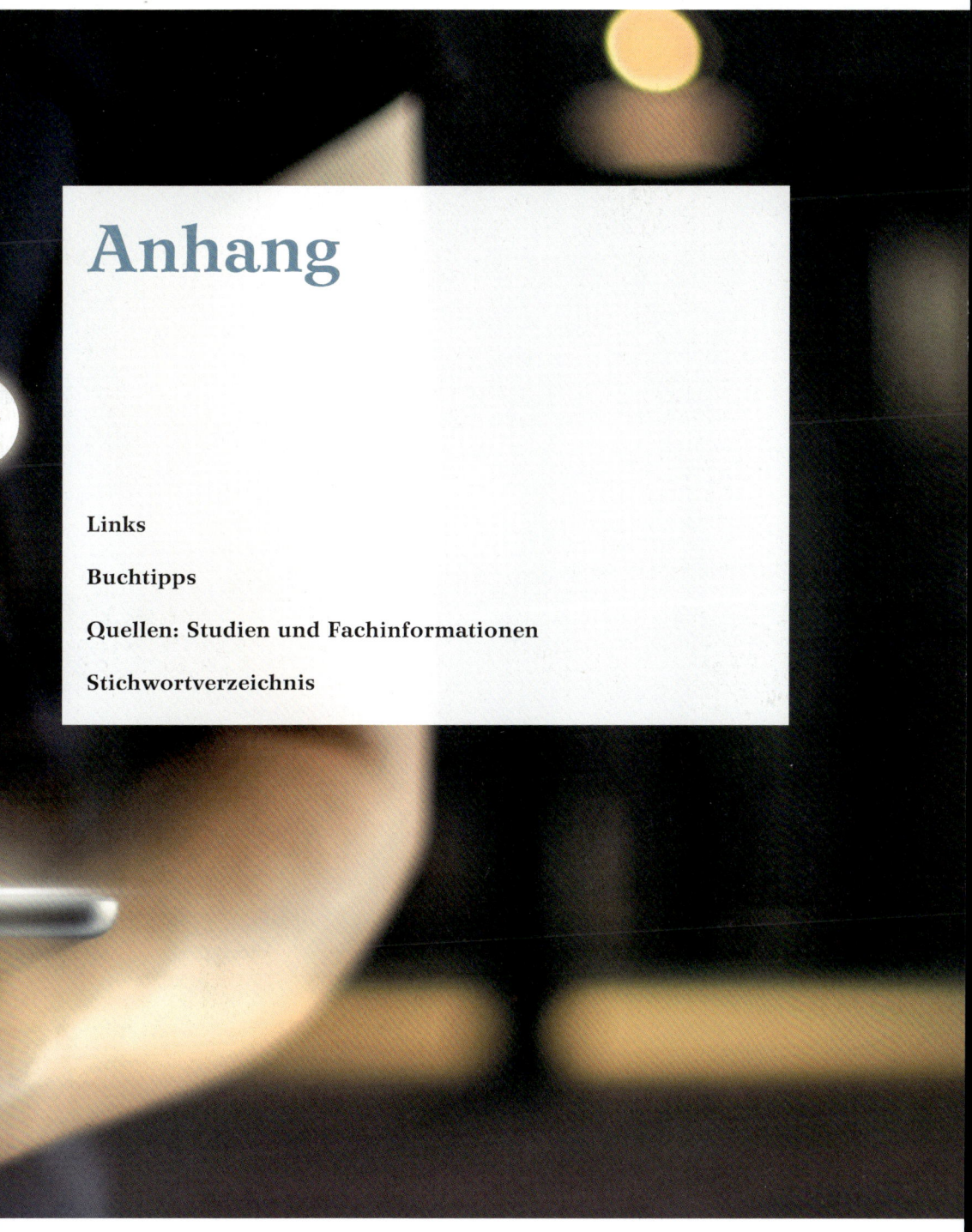

Anhang

Links

Buchtipps

Quellen: Studien und Fachinformationen

Stichwortverzeichnis

Links

Beobachter-Beratungszentrum

Das Wissen und der Rat der Expertinnen und Experten in acht Fachbereichen steht den Mitgliedern des Beobachters im Internet und am Telefon zur Verfügung. Wer kein Abonnement der Zeitschrift oder von Guider hat, kann online oder am Telefon eines bestellen und erhält sofort Zugang zu den Dienstleistungen.

- www.guider.ch: Guider ist der digitale Berater des Beobachters mit vielen hilfreichen Antworten bei Rechtsfragen.
- Beratung am Telefon: Montag bis Freitag von 9 bis 13 Uhr. Direktnummern der Fachbereiche unter www.beobachter.ch/beratung (→ Telefonische Beratung)
- Kurzberatung per E-Mail: Link unter www.beobachter.ch/beratung (→ E-Mail-Beratung)

Medienerziehung

www.elternet.ch
Informationen für Eltern, insbesondere zu Handygebrauch und Kosten

www.humanetech.com
Das Center for Humane Technology fördert menschlichere Internettechnologien.

www.mediennutzungsvertrag.de
Website zur Erstellung, Speicherung und für den Ausdruck eines Nutzungsvertrags für Kinder verschiedenen Alters

www.medienprofis.projuventute.ch
Informationen zum Thema Medien und Kinder

www.medienstark.ch
Informationen zum Thema Medien und Familie

www.projuventute.ch
Unter der Rubrik Internet Informationen und Hinweise für Eltern

www.ulladieeule.ch
Bilderbuchgeschichten für Kinder zwischen drei und acht Jahren mit Lernmöglichkeiten zur Mediennutzung

Prävention, Rat

www.147.ch
Jugendberatungsseite von Pro Juventute mit Hotline, Live-Chats und Infos auch zum digitalen Leben

www.bfs.de
Informationen vom Bundesamt für Strahlenschutz Deutschland zur Strahlung von verschiedenen Handymarken (SAR-Werte)

www.camp-breakout.com
Detox Camp, d. h. Ferienlager zur digitalen Entgiftung mit diversen kreativen Angeboten

www.fedpol.admin.ch → Kriminalität → Gefahren im Internet
Informationen zu Sicherheit und Medien vom Bundesamt für Polizei

www.feel-ok.ch
Gesundheits- und Informationsplattform für Jugendliche, Eltern und Lehrpersonen, getragen von der Gesundheitsstiftung Radix

www.fv-medienabhaengigkeit.de
Fachverband für Medienabhängigkeit, setzt sich für die anerkannte Störung und damit auch für die Unterstützung Betroffener ein.

www.humanrights.ch
Informationsplattform zur Stärkung von Menschenrechten

www.jugendundmedien.ch
Nationale offizielle Plattform zur Förderung der Medienkompetenz mit aktuellen Informationen und Empfehlungen in 16 Sprachen

www.klicksafe.de
EU-Initiative für mehr Sicherheit im Netz

www.opferhilfe-schweiz.ch
Informationen für Opfer von sexuellen Übergriffen und Gewalt

www.saferinternet.at
Österreichische, von der EU unterstützte Plattform für ein sicheres Internet mit breiter Themenauswahl, z. B. Online-Sexismus, Betrugsfälle mit Seniorinnen und Senioren

www.safezone.ch
Online-Beratungsportal (Mail-, Chatberatung) zu Suchtfragen, mit Verknüpfungen zu Suchtberatungsstellen vor Ort

www.schau-hin.info
Medienratgeber für Familien, Eltern und Erziehende, unterstützt vom Bundesministerium und dem deutschen Fernsehen

www.seitenstark.de
Medieninformationsseite für Kinder, Eltern und Lehrpersonen, gefördert vom deutschen Bundesministerium für Familien

www.skppsc.ch
Schweizerische Kriminalprävention. Bietet unter Fokus Internet und Fokus Sexuelle Übergriffe allgemeine und rechtliche Informationen zu Cybermobbing, Romance Scam, Pornografie usw. an.

www.stophatespeech.ch
Organisation zur Bekämpfung von Hassreden im Internet

www.spielsucht-radix.ch
Informationen und Beratung zu Verhaltenssüchten, Zentrum für Spielsucht und andere Verhaltensüchte, Radix, Zürich

www.suchtpraevention-zh.ch
Viele Informationen zu Süchten aller Art. Mit einer Reihe von Selbsttests, so etwa zum Online-Konsum

www.suchtschweiz.ch
Nationales Kompetenzzentrum
→ Zahlen und Fakten → Digitale Welt

www.swisscom.ch
Unter https://www.swisscom.ch/de/ schulen-ans-Internet.html Ratgeber digitale Medien, z. B. zu E-Sport (professionelles Computerspielen)

www.zischtig.ch
Medienbildung und Prävention auf kreative, sachkompetente Art präsentiert – das ist das Ziel des Vereins zischtig.ch.

Informationen zu Computerspielen

www.bupp.at
Die österreichische Bundesstelle für die Positivprädikatisierung von digitalen Spielen (BuPP) gibt Empfehlungen, Tipps und Hintergrundinformationen zu Computerspielen. Ziel ist es, gute Spiele im Sinne einer Qualitätsbezeichnung zu empfehlen.

213

www.deutscher-computerspielpreis.de
Künstlerisch und/oder pädagogisch wertvolle und innovative Spiele werden empfohlen, und es wird jährlich ein Computerspielpreis verliehen.

www.pegi.info
PEGI ist die Abkürzung für «Pan European Game Information» und soll Eltern helfen, beim Kauf von Computerspielen informierte Entscheidungen zu treffen. Zu den Spielen werden Inhaltsangaben über Gewalt, Sex usw. gemacht und Altersempfehlungen abgegeben, jedoch keine Hinweise zu Suchtrisiken. PEGI hat sich einen Verhaltenskodex gegeben, ist aber keine unabhängige Organisation, sondern wird von Konsolenherstellern und Entwicklern unterstützt.

www.spieleratgeber-nrw.de
Der Ratgeber bietet von der Computerspiel-industrie unabhängige, pädagogische Informationen, die neben Inhalten auch Bindungsfaktoren, d. h. Suchtgefahren beschreiben.

www.spielraum-lebensraum.ch
Der private, gemeinnützige Verein setzt sich für Spiel- und Gruppenerlebnisse mit direkten Kontakten ausserhalb der virtuellen Welt ein und wehrt sich gegen den «digitalen Einbruch in die Kinderwelt».

www.usk.de
Die Unterhaltungssoftware Kontrolle (USK) will mit Leitkriterien ebenfalls ein Eltern-ratgeber mit Altersempfehlungen zu Spielen und seit 2020 zum Glücksspiel sein. Sie ist eine «freiwillige Einrichtung der Computer-spielewirtschaft» in Deutschland und somit nicht unabhängig.

www.twitch.tv
Twitch ist eine Computerspiel-Übertragungs-bzw. Streamingplattform, die vor allem auch Live-Spiele überträgt.

Buchtipps

Ratgeber aus der Beobachter-Edition

Albermann, Kurt (Hrsg.): **Wenn Kinder aus der Reihe tanzen.** Psychische Entwicklungsstörungen von Kindern und Jugendlichen erkennen und behandeln. Beobachter-Edition, Zürich 2016

Bodenmann, Guy; Klingler Lüthi, Christine: **Stark gegen Stress.** Mehr Lebensqualität im Alltag. Beobachter-Edition, Zürich 2013

Bräunlich Keller, Irmtraud: **Mobbing am Arbeitsplatz – wie wehre ich mich?** Beobachter-Edition, Zürich 2017

Hippeli, Eveline: **Medien-Kids.** Bewusst umgehen mit allen Medien – von Anfang an. Beobachter-Edition, Zürich 2014

Zanoni, Sarah; Berri, Silvia: **Kreativ erziehen.** Kinder gezielt fördern und stärken. Beobachter-Edition, Zürich 2012

Bücher zum Thema

Die folgenden Bücher dienten auch als Quellen.

Alsaker, François: **Mutig gegen Mobbing in Kindergarten und Schule.** Hogrefe, Bern 2017

Bilke-Hentsch, Oliver; Leménager, Tagrid: **Suchtmittelgebrauch und Verhaltenssüchte bei Jugendlichen und jungen Erwachsenen.** Vandenhoeck-Ruprecht, Göttingen 2019

Bilke-Hentsch, Oliver; Wölfling, Klaus; Batra, Anil: **Praxisbuch Verhaltenssucht.** Symptomatik, Diagnostik und Therapie bei Kindern, Jugendlichen und Erwachsenen. Thieme, Stuttgart 2014

Blum, Heike; Beck, Detlef: **No Blame Approach.** Mobbing-Intervention in der Schule. Fairaend, Köln 2016

Cooper, Robbie: **Alter Ego.** Avatars and their creators. Chris Boot, London 2009 (vergriffen)

Eichenberg, Christiane; Auersperg, Felicitas: **Chancen und Risiken digitaler Medien für Kinder und Jugendliche.** Ein Ratgeber für Eltern und Pädagogen. Hofgrefe, Göttingen 2018

Eyal, Nir: **Hooked.** Wie Sie Produkte schaffen, die süchtig machen. Redline, München 2014

Feindel, Holger: **Onlinesüchtig?** Ein Ratgeber für Betroffene und Angehörige. Patmos, Düsseldorf 2015

Genner, Sarah: **ON/OFF.** Risks and Rewards of the Anytime-Anywhere Internet. Hochschulverlag, Zürich 2017

Illy, Daniel; Florack, Jakob: **Ratgeber Videospiel und Internetabhängigkeit.** Elsevier, Amsterdam 2018

Kielholz, Paul; Ladewig, Dieter: **Die Abhängigkeit von Drogen.** dtv, München 1973

Korte, Alexander: **Pornografie und psychosexuelle Entwicklung im gesellschaftlichen Kontext.** Psychosozial, Giessen 2018

Lanier, Jaron: **Zehn Gründe, warum du deine Social Media Accounts sofort löschen musst.** Hoffmann und Campe, Hamburg 2018

Lippuner, Florian: **Das Biografiespiel.** Strukturelle Kopplungen und Transferprozesse im Rahmen adoleszenter Computerspielnutzung. Springer, Wiesbaden 2018

Markowetz, Alexander: **Digitaler Burnout.** Warum unsere permanente Smartphone-Nutzung gefährlich ist. Droemer, München 2015

Möller, Christoph: **Internet- und Computersucht.** Ein Praxishandbuch für Therapeuten, Pädagogen und Eltern. Kohlhammer, Stuttgart 2015

Newport, Cal: **Digitaler Minimalismus.** Besser leben mit weniger Technologie. Redline, München 2019

Scholz, Detlef: **#Familie – Entspannter Umgang mit digitalen Medien.** Carl-Auer, Heidelberg 2018

Spitzer, Manfred: **Cyberkrank!** Wie das digitalisierte Leben unsere Gesundheit ruiniert. Droemer, München 2015

Willemse, Isabel: **Onlinesucht.** Ein Ratgeber für Eltern, Betroffene und ihr Umfeld. Hogrefe, Göttingen 2016

Zemp, Martina; Bodenmann, Guy: **Neue Medien und kindliche Entwicklung.** Ein Überblick für Therapeuten, Pädagogen und Pädiater. Springer, Berlin 2015

Quellen: Studien und Fachinformationen

*Auf alle Links konnte am 15. Oktober 2020
zugegriffen werden.*

Adoleszenz und Lootboxen
Zendle, D., Meyer, R. & Over, H. (2019).
Adolescents and loot boxes: links with
problem gambling and motivations for
purchase. Royal Society Open Science, 6(6)
https://royalsocietypublishing.org/
doi/10.1098/rsos.190049

Blikk-Studie
Büsching, U. & Riedel, R. (2017). BLIKK-
Medien: Kinder und Jugendliche im Umgang
mit elektronischen Medien
https://www.bundesgesundheitsministerium.
de/fileadmin/Dateien/5_Publikationen/
Praevention/Berichte/Abschlussbericht_
BLIKK_Medien.pdf

CIUS-Fragebogen Kurzfassung
Gmel, G. (2017). Entwicklung einer Kurzform
der Compulsive Internet Use Scale (CIUS).
Sucht Schweiz, Lausanne, Schweiz
http://www.suchtmonitoring.ch/docs/library/
gmel_al7yzfnqddg8.pdf

Deloitte-Studie
Lee, P., Stewart, D. & Calugar-Pop, C.
(2018). Technology, Media and Telecommu-
nications Predictions. Deloitte Touche
Tohmatsu Limited
https://www2.deloitte.com/cn/en/pages/
technology-media-and-telecommunications/
articles/tmt-predictions-2018.html

Faktenblatt Mobiltelefon & Smartphone
Bundesamt für Gesundheit (2019), Fakten-
blätter NIS
https://www.bag.admin.ch/bag/de/home/
gesund-leben/umwelt-und-gesundheit/
strahlung-radioaktivitaet-schall/elektromagne-
tische-felder-emf-uv-laser-licht/emf.html

Internetnutzung
Bundesamt für Statistik (2017)
https://www.bfs.admin.ch/bfs/de/home/
statistiken/kultur-medien-informationsgesell-
schaft-sport/informationsgesellschaft/
indikatoren/internetnutzung.html

Internetnutzung nach Alter, Entwicklung
Bundesamt für Statistik (2020)
https://www.bfs.admin.ch/bfs/de/home/
statistiken/kultur-medien-informationsgesell-
schaft-sport/informationsgesellschaft/
gesamtindikatoren/haushalte-bevoelkerung/
internetnutzung.html

JAMES-Studien 2017, 2018, 2019, ZHAW
Waller, G., Külling, C., Bernath, J., Suter L.,
Willemse, I. & Süss, D. (2019). JAMESfocus
– News und Fake News. Zürich: Zürcher
Hochschule für Angewandte Wissenschaften
https://www.zhaw.ch/storage/psychologie/
upload/forschung/medienpsychologie/james/
jamesfocus/2019/JAMESfocus_News_und_
Fake_News_de.pdf

Suter, L., Waller, G., Bernath, J., Külling, C., Willemse, I. & Süss, D. (2018). JAMES – Jugend, Aktivitäten, Medien. Ergebnisbericht zur JAMES-Studie 2018. Zürich: Zürcher Hochschule für Angewandte Wissenschaften https://www.zhaw.ch/storage/psychologie/upload/forschung/medienpsychologie/james/2018/Ergebnisbericht_JAMES_2018.pdf

Willemse, I., Waller, G., Suter, L., Genner, S. & Süss, D. (2017). JAMESfocus. Onlineverhalten: unproblematisch – risikohaft – problematisch. Zürich: Zürcher Hochschule für Angewandte Wissenschaften https://digitalcollection.zhaw.ch/bitstream/11475/4310/3/2017_JAMESfocus_2017_Onlineverhalten_unproblematisch_risikohaft_problematisch.pdf

MIKE-Studien 2017, 2019, ZHAW
Waller, G., Suter, L., Bernath, J., Külling, C., Willemse, I., Martel, N. & Süss, D. (2019). MIKE – Medien, Interaktion, Kinder, Eltern: Ergebnisbericht zur MIKE-Studie 2019. Zürich: Zürcher Hochschule für Angewandte Wissenschaften https://www.zhaw.ch/storage/psychologie/upload/forschung/medienpsychologie/mike/Bericht_MIKE-Studie_2019.pdf

Genner, S., Suter, L., Waller, G., Schoch, P., Willemse, I. & Süss, D. (2017). MIKE – Medien, Interaktion, Kinder, Eltern: Ergebnisbericht zur MIKE-Studie 2017. Zürich: Zürcher Hochschule für Angewandte Wissenschaften https://www.zhaw.ch/storage/psychologie/upload/forschung/medienpsychologie/mike/Bericht_MIKE-Studie_2017.pdf

Schweizerische Gesundheitsbefragung
Bundesamt für Statistik, Datenerhebung 2017 https://www.bfs.admin.ch/bfs/de/home/statistiken/gesundheit/erhebungen/sgb.html

Social Media Survey YouGov UK
Booth, R. (2019). Anxiety on rise among the young in social media age. The Guardian, 05.02.2019 https://www.theguardian.com/society/2019/feb/05/youth-unhappiness-uk-doubles-in-past-10-years

Studie Hate Speech
Kreissel, P., Ebner, J., Urban, A. & Guhl, J. (2018). Hass auf Knopfdruck. Rechtsextreme Trollfabriken und das Ökosystem koordinierter Hasskampagnen im Netz. ICD, Powering new generations against extremism http://www.ichbinhier.eu/wp-content/uploads/2019/03/ISD_Ich_Bin_Hier_2.pdf

Studie Soziale Medien
Götz, M. (2019). Weibliche Selbstinszenierung in den neuen Medien. Ergebnisse einer Studienreihe, MaLisa Stiftung https://malisastiftung.org/wp-content/uploads/Selbstinszenierung-in-den-neuen-Medien.pdf

Studie MIT Fake News
Vosoughi, S., Roy, D. & Aral, S. (2018). The spread of true and false news online. Science, 359, 1146-1151. https://science.sciencemag.org/content/359/6380/1146/tab-pdf

Studie Social Media
Holesh, K. (2018). App Ratings happy and unhappy users. Center for Humane Technology https://www.humanetech.com/app-ratings

Studie Strahlungbelastung Mobiltelefone
Roser, K., Schoeni, A., Foerster, M. & Röösli M. (2018). Wie wirkt die Nutzung und die Strahlung von Mobiltelefonen auf Jugendliche? Allgemeine Innere Medizin, 18(21): 386–388 Siehe auch: https://www.scinexx.de/news/technik/schadet-handystrahlung-dem-gedaechtnis/

Stichwortverzeichnis